编委会

我们的大学

易佐永题

大学生文化素质发展日志年编（2016）

主编◎张　强　副主编◎郑美玲

暨南大学出版社
JINAN UNIVERSITY PRESS

中国·广州

图书在版编目（CIP）数据

我们的大学：大学生文化素质发展日志年编．2016／张强主编；郑美玲副主编．—广州：暨南大学出版社，2017.12
ISBN 978－7－5668－2150－8

Ⅰ.①我…　Ⅱ.①张…②郑…　Ⅲ.①大学生—学生生活—广州—2016
Ⅳ.①G645.5

中国版本图书馆 CIP 数据核字（2017）第 166547 号

我们的大学：大学生文化素质发展日志年编（2016）
WOMEN DE DAXUE：DAXUESHENG WENHUA SUZHI FAZHAN RIZHI NIANBIAN（2016）
主编：张　强　副主编：郑美玲

出 版 人：徐义雄
策　　划：黄圣英
责任编辑：郑晓玲　颜　彦　黄　颖
责任校对：周海燕
责任印制：汤慧君　周一丹

出版发行：暨南大学出版社（510630）
电　　话：总编室（8620）85221601
营销部（8620）85225284　85228291　85228292（邮购）
传　　真：（8620）85221583（办公室）　85223774（营销部）
网　　址：http：//www.jnupress.com
排　　版：广州市天河星辰文化发展部照排中心
印　　刷：佛山市浩文彩色印刷有限公司
开　　本：787mm×960mm　1/16
印　　张：19.75
字　　数：344 千
版　　次：2017 年 12 月第 1 版
印　　次：2017 年 12 月第 1 次
定　　价：65.00 元

我们应该有一个什么样的人才培养目标

放在我手头的这本《我们的大学：大学生文化素质发展日志年编（2016）》是学生处的同志今天交给我的，有些沉甸甸，学生处的同志有点不好意思，说太厚了，正式出版前争取再“瘦瘦身”。如果当成一本书，可能确实是厚了一点，但是相对一个超过3万人的大学来说，其实再厚一点也未必能反映出同学们青春成长的全部。之所以要“瘦身”，也是不得已而为之。当然，即使去读“瘦身”之后的青年学生们的素质成长日志，我们相信同样可以读出青春之梦的饱满。

时间过得真快，这一本2016年我校学生成长日志，距离我们第一次编辑《我们的大学：大学生文化素质发展日志年编》已经过去了八年，那时我分管学生工作，曾经连续几年为这本记录我校学生从每年1月1日到12月31日各色活动的日志，写几句放在前面的话。后来因为工作调动的缘故，我离开了学校几年，不曾想几年过去，我又因工作需要回到了学校。没想到该书居然还在逐年编辑出版，这叫我多少有几分惊喜，像是见到了一个几年未见的朋友；又多少有些怅然——学校依然是那所学校，大学中的我们却不复当年的我们了；同时更带有几分期待，今天这所大学中的我们，相对于当年的我们而言，肯定有很多新的故事与新的追求。就我个人而言，我特别想借这个机会向大家描绘一下我心目中“今天的我们”在这所大学里应该是什么模样的。

“今天的我们”应该是一群德才兼备的人。通过大学几年的学习与实践，我们在获取相应的专业知识之外，更多地拥有了一种砥砺德行的力量，不但有道德判断和道德推理的能力，而且能德行一致，有一种法古今之完人的心气。这“砥砺德行”是当年蔡元培先生第一次就任北京大学校长演讲时与各位大学生的三项约定之一，现今对我们同样具有很大的启示意义。

“今天的我们”应该是一群具有家国情怀的人。哲学上通常有一个“大问题”吸引人们思考，那就是生命的意义，其中我比较认同的一种观点是生命的意义要放在与一个人相对的特定环境中进行比较才能形成，而这相对的特定环境，最重要的就是“家”和“国”，一个人只有真切地体认到自己与家国之间这种不可割舍的关系，负起我们对家国的责任，才会使生命获得意义和价值。我希望在这所大学的几年中，“今天的我们”的这种家国情怀能够得到足够的激发和养护。

“今天的我们”应该是一群视野开阔的人。这里说的视野开阔不只是指国际视野，也包括对我们自己所处的这个国度的历史文化与现实发展的了解。广州大学是一所综合性大学，我希望我们的同学在大学几年除学习本专业之外，能够多些社团活动体验，多些社会实践，多些跨专业的学习，多些第二校园的游历，在离开学校的时候能够有一个相对完备的知识谱系。

“今天的我们”应该是一群爱体育、懂艺术的人。19 世纪英国教育学家斯宾塞认为，人需要自然、文学、艺术乐趣，如果缺少了绘画、雕刻、音乐、诗歌，那么“生活丧失了自己的一半精华”，只有具备绘画、音乐等方面的艺术修养，才可“为完满的生活做准备”。我想我们当下对艺术的理解与喜爱，可以远远超出斯宾塞所列举的这些方面。除了艺术，必不可少的还有体育。一个人如果没有健康的体质，纵使有千百个梦想，都终将是纸上谈兵，镜花水月，所以我特别希望我们的同学在大学的几年能够养成良好的生活习惯，喜欢上一两项能够终身受益的体育项目，既为家国计，也为个人幸福计。

“今天的我们”应该成为能力发展性强的人。大学的存在固然有无可替代的原因，但我们也深知大学有它的缺陷，并不能保证所有的同学一踏入社会就能完全适应。然而我们很愿意下些功夫使更多同学具备某些有助于发展的能力，它们会在同学们离开学校之后不断得到展现，这些能力至少包括专业能力、表达能力、合作能力、创新能力等。我希望“今天的我们”能够为“未来的我们”做好这些最起码的准备。

总的来说，希望“今天的我们”能够德才兼备，拥有家国情怀，视野开阔，爱体育，懂艺术，能力发展性强，或许这应该成为所有大学的一种人才培养目标。大家即将翻开的这本日志，或许可以成为检视我们是否在迈向这个培养目标的样本，同时期待明年的这本日志会更加精彩。

屈哨兵

2017 年 2 月 27 日

精彩导读

五月

六月

七月

八月

九月

十月

十一月

十二月

我们的大学

January 一月

1月5日　土木工程学院开展寒假实践活动

1月5日，土木工程学院“回访高中母校、关爱幼老志愿”寒假实践活动正式拉开帷幕。

回访活动共有13支队伍参加，各队员回到原来的高中，站上拥有三年拼搏记忆的讲台，与师弟师妹分享自己的学习经验，讲述自己的大学生活，宣传广州大学。此外，学生自行组成两组，一组探访孤寡老人，一组到麻风病康复村开展志愿活动。在本次自行组队的社会实践中，每组队伍的志愿者都尽职尽责，热情地与大家打成一片，其乐融融。

通过本次寒假实践活动，同学们以各种志愿者的身份，在爱的薪火相传中传递了一份力量。

（土木工程学院　刘军）

1月12日　化学化工学院开展党员主题读书活动

1月12日，化学化工学院党委举办了“学习　服务　创新——2016年化学化工学院党员读书活动”启动仪式，学院党委负责人及师生党员代表参加了启动仪式。

在启动仪式上，学院党委负责人要求各党支部完善读书计划，根据自身实际，适时开展读书心得交流、演讲和专家讲座等活动，并把读书活动与贯彻落实十八届五中全会精神结合在一起，与实践活动结合起来，加强师生党支部的读书交流，推进师生党支部共建工程不断深化。

为开展读书活动，学院党委为每位师生党员精心选购了一本优秀书籍，并建立了党员流动书库，旨在向全院师生党员倡导热爱读书、品读经典的风尚，营造浓郁的读书氛围，提升文化素养和人文情怀，建设学习、服务、创新型党组织，打造积极向上、健康文明的校园文化。

（化学化工学院　刘懿萱）

1 月 13 日　经济与统计学院参加“金蜜蜂培训营”开营仪式

1 月 13 日，经济与统计学院 29 名同学前往中国建设银行荔湾支行参加“金蜜蜂培训营”开营仪式。荔湾支行各级领导，以及经济与统计学院团委书记赵梅岳老师、团委副书记王阳婷老师出席本次开营仪式。

仪式伊始，刘向阳副行长对大家的到来表示热烈的欢迎，接着对中国建设银行的基本情况做了介绍，用“未来在于青年人，在于大学生、人才”阐释建行重视青年员工培养的理念，并以“五个一”高度概括本次培训的主要内容。赵梅岳老师对建行提供的培训与实习机会深表感谢，并以“五个心”即“虚心、耐心、齐心、自信心、初心”来表达对学员们的厚望。学员代表尚雷雷同学上台发表慷慨激昂的演讲，展示了广大学子积极向上的精神面貌。

（经济与统计学院　赵梅岳）

1月13日　建筑与城市规划学院开展关爱空巢老人志愿活动

1月13日，建筑与城市规划学院志愿者们前往龙凤街家庭综合服务中心开展关爱空巢老人志愿活动。负责人晶姐对志愿者们的到来表示了热烈的欢迎，并对志愿者们进行了简短充实的培训，同时简单介绍了志愿服务过程中的注意事项。

志愿者们被两两分组，每组负责三到四位老人。在与老人的交流中，志愿者们除了对老人们的身体状况、生活需求等有一定了解，还可以聆听到他们的人生经验。老人们非常亲切热情，不仅会告诉志愿者们一些他们年轻时的事，给志愿者们看一些现在可能已经从年轻人世界消失了的事物，而且会将他们的人生经验毫无保留地告诉志愿者们，希望年轻人可以少走弯路。

下午4点左右，志愿者们回到家庭综合服务中心，针对今天的活动分享了各自的感想，在分享中大家更加感受到此次活动的意义何在，同时也为自己能参与这次活动感到十分开心。

（建筑与城市规划学院　周世慧）

1月13日　时任广州市市长陈建华到广州大学调研高水平大学建设工作

1月13日，时任广州市市长陈建华及市发改委、财政局、人社局等相关职能部门负责人一行到广州大学调研高水平大学建设相关工作。

会上，校长邹采荣就广州大学落实2015年12月1日市长协调会会议精神的情况，高水平大学建设论证、组织和规划完善工作的相关情况，高水平大学建设取得的成效及近期工作安排等做了汇报。他指出，自广东省高水平大学建设于2015年初启动以来，广州大学在学科建设、人才队伍建设、平台基地建设、人才培养、科研创新与社会服务、国际暨港澳台交流与合作等方面实现了新发展、新突破，进一步提升了学校的核心竞争力。

党委书记庾建设强调，在省委省政府、市委市政府和上级教育主管部门的正确领导和关心支持下，学校紧密围绕广州市国民经济和社会发展“十三五”规划，围绕广州建设世界先进城市规划来推进高水平大学建设。

王东副市长及市相关职能部门负责人对市长协调会召开以来广州大学相关工作的开展情况予以肯定，并就进一步突出广州大学优势、明晰高水平大学建设重点和推动相关规划精神的落实提出了意见。

陈建华市长做总结发言时表示，本次调研意在了解和掌握市长协调会召开以来的相关工作进展情况。他希望广州大学落实好市长协调会确定的控规调整、修缮及基础设施建设等硬件建设规划，并就学校理清发展思路、加强学科建设、努力依靠广州的城市力量推进特色与内涵建设提出了要求。他勉励全校师生持之以恒、不懈努力、一步一个脚印，着力加强学科梯队建设、青年人才培养与激励等关乎学校学科实力与可持续发展的“软件工程”，力求形成“撼山易，撼学科难”的良性发展局面。同时，他还就推进广州大学领导班子建设、加强校园水环境治理与校园网络优化等问题做出了指示。

（新闻中心）

1月16日　外国语学院获得金花学堂同乐会“2015年最具义工精神团体奖”

1月16日，外国语学院受邀派代表参加了“金花学堂同乐会暨义工嘉许典礼”，金花街社区代表为学院实践部颁发了“2015年最具义工精神团体奖”，给予了这一年来前往金花街进行义教的学生们最大的认可与鼓舞。

外国语学院实践部在每周二和周五都会安排爱心义工陪伴金花街的小朋友们学习与玩耍。他们既是孩子的贴心小老师，也是工作人员的得力助手，与孩子和家长谱写了许多美好的故事。

外国语学院义工们将会继续坚持利用自己的课余时间为小朋友们献上自己的知识与耐心，陪伴他们一起成长，为他们制造快乐。

（外国语学院　逄淑军）

1月20日　广州大学科技辅导团开展寒假实践爱心活动

1月20日，广州大学科技辅导团地理分团前往番禺区永善小学开展2016年寒假实践活动。

本次活动的主题为“情系大地，放飞梦想”，旨在让小学生们在愉快的氛围中感受地理知识的乐趣，培养他们从地理的视角去看身边事物的能力。上午的活动主要是科技讲堂，包括介绍世界、亚洲、中国地理，中国行政区拼图，地理名词你比我猜等活动；下午主要是以“全球气候变化”为主题的定向越野活动。

（地理科学学院　学工办）

1 月 22 日　慰问寒假期间留校家庭经济困难学生

1 月 22 日下午，学生处处长郑美玲、副处长陈爱平以及相关学院负责人到宿舍亲切慰问寒假期间仍留在学校的家庭经济困难学生代表。

郑美玲处长详细询问家庭经济困难学生的留校原因、假期安排等，关心学生的身心健康情况和学习生活，并告诉学生虽然已是假期，但学校会一如既往地关爱在校学生，保障学生正常学习和生活。郑处长代表学校还给这些学生派发了春节红包和慰问礼物。此外，教育学院、数学与信息科学学院、体育学院及外国语学院等在此期间也组织了对寒假留校家庭经济困难学生的慰问活动。

学生表示感谢学校领导和老师们如亲人般的关心和照顾，让他们感受到了家的温暖。

（学生处　祝新愉）

1月24日　广州大学首届辅导员职业能力竞赛活动

1月24日，广州大学首届辅导员职业能力竞赛画上了圆满句号。笔试选拔出的26名来自各学院的辅导员参加了第二阶段的主题演讲、案例分析、谈心谈话、情景再现等竞赛项目。经过激烈角逐，最终评选出一等奖2名、二等奖4名、三等奖8名、优胜奖12名。

本次大赛的主题演讲项目，要求参赛辅导员从6个主题中选择一个进行演讲，外国语学院的逄淑军老师和黄顺婷老师分别选择了“我为辅导员代言”“我愿做学生的知心朋友和人生导师”作为主题进行了精彩的演讲。逄淑军老师台风大方，演讲风趣幽默，演讲过程中更是着重强调了辅导员的责任与义务，充分展示了对自身岗位的理解和热爱。而黄顺婷老师则从新辅导员的角度出发，结合半年学生工作经历和自身感悟，表达立志成为“顶天立地”辅导员的职业理想。

此前，参赛辅导员们已通过录制视频完成了自我介绍与工作展示、主题班会两个竞赛项目。广州大学首届辅导员职业能力竞赛在辅导员队伍中产生热烈反响，辅导员们纷纷表示，学校举行辅导员职业能力竞赛为他们提供了展示、交流和学习的平台，使他们的专业技能得到了锻炼和提升。

本次竞赛是广州大学首届辅导员职业能力竞赛，这是广州大学向更深、更远的教育理念进发并接轨广东省级比赛所举办的竞赛，既检验了辅导员培训后的成果，更提高了辅导员队伍素质和专业技能。

（学生处　廖勇　冯荣光）

1月24日　广州市青少年“科技之星”特训营在广州大学举办

1月24日，50名初中生营员来到广州大学生命科学学院田长恩教授实验室、柯德森教授实验室，环境科学与工程学院夏建荣教授实验室以及化学化工学院化学化工实验教学示范中心，实地开展广州市青少年“科技之星”特训营导师团进校园活动。在老师们的精心教导下，营员收获良多。

本次特训营涵盖数学、物理、化学、生物等自然科学领域，面向全市学校招收了170名营员，其中有高中生120名，进入中山大学和华南理工大学学习；初中生50名，进入广东药科大学和广州大学学习。导师团进校园活动期间，广州大学在交通、食宿、营地安保等方面做好保障工作，特训营教学、生活秩序良好。同时，营员们深入广州大学相关的实验室中进行科学思维和科研动手能力训练，活动成效得到了市教育局主管部门的高度肯定。

（生命科学学院　杨礼香）

1月28日　机械与电气工程学院被确定为“全国应用型人才培养工程培养基地”

1月28日，广州大学机械与电气工程学院被教育部高校毕业生就业协会校企合作委员会确定为“全国应用型人才培养工程培养基地”。

全国应用型人才培养工程旨在深化“校企联合”模式，通过合作共建创新创业孵化平台，从而帮助各院校优化人才培养方案，倡导企业建立行业岗位人才标准，充分发挥高校、企业在人才培养中的优势，引导学生的学习模式由传统的单一学习专业课程逐步转化为包含针对今后就业岗位的专业学习，从而彻底改变企业招聘用人模式，实现校企间无缝对接，促进大学生实践能力、创新创业能力的提高，并进一步促进产教融合及大学生就业。

近年来，机械与电气工程学院一直致力于人才培养模式改革和学生创新创业活动的开展，机械设计制造及其自动化专业CDIO工程教育改革成果显著，广东省机电工程实验教学示范中心、广东省信息处理与传输实验教学示范中心建设如火如荼，电子信息工程“校企合作班”开设、电子信息工程专业改革、电气工程及其自动化专业改革、广州大学创客协会成立等，都取得了良好的成效。学院还大力开展大学生课外科技活动，每年的学生科技创新夏令营、冬令营活动已经成为学院的学生科技品牌活动，学生在“挑战杯”、大学生电子设计竞赛、大学生机械创新设计竞赛等国家、省市各类学生科技竞赛中屡获佳绩。

（机械与电气工程学院　李彩阳）

1月31日　生命科学学院在广州动物园开展的志愿活动落下帷幕

1月31日，从1月4日开始为期将近一个月的生命科学学院寒假社会实践暨动物园志愿者活动落下了帷幕。

由生命科学学院青年志愿者协会成员组成的动物园志愿讲解队，主要向游客讲解该区域鸟类的相关知识，以及进行文明劝导和指引工作。他们在工作前查阅了大量的资料，以便深入了解广州动物园飞禽大观里展示的各种鸟类，让游客在游玩时获得更多准确有趣的知识。志愿者们秉着“锻炼自我，服务大家”的精神在更多的方面、更大的范围为他人服务，一起传递生科精神，传递生科能量。

（生命科学学院　杨敏）

我们的大学

February 二月

2月5日　外国语学院开展天河花市志愿服务

2月5日上午，2016年天河花市正式在体育中心广场开启。广州大学外国语学院党委副书记鄢智青、校团委白鹤云飞老师以及学院学工办全体辅导员亲临天河花市并亲切慰问辛勤工作的志愿者们，与他们进行了交谈并送上节日慰问。

本次志愿服务是广州大学连续第12年参与天河花市“护花行动”，今年参与志愿活动的来自各个年级的200多名学生热情高涨，其中还有不少来自外省以及香港的学生。“舍个人利益，为市民服务”，这种志愿精神在外国语学院代代传承，十几载如一日，早已内化为学院学生的行动自觉。

（外国语学院　逄淑军）

2月7日　卫斯理安学院孔子学院举办2016春节联欢晚会

金猴开玉宇，紫燕舞新春。美国当地时间2月7日，卫斯理安学院孔子学院隆重举办了2016年“春暖花开”主题春节联欢晚会，数百位卫斯理安学院师生、梅肯市华侨华人以及热爱中国文化的社区民众欢聚一堂，孔子学院合作院校斯塔福学校（Stratford Academy）和梅肯特许学校（Macon Charter Academy）的校长们也悉数出席，共迎中国传统新年的到来。梅肯市主流媒体13MZ电视台在晚会开始前采访了孔子学院美方院长尼古拉斯·斯特耐克（Nicholas Steneck）博士，并对晚会进行了全程报道。

晚会由尼古拉斯·斯特耐克博士和孔子学院中方院长蒋晓萍博士联袂主持，卫斯理安学院第一副校长、前孔子学院美方院长薇薇安·富勒（Vivian Fowler）博士为晚会致辞。蒋晓萍院长和谭苏燕老师诵读了《面朝大海，春暖花开》，广州大学赴美交流学生陈煜然演绎了歌曲《春暖花开》，来自莫瑟尔大学的赵教授现场写下了饱含祝福的"春暖花开"墨宝。世界非物质文化遗产——呼麦、蒙古族特色顶碗舞、岭南舞、古典舞、朝鲜族舞蹈以及笛子、古筝合奏等节目依次登台。卫斯理安学院音乐系的三位教授联袂演绎了中文歌曲《青藏高原》，字正腔圆，激情澎湃；尼泊尔舞蹈热情奔放，张弛有度；孔子学院志愿者老师徐恒与来自斯塔福学校的小姑娘共同唱响《最好的未来》；梅肯特许学校乐队的鼓乐合奏《世界的节奏》更是将晚会推向了最高潮。在《举杯吧，朋友》的合唱声中，晚会落下帷幕。

（美国卫斯理安学院孔子学院）

2月7日　市委书记任学锋慰问广州大学花市志愿者

2月7日，广东省委常委、广州市委书记任学锋在天河区委书记林道平的陪同下视察天河花市，亲切慰问了广州大学外国语学院服务天河花市的大学生志愿者们。

外国语学院天河花市志愿服务队是广州大学假期志愿服务的一支代表性队伍。在天河花市，任书记与志愿者们进行了深入的交流，并现场询问他们用英语描述天河花市的方式以及与志愿活动相关的英语表达。任书记对志愿者做出的回答给予极大肯定，并用英语对志愿者送上新年的祝福，感谢他们的辛勤付出。此前，团省委副书记梁均达也视察了天河花市并慰问了花市志愿者。

今年广州大学共有26支队伍、900多名志愿者以“冬日暖阳，志愿关爱”为主题开展寒假期间的志愿服务，让远离家乡的外来务工人员、留守儿童、孤寡老人和残疾人士等需要帮助的人群在寒冬中感受到来自广州的温暖，过一个祥和如意的春节。

（校团委）

2月20日　帕多瓦大学孔子学院隆重举办中国文化主题节庆活动

意大利当地时间2月20日，意大利帕多瓦大学孔子学院在帕多瓦市隆重举行以中国文化为主题的节庆活动，带领当地民众共庆春节、元宵两大中国佳节。本次活动得到了帕多瓦市政府的大力支持。活动前召开的新闻发布会上，帕多瓦市文化处处长Cavatton先生、帕多瓦大学前副校长Martin教授对本次活动的组织工作均给予高度肯定。

帕多瓦大学副校长 Paccagnella 教授出席了当天的活动并致辞祝贺，对中国文化感兴趣的民众从帕多瓦及威尼托大区的其他城市赶来，感受浓浓的中国年味和元宵佳节氛围。中国画、书法作品、剪纸、春联、中国结、灯笼、形态各异的福字贴纸等把活动现场装扮得喜气洋洋，场景宛如国内的春节庙会。进行汉语体验、剪纸、写书法、学中国茶道、制作灯笼、学中国厨艺、学唱中文歌等各式各样的工作坊里满是外国友人欢快的身影。他们热情参与每一项活动，在中国红的背景色里，度过了充实而愉快的一天。当天还安排了多场中国文化讲座和自由论坛，讲解中国新年和中国文化，以培养当地人对中国文化的兴趣，帮助他们更多地了解中国春节和元宵节。

帕多瓦大学孔子学院的教师、志愿者、秘书及当地协会成员组织、参与了此次丰富多彩的文化活动，有效促进了孔子学院在当地的汉语教学和文化推广与交流。意大利诸多媒体对活动进行了跟踪报道。

（意大利帕多瓦大学孔子学院）

2 月 22 日　卫斯理安学院孔子学院举办元宵音乐会

美国当地时间 2 月 22 日，北京竹乐团受美国卫斯理安学院孔子学院之邀，专赴美国梅肯举办中国民乐音乐会。

当天，北京竹乐团倾情表演，各式竹制乐器的美妙演奏让师生们惊喜连连。有“世界最小乐器”之称的口笛声音清脆悦耳，葫芦丝名曲《月光下的凤尾竹》柔美舒缓，二胡名曲《赛马》的演绎技惊四座，安格隆合奏欢快灵动，南京市歌舞团女高音歌唱家姚云飞更献唱了脍炙人口的中国民歌《芦花》，现场歌随乐动，余音绕梁……在互动环节，北京竹乐团王巍团长现场施教，不仅教给学员们安格隆的基本演奏技巧，还与学员们现场合奏了一曲《茉莉花》，再度掀起音乐会高潮。

北京竹乐团所有乐器均为竹制，被誉为中国唯一的绿色乐队。他们在2010年上海世博会上的精彩演奏一直为人们所津津乐道，此次来卫斯理安学院之前也在美国辛辛那提新年音乐会上奉献了精彩演出。本次活动是卫斯理安学院孔子学院首次邀请中国民乐团举办音乐会，也是多形式传播中国文化的又一有益尝试。

（美国卫斯理安学院孔子学院）

2月26日　黔南民族师范学院本科交换学生欢迎仪式

2月26日，广州大学在学生公寓B17“五室一站”学生活动室举行黔南民族师范学院本科交换学生欢迎仪式，学生处、教务处、学生公寓管理中心等相关部门及学院负责人向黔南民族师范学院的交换学生表示热烈欢迎。此次来广州大学学习的十名本科生为黔南民族师范学院派出的第五批交换学生。他们分别来自体育、音乐、中文、数学、英语、化学化工、生物技术、计算机科学等不同院系，在专业学习和素质拓展等方面都是各专业的佼佼者，通过公平、公开、公正的选拔，在众多报名者中脱颖而出，争取到来广州大学学习的机会，将在此进行为期一个学期的学习。

在欢迎仪式上，学生处负责人向十名交换学生介绍了广州大学城及广州大学的基本情况，并结合前几批交换学生的情况告知他们在学习和生活中可能遇到的困难，并预祝他们作为黔南民族师范学院优秀学生的代表在交换学习期间取得好成绩，在校园文化、校风、学风建设等方面发挥积极作用。教务处、学生公寓管理中心的相关负责人分别就教务选课、学分制度、住宿管理、一卡通使用等情况进行详细说明。

（学生处　宾晶）

2月29日　“2016年中国大学本科院校竞争力总排行榜”出炉，广州大学在广东排名第八

2月29日，武汉大学中国科学评价研究中心（RCCSE）、中国教育质量评价中心联合中国科教评价网（www. nseac. com）联合发布了“2016年中国大学本科院校竞争力总排行榜”。该排行榜共涉及945所中国本科院校，比2015年公布的本科总排行榜的923所高校增加了22所（包括新建、合并、专升本等的本科高校）。

在广东本科院校竞争力排行榜中，前五名分别是：中山大学、华南理工大学、华南师范大学、暨南大学与南方医科大学。广州大学竞争力进军前十，排名位于第八，高于广东工业大学、汕头大学。

（宣传部广州大学微信公众号　李儒国）

我们的大学

March 三月

3月2日 广州大学在广东省2015年“我的中国梦——立志·修身·博学·报国”主题教育系列活动中喜获佳绩

由广东省教育厅主办的2015年“我的中国梦——立志·修身·博学·报国”主题教育系列活动评奖结果公布，广州大学荣获一等奖3项、二等奖4项、三等奖6项、优秀奖5项，并获得优秀组织奖。

“我的中国梦——立志·修身·博学·报国”主题教育系列活动旨在全面贯彻党的教育方针，引导广大学生为实现国家富强、民族复兴、人民幸福的伟大“中国梦”而发奋学习。

（学生处　廖勇　冯荣光）

3月3日 广州大学召开新学期学生工作会议

3月3日上午，广州大学新学期学生工作会议在行政西楼二楼会议厅召开。时任学校党委书记庾建设，党委副书记、纪委书记张强出席会议并做重要讲话。

会上，学生处处长郑美玲从学生思想政治教育、学生事务管理、资助育人工作、学生工作队伍建设、学生工作理论研究、学生心理健康教育辅导、校园安全稳定工作、民族学生教育管理工作八个方面对2016年第一学期学生工作情况进行了总结。

党委书记庾建设在讲话中充分肯定了学生工作所取得的成绩，并向全体学生工作者表示崇高的敬意和真诚的感谢。他认为，学生工作队伍是一支政治立场坚定、爱岗敬业、对学生的成长成才做出积极贡献的队伍。他指出，在推进建设高水平大学的关键时期，学生工作队伍起着十分重要的作用。同时，他勉励全体辅导员要深入贯彻落实十八大及习近平总书记系列讲话精神，严格按照“三严三实”和“两学一做”的标准要求自己，做学生的示范和楷模。

党委副书记、纪委书记张强在讲话中指出，广州大学的学生工作具有主题突出、氛围良好、工作扎实、成效显著等特点，面对新的形势能勇于探索和创新，形成亮点和品牌，得到了上级部门的充分肯定和高度评价。

（学生处　廖勇　冯荣光）

3月5日　化学化工学院开展“学雷锋，做好事”活动

3月5日，化学化工学院开展了一系列“学雷锋，做好事”活动，号召学生们学习雷锋同志无私奉献、乐于助人的精神。

针对校园宿舍楼内垃圾桶卫生问题，化学化工学院志愿者们为宿舍各个楼道的垃圾桶贴上标语，希望大学生发扬“勤俭节约，艰苦奋斗”的雷锋精神，共同营造一个美好的生活环境。针对图书馆书籍整理问题，在老师、管理员的帮助下，志愿者们整理分类并安放好图书馆中的新旧书籍，努力为大家创造文明的学习环境。

此次活动向在校学生宣传了雷锋精神，鼓励他们在平常生活中多做好事，向有需要的人伸出援助之手。

（化学化工学院　丘秀莲）

化学化工学院志愿者们在图书馆整理安放图书

3月8日　广州大学第13届女生节嘉年华开幕

3月8日，广州大学各社团共同组织并参与了第13届女生节嘉年华。公共管理学院和土木工程学院、马克思主义学院联合举办了以“她说”为主题的系列活动。

精彩纷呈的系列活动分别在大学城校区和桂花岗校区进行。本次女生节包括派花、摆摊、心愿墙、“一枝玫瑰”等活动，温馨愉快的氛围赢得了同学们的一致喜爱。本届女生节还举办了一项夜间特色活动——荧光嘉年华。大学城校区的红棉路被荧光棒、烛光还有各种彩色小灯点缀得十分迷人。

（公共管理学院　唐勇）

3月10日　广州大学组队调研推动“易班”建设

3月10日上午，广州大学学生处、网络与现代教育技术中心、校团委等部门负责人，以及部分学院党委副书记、辅导员一行20人就“易班”建设赴佛山科学技术学院调研学习。

“易班”是集思想教育、教务教学、生活服务、文化娱乐为一体的全国性大学生网络互动示范社区。教育部在近年上海部分高校成功试点的基础上，成立了教育部“易班”发展中心，在部分部属院校及福建、广西等地部分高校首批开展“易班”建设，当前，“易班”实名注册用户达327万人，项目取得良好育人成效。

广州大学为广东省推行“易班”建设的6所试点高校之一，学校高度重视“易班”建设，成立“易班”建设领导小组、“易班”发展中心、“易班”工作站，配备“易班”发展中心人员、办公场地、硬件设施等积极推动“易班”建设。此次调研学习中，佛山科学技术学院“易班”发展中心代表介绍了该校“易班”的建设历程、宗旨和目标、建设内容以及今后的发展理念，为广州大学的“易班”建设提供可供学习、借鉴的经验。

调研结束后，学生处马上组织全体调研人员召开讨论会，交流调研学习心得。全体调研人员结合广州大学实际，提出了推动“易班”建设的切实可行的建议。

（学生处　廖勇　冯荣光）

3月10日　化学化工学院和地理科学学院联合举行爱心捐书活动

3月10日，化学化工学院红十字会和地理科学学院红十字会举行以“让书本漂流，让知识共享”为主题的爱心捐书活动，其目的为充分利用旧书，传递知识给贫困山区学生。活动整整持续9天，累计收到捐献图书一千余册，进行顺利。该活动还向有爱心的捐书学生赠送设计精美的书签，合理利用旧书可以让更多的人受益，每一本书都传达出对贫困学生的爱。

（化学化工学院　叶锦昌）

3月10日　公共管理学院“谷琶社会调查报告大赛”

3月10日，公共管理学院“谷琶社会调查报告大赛”颁奖仪式在文逸楼A1－509室举行。本次大赛共有六个团队获得奖励，获奖学生代表曾冬冬在发言中感谢学院给予他们锻炼自我的机会，实现了理论和实践的对接。

“谷琶社会调查报告大赛”由学院公共管理教育综合改革领导小组、《广州公共管理评论》辑刊编辑部、《公共管理教育评论》辑刊编辑部和广东省高校教学质量与教学改革工程2014年度立项建设项目“行政管理专业综合改革试点”课题组设立，面向全院范围内的本科生和研究生开展。

本项大赛提升了学院的学习氛围，有利于贯彻深入实践的调查精神。师生共同推动学院的学术建设和学风建设，把学院推向一个新的发展高度，共同营造浓厚的学习钻研氛围。

“谷琶”是由公共管理学院的英文译文“Public Administration School of Guangzhou University”中两个关键部分“Guangzhou University”与“Public Administration”中的首字母“GUPA”组合而来，音译为“谷琶”，刚好与大学城所在的“小谷岛”及相邻的“琶洲”两地相应。

（公共管理学院　甘建强）

3月11日　广大印记——马克思主义学院交换生有感

在广州大学学习的这四个月中，马克思主义学院的授课安排以及科任老师的教学方法带给我一种全新的感受。小小的教室中，大家随意而坐，老师离自己是如此近，师生之间的交流与沟通是如此方便且融洽。这种类似小班教学的氛围让我感觉老师的授课模式不再像以往的“老师教，学生学”，更像是师生之间相互交流讨论，在互动中传授知识，在交流中学习知识。

三毛说：“有些人会一直刻在记忆里，即使忘记了他的声音，忘记了他的笑容，忘记了他的脸。但是每当想起他时的那种感受，是永远都不会改变的。”进入思教131班之前，我的内心是忐忑的，我如此突兀地闯进一个已有两年感情的大集体，是否在原本悦耳的曲调中加入了不和谐的音符？但随着与同学们相处日久，他们的热情与关切的问候渐渐消除了我种种顾虑与担心，他们的笑容让我感到舒服，让我愿意去融入他们。对于不熟悉学校环境的我，他们积极热情地为我介绍每一处地方，耐心地解答我这个路痴的“十万个怎么走”。广州的美食，他们希望我都能尝遍；广州的美景，他们希望我的相册中都能存有。忘不了的除了思教班的同学们，还有时刻关心我、给予我温暖的燕冰书记；还有耐心为我指引未来方向、鼓励我的班主任石若坤老师；还有在炎热的天气中接待我并为我介绍学院概况的辅导员；还有将知识与技能毫无保留地传授予我的专业老师。

感谢老师同学们陪我度过这个学期，感谢我遇到了温暖的你们。虽然已与你们说了再见，但这并不是离别。期待着下次最美的重逢！

（广大学工　黔南民族师范学院2013思教　彭嘉琪）

3 月 14 日　泰国短期中国语言文化学习班开班

3 月 14 日，为期一个月的泰国短期中国语言文化学习班开班。这个学习班的 30 名学生都来自曼谷的知名高中，他们对中国语言文化有浓厚的兴趣，有志于从事汉语语言及文化的学习和研究。在开班仪式上，国际教育学院负责人阐述了中泰友好合作关系现状下学习中国语言文化的重要性，对来自泰国的师生表示了热烈的欢迎，希望学员们通过汉语学习和文化体验增进中泰了解，密切中泰关系。中国古琴独奏、笛子演奏、古典汉服展示、武术表演、民族舞蹈表演、中国书法表演等特色鲜明的文艺节目陆续在开班仪式上亮相，赢得了泰国师生的阵阵掌声。

在接下来的时间里，学习班学员在广州大学进行汉语学习和中国文化体验。这是广州大学近年来第二次承办针对泰国中学生的汉语文化培训。

（国际教育学院）

3 月 15 日　生命科学学院举行环校跑活动

3 月 15 日，生命科学学院举行了环校跑活动。学院党委书记吴毅教授，院长田长恩，学院工会、团委学生会成员等参加了本次活动。

党委书记吴毅做动员讲话，发令起跑，学院全体师生在院长田长恩的带领下出发奔跑。环校跑路程大约 3.3 千米，拉开了本年度学院生命教育的帷幕。

（生命科学学院　杨敏）

3 月 15 日　公共管理学院举办挑战杯交流会

3 月 15 日，公共管理学院举办挑战杯交流会。学院党委书记谢俊贵、党委副书记甘健强、团委书记唐勇、优秀指导老师代表胡蓉、参赛学生代表及校团委素拓认证中心代表等出席了本次交流会。

会议回顾了广州大学在挑战杯上所获得的成绩，校团委素拓认证中心的代表详细讲解了挑战杯的竞赛流程及立项说明。获得上一届挑战杯全国专项赛三等奖的公共管理学院的王新雨同学与大家分享了参加挑战杯的艰辛历程和成长感悟，鼓励大家要立定决心坚持探索。

谢俊贵书记在交流会总结中提出，参加挑战杯的同学应该具备挑战精神、挑战能力、挑战韧性和挑战智慧，为自己的成长和学校的荣誉而努力。

（公共管理学院　唐勇）

3 月 15 日　外国语学院召开第十二期入党积极分子培训大会

3 月 15 日下午，外国语学院分党校 2016 年第十二期入党积极分子培训大会开班仪式在文清楼 521 课室召开。学院党委周海兵书记、鄢智青副书记，学工办李黎老师、季美含老师、黄顺婷老师，团委主席伍凯晖、副主席姚靖文莅临此次培训班讲座。本期共有 70 名积极分子参加了培训。

周书记以党章入题，向积极分子一一展示了党章的重要内容，并严格要求他们通读党章，将党章内容熟记于心，为成为一名合格的共产党人奠定理论基础。周书记又从党的执政基础和执政能力、正确认识三种思潮对中国的冲击、坚定信念三个方面，为积极分子深入浅出地分析了中国共产党的成长与壮

大，并着重从社会经济、政治环境、文化建设、社会治理、环境治理、国际关系、自身建设七个方面阐述了党的执政能力的大大提升，增进同学们对党情的了解。周书记还结合当下娱乐、时政热点进行生动妙趣的讲解。他要求同学们正确看待时政变化，理性面对时代发展带来的影响，并提醒同学们生活在这样一个和平安定的社会是何其幸运，应严格要求自己，增强内驱力，保持先进性，与时俱进，成为符合21世纪人才标准、爱党爱国的新青年。

同学们认真听讲，积极回应，课堂气氛活跃。这次培训加强了外国语学院入党积极分子队伍建设，为保证党员质量奠定了基础。

（外国语学院　李黎）

3月18日　符庭老师当选“2015年广东省高校辅导员年度人物”

近日，“2015年广东省高校辅导员年度人物”评选结果揭晓，物理与电子工程学院符庭老师被评为“2015年广东省高校辅导员年度人物”与“最具奉献精神辅导员”。人文学院辅导员吕延明老师和土木工程学院辅导员刘军老师分别获得入围奖。在广东省辅导员职业能力大赛中，人文学院辅导员吕延明老师获得二等奖，外国语学院辅导员逄淑军老师获得三等奖。

“广东省高校辅导员年度人物”评选活动由广东省教育厅指导，教育部高校辅导员培训和研修基地主办，今年共有96所高校的151名候选人参评。经过初评、答辩和终评三大环节，评选出“2015年广东省高校辅导员年度人物”10名，获入围奖辅导员60名，“最具奉献精神辅导员”10名。

近年来，广州大学着力加强辅导员队伍建设，进一步完善辅导员培训、考核、激励机制，组织辅导员开展职业能力培训、职业能力竞赛、辅导员工作精品项目及调研学习，加强辅导员培训交流，提高队伍素质，促进学生工作科学化水平的提升。3位辅导员老师的获奖充分展现了广州大学强化辅导员队伍建设，推动辅导员队伍职业化、专业化发展取得积极成效。

（学生处　廖勇　冯荣光）

3月22日　美术与设计学院赴康复中心开展义教志愿活动

3月22日，美术与设计学院于康复中心开展义教志愿活动。活动的主题是“手工制作——美丽康乃馨”。每一次教学，康复中心的“小朋友”们都很认真学习。义教的目的是让康复中心的学员们有所学习、有所收获，并能够深切地感受到外界的关怀。

（美术与设计学院　马浩）

3月22日　广州大学组织学生学习全国“两会”精神

3月22日，广州大学组织全体学生举行学习全国“两会”精神主题班会，各班级学生积极参与。学校相关职能部门负责人及学院相关领导亦分别到场参加。

旅游学院会展153班在文俊东楼309室召开了“学习‘两会’精神，勇担青春使命”主题班会。会上，班长姜永彬首先为同学们介绍了今年“两会”的十个热点词汇，并向在场的同学们提问“两会”的相关知识。此外，班会还播放了“李克强就两会回答记者提问”的新闻视频，进一步加深了同学们对“两会”精神的理解，同学们就“‘两会’精神与专业和生活的联系”畅所欲言。

美术与设计学院党委副书记刘向晖在学院所举行的座谈会上，就“两会”精神结合广州大学实际谈了自己的感受，她表示：“国家的政策方针与我们每个党员、每个学生息息相关。人人都希望自己生活在一个不断进步、发展和充满希望的社会中，人人都想要追求更好的未来。”接着，她提到在大环境下我们学校不断向前发展的动力和举措：“政府更加注重广大的建设，学校也在积极采购设备、引进人才，更加注重教学质量的提高，更加注重校园学风的建设，力求给学生创造良好的环境，提高学生的综合素质与能力。”

在“两会”期间，广州大学充分利用新媒体平台、校内电子屏、宣传展板等宣传阵地，及时推送“两会”相关信息，让同学们了解、关注“两会”进展情况，学习“两会”精神。同时，各学院还充分利用“五室一站”党团活动室等场所，组织“我们一起看‘两会’”“‘两会’热点大家谈”“盘点‘两会’关键词”等主题活动，深入学习贯彻“两会”精神，引导广州大学学生知行合一，关心时事，深入思考，将学习“两会”与日常的学习、生活相结合，与学雷锋志愿服务相结合，与践行社会主义核心价值观相结合，激发爱国热情，强化责任担当。学生们纷纷表示，关心“两会”、关心教育事业就要关心学校发展，刻苦学习，努力钻研，勇担重任，争做高素质人才，为高水平大学建设添砖加瓦。

（学生处　廖勇）

美术与设计学院学习全国“两会”精神座谈会

3 月 22 日　环境科学与工程学院在“五室一站”开展急救培训活动

3 月 22 日，环境科学与工程学院红十字会携手 B7“五室一站”在七楼活动室举行了急救培训活动。环境科学与工程学院学生和 B7 女生积极地参与了本次活动，了解到包扎、心脏复苏的方法和夏季常见疾病及其预防知识。红十字会志愿者还通过讲座的形式向同学们介绍了空调病、肠道传染病和登革热等疾病的相关知识与预防方法。此次活动的目的是让同学们了解更多的急救相关知识，能够在自身需要的情况下用到这些技能，在事故的现场提供及时的简单救护，提高自身的动手能力。

（环境科学与工程学院　崔海伦）

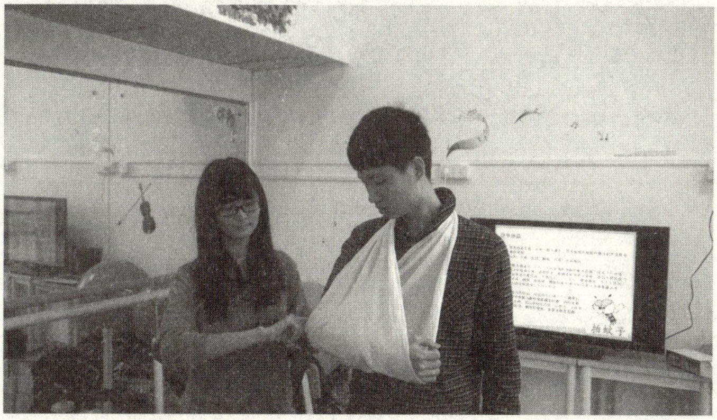

3 月 22 日　广州大学举行全国学雷锋标兵事迹报告会

3 月 22 日，广州大学博学讲坛之全国学雷锋标兵事迹报告会在行政西楼二楼会议厅举行。本次报告会的主讲嘉宾是由生命科学学院邀请的刚获得首批全国“岗位学雷锋标兵”称号的邓洪。他扎根基层，巡航珠江 2 000 余次，刷新了 6 万多海里安全航行纪录；他胸怀事业，将丰富经验传授战友，手把手培养船长 12 人、轮机员 15 人；他执着坚守，拒绝高薪聘请，放弃家庭团聚。但他从不认为自己做出了多么不平凡的事迹，而认为一切都是自己的工作，职责所在而已。

讲座最后，不少同学踊跃举手提问，有同学对邓洪胸前的军功章感到好奇，他一一为同学们解答其代表的荣誉与意义。来自邓洪老家——梅州五华的同学表达了对邓洪深深的敬佩之情，称其为五华人的骄傲。最后，生命科学学院党委副书记肖杏烟对本次会议做了简要总结，呼吁同学们要向当代活雷锋邓洪船长学习，学习他不怕苦的革命精神和兢兢业业踏实工作的敬业精神。本次雷锋事迹报告会对到场的每位同学都进行了一次精神的洗礼。

（生命科学学院　林敏）

3月26日　生命科学学院开展传播树木科普知识活动

3月26日，生命科学学院组织师生为越秀公园近500株树木挂上了标示牌。精心制作的标示牌上有树木的植物学名称、产地、特性及二维码等内容，游客只需对着二维码轻轻一扫，就可以链接到《中国植物志》。不少游客驻足观看，高兴地体验扫码，了解这些树木的详细知识。

（生命科学学院　缪绅裕）

3月29日　“桂花讲坛”开讲

3月29日，广州大学第一期“桂花讲坛”在桂花岗校区综合楼南410室顺利举行。本期讲坛特邀国际时事研究专家、广州大学关工委讲师团成员肖南海教授前来讲授，讲座主题是“朝鲜半岛事态和中国的外交策略”。广州大学关工委主任左东才书记、关工委讲师团负责人谭世泉老师、辅导员邹婷老师出席了本次讲座。在同学们热烈的掌声中，肖南海教授上台进行讲授。本次讲座中，肖教授主要对“朝鲜试核、射星造成的严重恶果”“朝鲜半岛发生战争的可能性”“朝鲜的安全问题”“中国的朝半岛政策”四个方面内容做出了详细阐述。开设“桂花讲坛”的目的是帮助学生了解时政，开阔视野。

（公共管理学院）

3月29日　环境科学与工程学院举办“消费教育进高校”活动

3月29日，广州市消费委员会联合广州市工商局12315指挥中心，在商业中心举办了“消费教育进高校”活动。环境科学与工程学院为协办单位，各年级同学踊跃参与，学院学生党支部书记、学工办主任朱剑飞，团委书记李慧等也出席了活动，现场指导学生如何消费维权。

在这次宣传活动中，针对与网络购物相关的案件与日俱增的现状，广州市消费委员会主任结合典型案例，现场进行知识问答，分析案例，剖析网购中的消费陷阱。这次活动中还展示了多个关于电子产品、食品、网购等的消费维权案例，结合新颁布的《消费者权益保护法》进行点评，并且做出消费警示。举办这次活动的目的是希望大家在以后的消费维权中不会再产生“我是消费者，我就是弱势群体”的想法，而应勇敢地维护自己的权益。

（环境科学与工程学院　周舒蕙）

3 月 30 日　广州大学学生喜获“2016 全国法语歌曲大赛”华南赛区冠军

3 月 30 日，旅游学院梁厦贤同学在“2016 全国法语歌曲大赛”中发挥出色，击败数十所高校代表，荣获华南赛区冠军。

创办至今 16 年的全国法语歌曲大赛（Le concours de la chanson francophone）是由法国驻华大使馆举办的年度性活动，每年吸引全国所有法语专业师生及法语爱好者参加，是法国政府在华举办的高规格文化活动之一。广州大学代表——旅游学院梁厦贤同学今年在华南赛区比赛中完美演绎，充分展示了法语技巧与歌唱能力，获得专业评委的一致好评。同时他还获得了由法国驻华大使馆提供的暑假免费赴法进行文化之旅的机会。

旅游学院自创办以来，始终高度重视法语教学，积极组织学生参加各种法语文化活动。为实现精品化教学，学院从 2015 年启动教学改革，采用小班教学等手段努力提高教学质量。梁厦贤同学所在班级仅有 16 名学生，是广州大学规模较小的班级之一。但作为学习法语仅半年的新生，他在此次比赛中所展现的法语水平已经获得各界高度认可，充分体现了旅游学院教学改革的成果。

（旅游学院　胡欣　王锐）

3 月 30 日　第十四届中国大学生广告艺术节学院奖（春季赛）·全国高校巡讲在广州大学开展

3 月 30 日，由中国广告协会主办、广告人杂志社承办的第十四届中国大学生广告艺术节学院奖（春季赛）·全国高校巡讲在广州大学图书馆副楼五楼学术报告厅开展。本次广州大学站巡讲活动由新闻与传播学院承办，新闻与传播学院党委书记伍建芬、副书记孙凌，广告学系主任王艺，教师刘荣、贾

兵、唐若寻、陈玎玎等出席本次活动。《广告人》杂志主编张汎先生、广告人文化集团市场总监胡利霞女士作为学院奖组委会代表，因赛集团合伙人及事业集群总经理刘颖昭先生、之外创意营销策划有限公司首席创新官及创始人郑大明先生作为创意主讲大师出席。来自广州美术学院、华南理工大学新闻与传播学院、广东机电职业技术学院、广东工业大学等十余所院校的师生代表参与到此次活动中。

（新闻与传播学院　谭丰云）

3 月 31 日　教育学院举办中华经典诵读之定向越野活动

3 月 31 日，教育学院团委学生会在校内开展了中华经典诵读之定向越野活动。

来自教育学院大一至大三年级的 16 支队伍展开了激烈角逐。本次活动分为两大环节。首先是书写“我与高水平大学建设申报”的愿景。活动开始后，参赛的 16 支队伍纷纷派代表到校内天桥，在愿景墙上写下自己对建设高水平大学的要求与期待，说出自己心中的广大梦。接下来便是定向越野环节。参赛队伍以天桥为起点，根据拿到的照片，以抽签决定的顺序和路线行进，闯关方式为回答关卡上所提出的中华经典诵读方面的相关问题，在最短时间内完成所有关卡的团队获得比赛冠军。

该活动将中华经典诵读与定向越野两个活动相结合，以“越动经典，诵乐无穷”为主题，将中华传统文化与运动完美结合，在奔走跳跃中传播经典，丰富了学生的业余生活，激发了学生阅读中国古典文化的兴趣。

（教育学院　钟丽云）

我们的大学

April 四月

4月2日　教育学院开展儿童感觉综合训练基地辅导活动

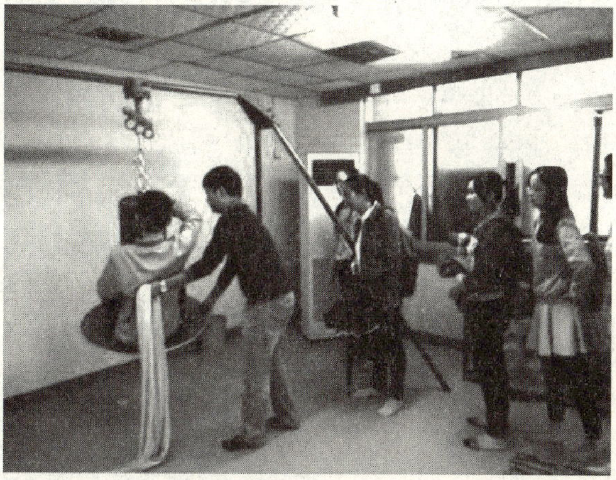

4月2日，由教育学院青年志愿者协会与广州医学院儿童心理素质训练基地合作举办的儿童感觉综合训练基地辅导活动顺利开展。

活动志愿者由青协会员组成，活动举办时长持续1—2个月。活动期间，志愿者到培训基地与特殊儿童见面，与儿童们进行心与心的交流，努力协助儿童进行康复训练。参与活动的志愿者认为，活动无论是对个人还是对社会都有重要的意义。特殊儿童虽然有智力或身体上的缺陷，却从不停止对生命的热爱，正是他们的这份激情，鼓舞着每一个志愿者帮助他们康复，陪伴他们成长。

（教育学院　冯绮玲）

4月2日　“何耀光助学金”颁发仪式举行

4月2日，广州大学举行2016年“何耀光助学金”颁发仪式。何世柱、何世樑、何世铿先生等20位何氏家族成员，校党委书记庾建设，党委副书记、纪委书记张强等出席了仪式。78名品学兼优的贫困生获得“何耀光助学金”共22万港元的资助。

2016 年“何耀光助学金”分为特等奖和一、二、三等奖，由各学院各年级符合条件的 78 名学子获得，其中本科生 64 名、研究生 14 名。会上，受助学子承诺妥善使用助学金，努力学习，立志成才，在接受何氏家族“善”信念的传递与惠泽后，不断完善自我，回报社会。

何世柱先生表示十分荣幸能够给予广州大学学子帮助，同时表示会尽最大能力来帮助更多的困难学生，希望受助学生能够奋发向上，积极进取，创造光明的前途。

时任党委书记庾建设代表全体师生向何氏家族表示崇高敬意和衷心感谢。他指出，扶贫济困，助学重教，功德无量，利泽长久。何氏家族三代人的慈善传递，不仅给予了受助学生经济上的资助，更使之得到精神上的鼓励，是广州大学学子的一笔巨大的精神财富。庾建设书记代表学校向何世柱先生赠送纪念品，借此表达对何氏家族乐善好施举动的诚挚谢意。

今年是“何耀光助学金”在广州大学设立的第十七个年头。据统计，自 1999 年以来，“何耀光助学金”资助总金额达到 226 万港元，受助学生共达 1 453人。

（学生处　肖志伟）

4 月 5 日　生命科学学院举办师范技能大赛

4 月 5 日下午，由生命科学学院主办的师范技能大赛初赛在文新楼 502 室和 503 室成功举行。本次比赛由陈学梅老师和潘顺波老师担任评委。

比赛过程中，选手们充分而灵活地利用仅有的五分钟，把课题内容通过板书或展示图片工具等方式，生动而又形象地传授给在场学生们。

在公布结果之前，评委对选手们的表现做了深刻的点评，强调了选题的重要性以及要考虑到学生们的接受能力。陈学梅老师强调：选手们更应关注所讲课程的重点，而不仅是解决难题。在评委点评之下，选手们都有了自己的体会和领悟。

评委经过讨论，选出了12名进入师范技能大赛复赛的选手。本次师范技能大赛初赛顺利落幕。

（生命科学学院　曾飘莹）

4月5日　地理科学学院第三届“蓝图杯”地学新探索学术研究大赛圆满结束

4月5日下午，地理科学学院第三届“蓝图杯”地学新探索学术研究大赛在行政西楼会议厅圆满结束。本次大赛由四支初赛获得一等奖的队伍参加，对特等奖和最佳台风奖进行角逐。这四支队伍分别是城市空地组、bigger组、UAV V1—低空遥感应用研究小组、佚名组。

经过激烈的角逐，城市空地组荣获特等奖，UAV V1—低空遥感应用研究小组荣获最佳台风奖。第三届“蓝图杯”地学新探索学术研究大赛圆满结束。

（地理科学学院　学工办）

4月5日　化学化工学院举办考研动员大会

为进一步加强学风建设，激发学生的考研积极性，4月5日下午，化学化工学院在理科教学楼南楼322室召开了考研动员大会。副院长曾庆祝，各专业老师刘自力、尚小琴、陈姚，学工办主任宋著立、李燕兴与考研优秀学生一起，为有考研意向的同学提供了许多宝贵的建议。

会上，宋著立主任阐述了考研的利与弊，让学生初步了解考研对未来发展的影响。刘自力教授则列举了一些选择考研而获得成功的人士，讲述了考研的重要性。在各专业老师讲述了如何做考研前期准备工作后，曾庆祝院长表示学院考研政策有许多利于学生的方面，十分鼓励学生考研。最后，李燕兴老师从考研、就业、考公务员、出国这四条路为同学们阐述考研的优势，考研优秀代表也向同学们分享了他们考研的经历和经验。

此次考研动员大会的目的是让还在考虑考研与否的同学对自身专业的考研形势有更深一层的了解，也让有意向的同学坚定考研的决心。

（化学化工学院　杨诗婷）

4月5日　2016年计算机学院数码节开幕

4月5日，计算机科学与教育软件学院在B15“五室一站”前举行2016年数码节开幕式暨创新创业基地挂牌仪式及分享会。学院党委副书记李洪波，院长助理汤茂斌，刘佐廉副教授，2015级辅导员胡鉴源老师，腾科总监陈云和两位腾科负责人，学生会主席韩宁、曹明修同学以及创业师兄孔庆勋出席本次活动。李洪波副书记在仪式中阐述了学习与参与创新创业活动之间的关系，建议同学们将学习放在第一位，同时也需积极抽取时间参与活动。

本次数码节活动主要有：H3C网络技术竞赛、ACM竞赛、创新创业基地挂牌仪式、杰出学生讲座和挑战杯预赛。创新创业基地是计算机科学与教育软件学院与广州喵创信息科技有限公司共同建立的首个创业基地。

（计算机科学与教育软件学院　李洪波　胡鉴源）

4月5日　广州大学勇夺广东省第三届大学生舞蹈比赛一等奖3项

业余组群舞《古扎丽古丽》表演

4月5日，广州大学荣获广东省第三届大学生舞蹈比赛一等奖3项、二等奖2项、优秀指导老师奖5项、优秀创作奖1项，在参赛高校中名列前茅。该赛事由广东省教育厅主办，本届比赛共有90多所高校、227个节目报名参赛，48所高校、86个节目进入决赛阶段的角逐。其中，群舞节目59个、小型节目7个、街舞类节目20个。

广州大学参赛节目的具体获奖情况如下：业余组群舞《古扎丽古丽》、专业组群舞《烽火1931》《九儿》获得一等奖；业余组街舞 *Beg for It* 和小型舞蹈《佤寨女儿情》获得二等奖；《烽火1931》获得优秀创作奖。

（校团委）

4月6日　广州大学举办红棉音乐会

4月6日晚，首场红棉音乐会登陆校内广大路，数百位广大学子聆听了这场别具一格的路演音乐会，现场不时传来掌声和欢呼声。在外教嘉宾、十佳歌手等表演者的加盟下，首场

红棉音乐会气氛热烈。最后，在校管弦乐团 *Can You Feel the Love Tonight* 的动人演绎中，音乐会落幕。

红棉音乐会将以路演的形式持续开展，演出时间固定于每周或每两周的周日晚上 8 点。表演嘉宾主要为校艺术团、社团、学院以及获得比赛奖项的学生和教师代表，表演节目以师生喜闻乐见、充满青春正能量的内容为主。

（校团委）

4 月 7 日　广州大学第十三届校园文化艺术节开幕

4 月 7 日，广州歌舞剧院在广州大学演艺中心举办专场演出——高雅艺术进校园之广州歌舞剧院美丽中国歌舞晚会。广州大学第十三届校园文化艺术节随之拉开序幕。

本届校园文化艺术节以“绚烂青春　活力广大”为主题，分为与信仰对话、与梦想同行、与青春伴舞三个板块。文化艺术节囊括了文化艺术名人名家系列讲座、高雅艺术进校园专场演出、校园文化艺术节品牌项目活动和校级院级学生组织的特色活动等 24 项活动，将有效丰富学生的校园生活，在发挥校园文化活动育人塑人功能的同时进一步传播青春正能量，引导学生“勤学、修德、明辨、笃实”。

（校团委）

4 月 8 日　学生自制国内首个星球大战 BB－8 球形机器人

由广州大学机械与电气工程学院李伯泉、钟海泰、叶家杰、郑植俊四名学生于 2015 年组建而成的 3D 打印技术开发团队——3Dmonkey 工作室，因成功自制国内首个星球大战 BB－8 球形机器人，在网上引起热议。被称为“上上世纪的思想，上世纪的技术，以及这个世纪的市场”的 3D 打印技术时代已悄然来临。当“技术”与“思维”相结合，“3D”与“脑细胞”相碰撞时，带给生活的激励远比技术本身给人的震撼还要多。3Dmonkey工作室致力于研究3D打印技术教育培训及3D打印技术培训教材的编写。四位少年以梦为马，开启了属于他们的“械器时代”，在新时代的科技发展中注入专属“少年”的新的能量和生机。

（宣传部广州大学微信公众号）

4月9日　卫斯理安学院孔子学院再度闪耀梅肯市“民族风尚节”

美国当地时间4月9日，美国卫斯理安学院孔子学院连续第三年受邀参加梅肯市“民族风尚节”。“民族风尚节”组委会主席贝蒂·维丽丝·斯莱特（Betty Willis Slater）女士盛赞了孔子学院的高效工作和精彩演出，认为中国团队是本次风尚节众多文化团体和组织中表现最为亮眼者。

“民族风尚节”作为梅肯市年度文化盛事，得到了当地各个致力于推动世界各民族融合的文化团体和组织的大力支持与参与，其中包括莫瑟尔大学（Mercer University）。今年孔子学院以协办方的身份，全程参与活动的筹备与组织，并再次以令人瞩目的表现展示了中国文化。孔子学院蒋晓萍院长和韩东老师从历史渊源、人口面积、语言、名胜、文化习俗等多方面生动呈现了立体中国的无穷魅力；谭苏燕老师则从中国民族服饰的介绍入手，呈现了中国各民族人民在民族团结、平等的天空下尽情绽放的美丽。其后的文化表演环节更是丰富多样，大放异彩。琵琶古曲与江南扇舞巧妙诠释了婉约柔美的中华古典韵致；戏曲联唱和孔子学院舞蹈队的《岭南雨巷》将独特的中国文化味道表达得淋漓尽致。现场不时响起一阵阵雷鸣般的掌声。来自梅肯市两所学校的负责人在观看表演后主动要求与孔子学院建立联系，并探寻未来合作的有效途径。

（美国卫斯理安学院孔子学院）

4月10日　帕多瓦大学孔子学院举行“春之韵”文化演出

意大利当地时间4月10日，意大利帕多瓦大学孔子学院携广州大学交流生在帕多瓦新玉语言学校举行了“春之韵”文化演出。

孔子学院李涤非老师一曲优美的《中华民谣》把同学们吸引到幻化诗意的韵律之中。志愿者庄梅表演的舞蹈《竹林深处》仿佛将大家带入早春幽静的竹林中，感受大自然的韵味。歌曲《青春修炼手册》的合唱更是迎合了小朋友们的口味，将表演推向高潮。演出中，意大利太极老师Riccardo先生刚柔相济的太极和八卦掌表演，以及新玉语言学校鞠坤老师的太极表演引起了小朋友们的兴趣。在书法表演中，孔子学院师生齐上阵，写下了“春风化雨　润物无声”书法作品赠给新玉语言学校。最后的中国传统文化体验活动让小朋友们亲自体验了如何剪出“春”字、猴子、跳芭蕾的姑娘等剪纸图案。

本次演出活动开始前，帕多瓦大学孔子学院向新玉语言学校赠书，新玉语言学校则以云南省书法家许家荣先生的书法作品“春华秋实”回赠帕多瓦大学孔子学院。

（意大利帕多瓦大学孔子学院）

4月11日　广州大学学子获全国大学生数学竞赛二等奖

近日，第七届全国大学生数学竞赛结果揭晓，广州大学数学与信息科学学院2013级的邓治同学获得数学类二等奖。同时，邓治同学作为二等奖中分数最高者，成为广东赛区唯一赢得免试攻读北京大学硕博连读研究生面试资格的学生。

全国大学生数学竞赛由中国数学会主办，是国内最高级别的大学生基础数学学科竞赛，旨在培养大学生分析问题、解决问题的能力，发现和选拔数学创新人才。该竞赛分为数学专业类和非数学专业类，参赛对象为大学本科二年级及以上在校大学生。本届竞赛共有28个赛区的9 787名选手参赛，经过紧张激烈的比赛，分别有10名、18名、21名同学获得数学类一、二、三等奖。其中，一等奖获奖者与二等奖排名靠前的同学可以参加免试攻读北京大学硕博连读研究生的面试。

邓治同学于2015年10月在广东省大学生数学竞赛中获得数学类一等奖，与中山大学、华南理工大学、南方科技大学、华南农业大学四所学校的学生代表一同获得了参加全国大学生数学竞赛的资格。在省赛中获奖的广州大学学生还包括：获得数学类二等奖的数学与信息科学学院石飞同学，获得非数学类三等奖的数学与信息科学学院赵茂涵、王渤和容伟杰三位同学。

（数学建模创新实践基地　郑邦友）

4月11日　广州大学组织研究生参加“走进交响乐·相约音乐厅”音乐会

为丰富校园文化生活，提高青年学生艺术修养，4月11日晚，广州大学组织近600名研究生参加了在星海音乐厅举行的“走进交响乐·相约音乐厅”音乐会。该活动是由广州交响乐团和星海音乐厅共同主办的针对青年观众及在校学生群体推出的公益教育普及音乐会品牌活动。

本次音乐会由广州交响乐团驻团指挥家景焕指挥并讲解。音乐会特别挑选了被誉为“西方音乐之父”的约翰·塞巴斯蒂安·巴赫的《C小调小提琴与双簧管双协奏曲》和第三号《勃兰登堡协奏曲》，以及作曲家普罗科菲耶夫的《罗密欧与朱丽叶》的音乐选段进行演奏，让在场观众在感受音乐魅力的同时也简单了解了其发展历史。

“走进交响乐·相约音乐厅”免费教育普及音乐会是广东省著名的公益性文化活动，主要受众为青年观众及在校学生。该活动自2006年推出，已连续举办10年，近15万名年轻观众从中受益，获得了广泛而良好的社会效益。

（研究生处）

4月12日　数学与信息科学学院模拟课堂说题联合大赛完美落幕

4月12日，数学与信息科学学院团委学生会学习部和联络部共同举办的模拟课堂说题联合大赛决赛于文清楼206室顺利举行。汤志娜老师以及罗庭健老师担任此次比赛的评委。出席本次比赛的嘉宾有：2014级辅导员胡啟岚老师、2013级辅导员陈婷老师以及团委学生会主席团。

在本次比赛中，各位参赛选手采用黑板板书与PPT相结合的方式进行授课。在选手的答辩环节中，评委就参赛选手的授课内容进行提问，选手临场发挥，回答问题。8位选手讲课完毕后，两位评委对参赛选手的授课进行点评，总结了选手们在授课时出现的问题。

在此次模拟课堂说题联合大赛中，曾彩凤摘得桂冠；二等奖花落杨灵灵、林辛敏；三等奖得主是王渤、梁烨莹、余秀萍；郑伙暖、骆乐获得优胜奖。

（数学与信息科学学院　周宇航）

4 月 12 日　广州大学举行第五届大学生涯规划优秀作品评审会

4 月 12 日，由广州大学学生处主办、学生自律委员会协办的“翼起来”第五届大学生涯规划优秀作品评审会顺利举行。

此次评审会共有 23 名来自不同学院的同学进入决赛，选出一等奖 2 名，二等奖 5 名，三等奖 10 名。他们以“规划大学经纬，追寻我的梦想”为主题，通过自我宣讲、现场答辩，展示了他们对大学生涯的期待与展望。选手们利用职业性格测评并结合自身实际分析出自己的优缺点后，进一步阐述了自己大学四年的规划以及规划实施过程。因实施过程存在各种不确定因素，选手们也准备了相应的调整方案。张嘉惠同学把《职来职往》的专场搬到了评审会舞台上，她的精彩展示不仅在众多选手中独树一帜，更让大家感受到，为了能在今后的面试场上展示更出色的自己，今日的大学生生涯规划举足轻重。评委老师在选手们演讲后，针对选手们的规划书内容、演讲表现进行提问，还适时提出一些意见或建议，期望选手们能继续完善自己的大学生涯规划。

此次大学生涯规划优秀作品评审会旨在指导同学们更好地规划和把握自己的大学生涯，帮助 2015 级的新同学尽快适应大学生活，完成角色转变，确立新的目标，让同学们的大学生活更加精彩充实，为同学们的成长成才奠定坚实基础。

（学生处　方晓艺　广大新媒体中心）

4月14日　土木工程学院、教育学院联合举办艺术团成果展晚会

4月14日，土木工程学院、教育学院团委学生会文娱部共同举办艺术团成果展晚会。本次晚会旨在展示一年以来成员们在艺术团里奋力拼搏的成果，为他们搭建一个大舞台；也是为了肯定他们的努力和汗水，感谢一年以来艺术团老成员们的辛勤栽培，同时也希望新成员们再接再厉，再创佳绩！本次晚会在“小巨蛋”A1广场举办，两院的艺术团共同展示一年来的训练成果，引得台下掌声连连、好评如潮。

（土木工程学院　方建平）

4月14日　广州大学举行师范生实习支教工作总结大会

4月14日，广州大学举行2015年师范生实习支教工作总结大会。校长助理李毅、教务处及相关学院负责人、2015年优秀实习支教学生与带队老师等参加了会议。会议对优秀实习支教学生与优秀分队进行了表彰。

师范生代表直言感谢实习支教的机会，并表示明白了教学技能的重要性。她说，作为一名教师，面对大量繁杂但又重要的工作，要勇于承担、乐于承担，经历从不懂到懂的过程。

参加实习支教前，广州大学组织学生进行了岗前培训，还首次尝试聘请了一线优秀教师来校与学生交流，以确保为实习支教的学生提供足够的帮助和指导。同时，广州大学延续实行“双导师指导制”，举办跨校公开课，多方协同强化指导实习支教学生；并实行三位一体的合作管理方式，充分利用实习支教网站等网络信息平台进行远程监控管理，全力确保实习支教教学质量。

（新闻中心　徐雪亮）

4月15日　广州大学荣获“广东省高校电子商务人才孵化基地”称号

4月15日，由京东集团和广东省电子商务协会共同主办的广东省高校电子商务人才孵化基地暨创业就业训练联盟启动仪式在华南师范大学顺利进行。共青团广东省委员会、广东省商务厅、京东集团、广东省电子商务协会等单位领导出席了启动仪式。

广东省创业就业训练联盟是以团省委、省商务厅、省人社厅、省教育厅为指导单位，由京东集团、唯品会、广东省电子商务协会、广东省各大高校等共同发起的联盟组织，广州大学是该组织的发起单位，也是常任首席主席单位。在本次联盟启动仪式上，广州大学被授予“广东省高校电子商务人才孵化基地”称号。

广州大学电子商务专业是广东省的综合改革试点专业，在各级院校领导的积极支持下，一直致力于“产学研协同创新”培育电商人才，现已逐步构建和完善“校、企、政、研、协会、平台”六位一体的协同创新培育电商人才机制。

（工商管理学院　刘仲君）

4 月 17 日　公共管理学院举办“桂声悦韵”新生合唱比赛

4 月 17 日晚，公共管理学院在桂花岗校区礼堂举办第十二届校园文化节之“桂声悦韵”新生合唱比赛。参赛各班表现出色，合作协力为大家呈现出一场精彩纷呈的晚会。公共管理学院副书记甘健强、团委书记唐勇老师及 2015 级辅导员刘志东老师出席了活动。

合唱比赛是公共管理学院的传统学生活动之一，它能提升班级的团队合作精神和班级自豪感。本次参赛的班级节目精彩纷呈，其中社会工作 151 班的演出颇有亮点，运用了吉他伴奏，改编的歌词更是唱出了同学们对班级的热爱。比赛精彩纷呈，高潮迭起，各个班级的表演都赢得了观众的阵阵掌声。另外，本次比赛中，每支队伍都演唱了校歌，同学们唱出了对学校的热爱和奋发向上的精神。

（公共管理学院　刘志东）

4 月 19 日　西澳大学学生交流团来访广州大学

4 月 19 日，澳大利亚西澳大学学生交流团一行 10 人来访广州大学，参加两校合作开展的学生短期交流项目。这是继广州大学 2015 年与该校合作开展传媒专业人才联合培养项目以来的又一次全新合作。

本次学生交流活动以“多元校园文化的交流与融合”为主题，国际教育学院与工商管理学院精心安排了汉语教学观摩、财经课堂等课堂体验活动，让西澳大学的学生充分体验了不同的课堂教学；学生交流团还与广州大学学生代表举行了一次别开生面的交流座谈活动。活动中，广州大学学生为到访学生介绍了广州大学丰富多彩的校园活动，中澳学生也一同分享了各自独具特色的大学生活。此外，西澳大学学生交流团还参观了浓缩岭南传统文化精华的岭南印象园。岭南印象园独特的岭南建筑、深厚的民间文化以及浓郁的田园乡村风情给交流团学生留下了非常深刻的印象。

此次西澳大学学生交流团是应国际教育学院的邀请，由西澳大学国际部负责人和体验中心两位老师带队来访的。西澳大学国际部的老师希望通过此次访问，能够一步加深两校的交流与合作，让更多西澳大学的学生来到这里体验中国文化，感受岭南风情。

（国际教育学院　工商管理学院）

4月19日　经济与统计学院举办第二届书画艺术大赛暨红军长征胜利80周年纪念活动

4月19日，广州大学经济与统计学院第二届书画艺术大赛暨红军长征胜利80周年纪念活动在大学城校区和桂花岗校区两地如期举行。经济与统计学院全体在校学生踊跃报名，积极地参与到此次活动中。

虽然天气不佳，时而刮风，时而大雨，但是同学们的热情丝毫不减，早早地将自己的手工绘画作品带到比赛现场进行展示。在比赛现场，书法参赛者们潇洒肆意地挥动着手中的毛笔，真可谓是各有千秋。最后，当参赛者的一幅幅作品被悬挂出来时，同学们踊跃地参与到投票中，为自己欣赏的作品投上了宝贵的一票。

大赛的帷幕徐徐落下，此次书画艺术大赛不仅激发了学生们的积极性与创造性，还强化了学生们的责任感与历史使命感。通过书法绘画艺术，广州大学学子向大众展现了自己大学生活的状态和精神风貌。

（经济与统计学院　江莉）

4月19日　广州大学举办“全民国家安全教育日”巡展展览

4月19日，广州大学在行政西二楼举办了为期两天的“全民国家安全教育日”巡展展览，各学院师生积极前往参观学习。

安全教育展览的内容分为五个部分：“责任重大”，主要介绍中央对国家安全工作的新要求、新举措；“无名英雄”，主要介绍隐蔽战线历史人物；“居安思危”，主要介绍当前国家安全面临的复杂形势；“天网恢恢”，主要介绍

《国家安全法》《反间谍法》及剖析相关案例；“众志成城”，主要介绍各单位及公民个人如何履行维护国家安全义务。通过这五个模块的学习，广州大学学子更加深刻地了解了祖国历史，更加熟练地掌握了安全知识，他们将传播爱国精神，铭记祖国历史，谨记国家安全，共筑和谐校园。

（学生处　李嘉俊）

4月19日　新疆哈密非遗传承人群培训班在广州大学正式开班

4月19日，由国家文化部、教育部和广州大学联合主办的2016年度非遗传承人群培训班正式开班。时任广州大学校长邹采荣、广东省文化厅副厅长陈杭、哈密地区文广局党委书记吴广亮以及国家文化部非物质文化遗产司管理处副处长张晓莉等领导嘉宾一同出席开班典礼。50位学员将在广州大学进行为期一个月的研修培训。

仪式上，学员代表热比亚·亚热木代表全体学员向我校表示衷心感谢，表示一定会珍惜学习机会，完成培训任务。

2015年11月，文化部联合教育部在全国范围正式实施中国非物质文化遗产传承人群研修研习培训计划，广州大学作为首批参与院校之一，成为广东省首个跨省开展非遗培训计划的高校。

（美术与设计学院　罗兵　张桐）

4月20日 化学化工学院举办第12期“研究生论文第一作者讲坛”

4月20日，化学化工学院在生化楼113室成功举办第12期“研究生论文第一作者讲坛”。李羡霞、江慧华、宋旻子陌、崔燕玲、李杰诚5位同学做了演讲，校研会学术部部长罗雪贞也来到现场。

主讲人李羡霞以“试管刷形貌的硫化镍拥有超高的面积电容和超长的循环寿命”为题，主要介绍硫化镍这种材料作为超级电容器具的优点，以及探究硫化镍和活性炭组装成不对称超级电容器时性能的提升。江慧华则介绍了淀粉与纤维素复合材料的合成和淀粉功能性材料的制备，探讨其合成过程以及研究其性能。宋旻子陌以“超保湿润滑高级化妆品用烷基改性有机硅蜡的制备与研究”为题，研究合成过程的最佳条件，通过加入烷基对化妆品进行性能的优化以及测试乳化后的性能。崔燕玲主要介绍花生粕酶法降解的工艺研究，探讨花生粕在蛋白酶、淀粉酶等多种酶的复合酶解下的水解度。李杰诚以“不同形貌MOFs的制备及其微生物燃料电池阴极催化剂应用的研究”为题，讲述通过改变MOF形貌，探究其对电化学氧还原性能的改变。

（化学化工学院　曲青）

4月20日　广州大学举办红旗学生会评选活动之互评大会

4月20日，广州大学在图书馆副楼五楼报告厅举办红旗学生会评选活动之互评大会。团委书记王国栋、白鹤云飞老师以及各学院学生会代表到场。各学生会代表依次对2015—2016年度各院系的工作进行了总结，重点总结了思想教育、组织建设、对团委工作的支持、文化建设、社会建设和宣传工作等方面的内容。团委书记王国栋上台发言，他表示过去一年各学生会将工作进行得有声有色，散发着青春的活力。此次互评的开展，极大地加强了各学生会之间的交流，总结了过去一年的点点滴滴，让同学们分享成果、交换经验、展示自我。

（校团委　苏文彦）

4 月 21 日　帕多瓦大学孔子学院中国电影展播活动再次举行

意大利当地时间 4 月 21 日，意大利帕多瓦大学孔子学院在帕多瓦大学 Palazzo Maldura 校区举办了以中华饮食文化为主题的文化讲座暨中国电影展播。这是继 2015 年 11 月份举办中国电影系列展播之后的第二场活动。活动仍由孔子学院外方院长 Giorgio Picci 教授和中方院长刘会春博士联合主持。

孔子学院专任教师李涤非首先做主题为“A Taste of Chinese Tastes”（品尝中国味道）的文化讲座。他选取了“一方水土养一方人”“民以食为天”“药食同源”“色香味俱全”“酸甜苦辣咸调出人生百味”“治大国若烹小鲜”六条熟语讲解中华饮食文化，并以粤菜、川菜和鲁菜的选料、烹饪特点和特色菜品对中国传统的八大菜系做了解读。同时，讲座也从中国老百姓对于食物和烹饪的观念与态度的角度，解析了中国人在自然、生命、情感以及民生与治国等层面上的朴素信仰和心灵智慧。随后，在场观众一起观看了纪录片《舌尖上的中国》。

本次中国电影展播活动旨在让更多的中华文化爱好者和学习者了解中国。中华饮食文化源远流长，博大精深。地理气象、环境物产、人文历史、传统习俗等众多因素无不与饮食文化有着千丝万缕的联系。从食物观物候，从饮食品人情，从烹饪看国政，这正是中华饮食文化的丰富内涵和魅力所在，也是中华文化令外国朋友津津乐道的重要原因。

（意大利帕多瓦大学孔子学院）

4 月 23 日　卫斯理安学院孔子学院举办特色体育竞赛

美国当地时间 4 月 23 日，由美国卫斯理安学院孔子学院主办、孔子学院体育俱乐部承办的“挥洒汗水，跳动青春”校园运动会在校内举行，参与人数超过了已有数十年历史的学院传统体育竞赛——Dodge Ball。赛事包括个人极速跳绳、团队跳绳、羽毛球单打三个项目的对决，得到了学院师生的一致好评，不少学生申请加入体育俱乐部，以近距离感受体育魅力。

来自美国、俄罗斯、中国、尼泊尔等国的逾百位学生参加了跳绳比赛。在首先进行的 1 分钟计数单人跳绳中，裁判一声哨响后，选手们马力全开，不甚擅长速度跳绳的美国学生们也尽情享受着比赛。团体跳绳则是体力、耐力与默契的综合考验，有的团队通过喊口号来保持节奏，有的团队邀请了助阵嘉宾，不同肤色、面孔的选手齐心协力，观众的呼声一浪高过一浪。在最振奋人心的羽毛球友谊晋级赛中，选手们层层比拼，不论是技巧型选手还是力量型选手都铆足了劲，全力以赴，最终来自广州大学的梁玥同学摘得桂冠。

（美国卫斯理安学院孔子学院）

4 月 25 日　广州大学学生获第五届全国大学生物流设计大赛二等奖

4 月 23—25 日，第五届全国大学生物流设计大赛决赛在上海举行。在 4 月 25 日举办的颁奖仪式上，广州大学学生团队作品获全国二等奖，广州大学获得优秀组织奖。

本届全国大学生物流设计大赛自 2015 年 9 月启动，前后有近 300 个参赛院校、4 000 多名专业教师、近 4 万名学生参与了大赛活动。经过初赛和复赛两轮激烈角逐，共有 60 支队伍进入决赛。由工商管理学院邹毅峰、刘广海博士指导，学生卢彩凤、吴佳旋、谢小凤、谭富添、吕尧等组成的“设手队”

作品“面向生鲜电商的冷链物流配送中心优化设计”获全国二等奖，广州大学摘得全国仅六席的优秀组织奖。

（工商管理学院　刘仲君）

4月26日　土木工程学院举行奖助学金颁奖大会

4月26日，土木工程学院举行奖助学金颁奖大会，同时颁发广东省硅酸盐学会高校奖学金及土木助困奖学金。广东省硅酸盐学会秘书长罗文英女士出席讲话并为奖学金获得者颁奖。学校教育发展基金会、土木工程学院相关负责人参加大会。李政忠等23名同学获得2015年“土木助学金”，林育玲等35名同学获得“土木单项奖励金”，罗鸣杰等23名同学获得“土木奖学金”。

广东省硅酸盐学会在广州大学设立广东省硅酸盐学会高校奖学金，用以资助、奖励成绩优秀、品行端正的相关专业学生，是为了更好地支持我国教育事业的发展，鼓励土木工程专业在校学生勤奋学习、努力进取，圆满完成学业，推动土木工程材料学科教育与发展。而广州大学土木助困奖学金以“帮助和激励家庭经济困难的学生克服生活困难、顺利完成学业、成为栋梁之材、献身祖国建设”为宗旨，由广大工程检测有限公司、华建科技有限公司发起并持续捐资，得到林本海、陈忠平等老师热烈响应、捐资，至今已经筹措资金50多万元，奖助学院学生348人。

这两项奖助学金的颁发，进一步激发了学生们的学习热情，对学院学生成长起到激励作用，极大地推动了广州大学土木工程材料等学科的发展。

（土木工程学院　邓思清）

4月26日　广州大学举行“身边的榜样”优秀学生事迹宣讲会

4月26日，广州大学举行2015—2016年度“身边的榜样”系列活动之优秀学生事迹宣讲会。来自机械与电气工程学院、地理科学学院、人文学院、教育学院的4名本硕学生分享了他们的优秀个人事迹。各学院新生班辅导员、学生代表参加了宣讲会。

机械与电气工程学院的李伟彬首先从“学会坚持、严格要求、充分准备、克制自己”四个方面，分享了他的大学故事。目前，他不仅获得了多项国家级奖项，还获得了2项国家实用新型专利授权，并公布了4项国家发明专利。曾被评为广州大学十佳大学生的人文学院研究生马天保、地理科学学院学生姚漪颖则从自身的学习生活、学生干部工作、学术科研工作出发，分享了他们的经验和感悟，希望低年级的学生要有目标、有梦想，主动求学，不只为考试而学习。随后，大学期间实现经济完全独立、负责运营多家火锅店并担任估值千万元创业公司CEO的教育学院“创业者”雷迪则从她的美食梦讲起，讲述了她创业中遇到的乐事趣事，并结合她的创业实践给到场的学生总结分享了创业经验。

广州大学连续多年举行“身边的榜样”系列活动，旨在向全校师生展现广州大学学生良好的精神风貌，营造良好育人氛围，发挥身边榜样的力量，让优秀学生充分发挥模范带头作用，用典型事迹引导激励广大学子积极上进、努力拼搏，使学生在掌握充足科学文化知识的同时提高思想道德修养，实现综合全面发展。

（学生处　李家俊　许雅晴）

4月28日　北京语言大学李宇明教授做客广州大学人文社科高端论坛

4月28日，广州大学举行新一期人文社科高端论坛，北京语言大学党委书记李宇明教授以“语言规范试说”为题给师生带来了一场高水平的学术演讲。论坛由时任广州市教育局局长的屈哨兵教授主持。会前，党委书记庾建设教授会见了李宇明教授一行。

作为一名语言学者，李宇明教授从语言规范的界定、我国语言规范的历史谈起，就语言规范的“雅正观”“选择观”和“生活观”做了详细分析。李宇明指出，我国古代传统以“雅”作为语言规范的最高标准，而在相当长的一段时间里，国家语言规范政策多强调“正”，少强调“雅”，他认为应该重建“雅”这一语体结构，语言使用应有雅、正、俗三个层面，“雅正”是一个高标准，“俗”也有其存在的空间，匡谬正俗，不能走向极端，变成语言警察。

在提问环节，同学们积极发问，李宇明教授一一进行了解答。最后，屈哨兵教授对讲座做了简明扼要的总结，并提醒大家要学习李宇明教授“勤奋”“有爱”“坚持”和“虚怀若谷”的治学精神。

（社科处）

4月30日　卫斯理安学院孔子学院再度参与美国空军基地年度文化盛事

美国当地时间4月30日，应位于沃纳罗宾斯市（Warren Robins）的美国空军基地文化活动负责人薇薇安·凯·苏（Vivian K. Siu）女士邀请，美国卫斯理安学院孔子学院再度献演空军基地年度文化盛事——“亚太嘉年华”，独具特色的文化展示和精彩演出赢得了观众的一致赞誉。

中国文化展台前人头攒动，孔子学院以充分彰显年度语言之美的中文展示活动拉开了“亚太嘉年华”的序幕。全场观众在谭苏燕老师的带领下学说中文、学写中国名、体验毛笔字，在互动会话环节中更是踊跃尝试用新学的汉语互致问候、表达谢意。而孔子学院在传统服装秀、文艺表演、“东西方最美邂逅”服装秀这几大环节中的表现也带动了全场热情，一次次掀起“亚太嘉年华”的高潮。卫斯理安学院孔子学院舞蹈队轻柔婉约的群舞《伶人古韵》，廖疋琦老师的独舞《傣族姑娘》，陈煜然同学的独唱《梨花又开》，中国姑娘们将旗袍与牛仔结合、美国学生身着中国汉服和唐装的表演等，赢得了全场赞扬，生动诠释了东西方文化最美的交融。

新成立的孔子学院中国合唱团首次亮相卫斯理安学院校园文化节“春之音乐会”，并作开场表演。当那首深受两国人民喜爱的歌曲——曲调来源于19世纪美国音乐家奥德威创作的歌曲《梦见家和母亲》，并由李叔同大师填词创作的《送别》在珀特大礼堂（Porter Auditorium）响起时，全场观众都深深沉醉在这优美而熟悉的曲调中，纷纷低声唱和，并为孔子学院生动传达了经典音乐的魅力、助推中美两国的友谊而喝彩。

（美国卫斯理安学院孔子学院）

4月30日　帕多瓦大学孔子学院参与发起世界太极日活动

意大利当地时间4月30日至5月1日，正值世界太极日之际，意大利帕多瓦大学孔子学院应意大利维琴察市Loriente协会的邀请，参与发起在维琴察举办的世界太极日活动。来自意大利的40多所太极拳学校和协会参加了活动，参与的太极爱好者和当地市民约有1 000人。

活动主办方Loriente协会在维琴察市政府的合作和支持下，为世界太极日的活动安排了十分丰富的节目。开幕式致辞后，舞狮表演拉开了活动的序幕。各方选手登台表演，展示了不同派别和风格的太极拳术。陈式、杨式、24式简易太极拳等各个流派的表演以及中国功夫和气功的表演把当天的活动推向了一波又一波的高潮，向现场的观众诠释太极精神，弘扬太极文化。帕多瓦大学孔子学院选手——太极教师Riccard代表孔子学院登台表演了杨式太极拳和八卦掌，他精湛的技艺赢得阵阵掌声。在各方自由表演的时间段，帕多瓦大学孔子学院还邀请中国驻米兰总领事馆管海波领事与老师们一起表演。

活动中，太极拳、太极棍法、太极剑术等十八般武艺从不同角度演绎着中国传统文化思想，展示了天人合一的太极精神。此外，活动现场还专设了太极气功的文化讲座，专家们结合中国传统哲学中的天地人思想解释太极文化，结合意念和发功的相关知识分析气功。

本次活动是为在意大利弘扬太极文化而举办的一场东方文化盛会。管海波领事在致辞中对本次活动的举办给予了高度评价，他指出本次世界太极日活动的举办进一步推动了中意文化的交流。

（意大利帕多瓦大学孔子学院）

我们的大学

May 五月

5月3日　土木工程学院未来工程师讲坛顺利落幕

5月3日，土木工程学院团委学生会就业部承办的未来工程师讲坛在文清楼110室顺利落下帷幕。

活动中，冀兆良老师讲解了硕士研究生分类方法，还讲到攻读硕士研究生要从多方面考虑，要务实。此外，冀老师也对当下的就业情况进行了分析。

学生代表黄惠雯讲解了职业资格证（注册类证书）的相关内容，她首先依次对注册建筑师、注册岩土工程师等进行介绍，然后介绍了职称类证书的分类和评审、评定条件，最后提到了上岗证的考取。

考研是在努力给自己争取一个继续深造的机会；直接选择就业凭借的是一种初生牛犊不怕虎的果敢；而考证代表的是一种积极上进、不甘平凡的生活态度，是自我提升的基础。

（土木工程学院　沈如江）

5月3日　卫斯理安学院孔子学院举办“最美四月天”系列文化讲座

美国当地时间5月3日，美国卫斯理安学院孔子学院“最美四月天”系列文化活动迎来了三场文化讲座。孔子学院教师先后应邀前往瑟偌斯学院特许学校（Cirrus Academy Charter School）和茹特兰中学（Rutland Middle School）开设中国语言文化课堂；孔子学院还邀请哥伦比亚市图书馆前馆长、台湾大学昆曲社首批成员之一林丽雪女士为卫斯理安学院师生举办了戏曲赏析讲座。系列活动多方面展现了中国语言文化的魅力，拉近了孔子学院与当地学校和社区的距离。

卫斯理安学院孔子学院的谭苏燕老师、徐恒老师和廖疋琦老师作为特邀嘉宾，在瑟偌斯学院特许学校主办的“瑟偌斯品鉴会”（A Taste of Cirrus）上举办了汉语及中国民族舞教学推广活动。孔子学院教师还受茹特兰中学“世界

文化学社”主管教师卡瑟琳·赫瑟（Katherine Hauser）的邀请，在该校“亚洲月”文化活动上亮相，为青少年们开讲中国文化。谭苏燕老师形象生动地介绍了中国的悠久历史、对世界文化发展的不朽贡献、汉语学习的意义及诀窍；徐恒老师介绍了10个最常见汉字的形意特征，并现场玩起了举一反三的猜字游戏；廖疋琦老师则以藏族舞蹈展示配合藏族踢踏舞特点讲解，引起了学生们的极大兴趣，连最腼腆的男生也随着节拍欢乐起舞。卡瑟琳·赫瑟老师大力赞许课堂效果，并表示将积极倡议学校开设中文课，让更多的孩子能有机会接触这美丽的语言和文化。

林丽雪女士莅临卫斯理安学院举办了中国戏曲赏析讲座。林女士从中国戏曲人物角色的行当分类、主要伴奏乐器等方面绘声绘色地讲解了中国传统戏曲艺术及其特点，深入浅出地介绍了京剧与昆曲。她还现场示范京剧身段，与孔子学院舞蹈老师共同演绎昆曲片段《游园惊梦》，让在场师生充分感受到了中国戏曲的魅力。活动现场展出了林女士多年来悉心收集的戏曲艺术品，其中包括多个版本的昆曲谱、《牡丹亭》剧照、她当年学习昆曲时的工尺谱以及台湾作家王蓝的戏曲水彩画等。

（美国卫斯理安学院孔子学院）

5月3日　美术与设计学院“五室一站”开展“易班网”专题学习

为了进一步加强学生的网络思想政治教育，总结推广互联网文化建设经验，展示大学生优秀网络成果，美术与设计学院B2“五室一站”党建办和社区办于5月3日晚在B2党团活动室组织开展“易班网”专题学习。

这次“易班网”的学习主

要针对三个方面：一是什么是“易班网”；二是为什么要建设“易班网”；三是如何玩转“易班网”。首先，同学们在B2党建办副主任王世杰和党建办秘书陈雯曦带领下观看了“易班网”网页端操作视频及“易班网”手机App交互教程；然后，王志杰副主任讲解了“易班网”的基本知识，并亲自示范了“易班网”的操作过程，现场指导学生下载“易班网”App，注册并操作“易班网”。

通过这次学习，同学们了解到“易班网”在高校中设立了学生工作站，开展了丰富多彩的校园文化活动，已经成为全国教育系统中的知名文化品牌。

（美术与设计学院　王志杰）

5月3日　广州大学学子在中华经典诗词会决赛中荣获一等奖

5月3日，广州市教育局市属高校广州读书月经典阅读系列推广活动、广州大学第十三届校园文化艺术节之中华经典诗词会决赛在行政西二楼报告厅正式开幕。人文学院吴晟教授、广州广播电视台节目副总监刘萍、广州大学宣传部副部长何瑞豪、广州大学学生处副处长陈泽龙、广州大学图书馆副馆长艾新革等领导嘉宾出席了本次比赛。广州大学的参赛组合用刚柔相间的声音及巧妙的配合，将《春江花月夜》凄婉的感情表达得淋漓尽致，在本次比赛中斩获一等奖。

（人文学院　黎恩诚）

5月3日　教育学院举行第四届班主任技能大赛决赛

5月3日，教育学院在文新楼406室举行第四届班主任技能大赛决赛。一路过关斩将的黄雪昕、骆冰、郭珊余、尤瑞英、熊颖蓄势待发，均已做好奋力相争的准备。第一轮比拼——班级活动方案展示中，六位同学各显神通，清晰明了地阐述了各自对班级活动的组织与管理方案。第二轮比试——情景模拟更是精彩纷呈。选手们引经据典，有理有据地分析各类题目，其丰富的知识储备让人佩服。在紧张激烈的角逐现场，面对评委老师提问时，选手们也是处变不惊，妙语频现。

（教育学院　庄昇）

5月4日　生命科学学院举办五四青年节之优秀校友座谈会

5月4日，“我的青春我做主”——五四青年节之优秀校友座谈会在生命科学学院会议室顺利进行，学院邀请到2013届生物技术专业校友许航瑜，为学生代表带来了一场精彩纷呈的经验分享会。

座谈会上，许航瑜向大家介绍了自己大学期间参加创业大赛、读第二专业的经历，鼓励同学们在大学期间要敢于尝试，在通过参加社会实践提高自身能力的同时找到自己感兴趣的方向，为大四毕业做好准备。他讲述了自己从就业到创业的艰辛过程：广投简历，面试过关斩将，应聘成功，工作半年成为公司策划总监，再辞职组建公司。从介绍中，同学们感受到坐在眼前的优秀校友凭借着一份专注和坚持为自己的事业夯实了基础。

座谈会结束后，同学们纷纷针对自己感兴趣的问题与师兄做了交流。会后同学们反映，在五四青年节开展这样的交流会十分有意义，能够让同学们更有目标、更好地规划自己的大学生活，让自己的大学生活更有意义，活出精彩。

（生命科学学院　林敏）

5月4日　广州大学成立创新创业学院　亿元基金扶持学生创业团队

5月4日，广州大学举行创新创业学院揭牌暨青年大学生创新创业展系列活动，共青团广东省委副书记、省青年联合会主席张志华，校长邹采荣，校党委副书记、纪委书记张强，签约合作单位负责人，媒体记者，校内外创业导师与师生代表等300多人出席活动。

活动现场创业（创客）精英班学员向师生介绍了创业阶段性成果，如安小懒青年社区2015年获得1 000万元天使投资，市值达5 000万元；广州惠印科技有限公司完成首轮350万元融资，进入千万元级别的A轮融资准备阶段，市值突破5 000万元；广州五六点教育咨询有限公司获得百万元级天使投资，估值额2 000万元。截至2015年底，创新创业学院学生创业项目共融资2 100多万元，市值已达1.4亿元。

2015年广州大学安排300万元设立创业种子基金，2016年安排创业教育与孵化基金预算500万元，今后每年适度增加，最高可达1 000万元，全面保障创新创业教育的有序开展。同时，广州大学还建立了大学生创新创业专利池，用知识产权保护学生的初创企业。目前，广州大学已有两期创业（创客）精英班学员结业，共孵化学生创业团队60余支，培养创业团队核心成员300余人。其中，8个团队项目已独立运营并开始盈利，6个团队已由团队项目运营转化为公司市场化运营，5 个项目获得百万元级以上的天使投资。

（新闻中心　黄颖　温明锐　林玲）

5 月 4 日　广州大学开展系列活动庆祝五四青年节

5 月 4 日，广州大学团员青年以主题团日活动、青年代表座谈会等系列活动庆祝五四青年节，倡导青春正能量。时任校党委书记庾建设、团市委副书记王婵娟等出席活动，与基层团组织师生们共庆五四，并号召团员青年传承五四精神，坚定信念信仰，积极承担社会责任。

在青年学生代表座谈会上，学生干部代表、先进学生代表、创新创业学生代表、新疆籍学生代表、志愿者代表等分享了他们对五四精神的理解，并结合自身的学习工作详细谈论了如何传承践行五四精神。他们表示，少年强则国强，青年集体作为中坚力量，承担着重要的责任和使命；青年一代应该胸怀祖国、立足广大、博学笃行、创新服务，尽自己最大的力量促进国家的发展。

在观看了基层团组织的主题团日活动，聆听了师生们的五四感言后，校党委书记庾建设殷切寄语广大团员青年。他代表校党委向全校共青团员、青少年以及青少年工作者致以节日的问候，并对青年学生将五四精神与自己的学习生活等紧密结合，展现出有理想、有奋斗的精神风貌表示赞赏。他强调，广州大学一直发扬“跳起来摘桃子”的精神，改革创新人才培养模式，大力加强师资队伍建设，旨在创造一切有利条件，为同学们提供更优质的教育，把学生培养成党和国家需要的以及经济社会发展需要的高素质人才。

（校团委　徐雪亮　彭程）

5月4日　李敏老师荣获第八届“全国高校辅导员年度人物”提名奖

5月4日，由教育部思想政治工作司指导、中国高教学会辅导员工作研究会和中国教育报社主办的第八届“全国高校辅导员年度人物”评选活动结果揭晓，李敏老师荣获“全国高校辅导员年度人物”提名奖，成为全国39名获此殊荣的辅导员之一。

此活动旨在宣传表彰一批长期以来在为人师表、爱岗敬业、无私奉献等方面有突出表现的优秀辅导员，发挥先进典型的引领和示范作用，更好地调动和激发高校辅导员工作的积极性和创造性，进一步加强高校辅导员队伍建设。本届评选共选出“全国高校辅导员年度人物”11名、“全国高校辅导员年度人物”特别荣誉奖1名、“全国高校辅导员年度人物”提名奖39名。

李敏老师从教三十余年，在新疆少数民族学生教育管理服务方面积累了丰富而独特的经验，曾于2010年被评为“广州市民族团结进步模范个人”，2014年被评为“2013年广东省高校辅导员年度人物”，2015年获“全国五一巾帼标兵”等殊荣。以其名字命名的“李敏工作室”，为国内众多学校提供了行之有效的教育管理理念和方法，广受好评。

（新闻中心）

5月6日　土木工程学院“五室一站”举办“手抄党章100天”活动

为推动“两学一做”教育活动的开展，引导广大党员和团员青年尊崇党章、遵守党章、维护党章，坚定理想信念，树立崇高的道德追求，引导青年更加坚定不移跟党走，做新时期的优秀青年，土木工程学院B12“五室一站”党建办公室根据学校的要求，组织开展

“手抄党章100天”活动。该活动的意义，在于使参与者们通过笔杆子再现党章的魅力，表明尊崇党章、遵守党章、维护党章、永远跟党走的决心。

（土木工程学院　潘建）

5月8日　广州大学在第7届全国大学生机械创新设计大赛广东赛区选拔赛中再创佳绩

5月8日，第7届全国大学生机械创新设计大赛广东赛区选拔赛开赛。经过角逐，广州大学学生作品分别摘得一等奖1项、二等奖1项、三等奖1项。其中一等奖作品入围全国大学生机械创新设计大赛。

全国大学生机械创新设计大赛是教育部、财政部批准和资助的全国性大学生学科竞赛，是国内较具影响力的培养学生工程实践能力和综合素质的大学生竞赛项目之一。广东省大学生机械创新设计大赛暨全国大学生机械创新设计大赛省区选拔赛于2004年开始举行，以后每两年举办一届。

本次大赛以“服务社会——高效、便利、个性化”为主题，以“钱币的分类、清点，整理机械装置，不同材质、形状和尺寸商品的包装机械装置，商品载运及助力机械装置”等为内容，竞赛主题和内容均紧扣当前国家积极倡导的“大众创业，万众创新”主旋律，得到了省内各高校的积极响应。全省26所高校的163项作品参赛，700多名师生进行激烈角逐，参赛作品数量和参赛师生人数都创历史新高。此次比赛广州大学共推荐了5项优秀作品参赛，在省赛中取得可喜成绩，充分展示了广州大学机械学科的教学改革成果和大学生机械创新设计的成果，对广州大学培养机械设计、制造创新人才起到了重要促进作用。

（机械与电气工程学院　邓亮明）

5月8日 广州大学学子在全国大学生英语竞赛中获特等奖

5月8日，2016年全国大学生英语竞赛决赛在广东财经大学举行，来自全国近50所高校的261名选手入选决赛。广州大学选送的物理与电子工程学院张展鹏、人文学院刘军儿和经济与统计学院潘玉文、陈建州同学荣获特等奖。

全国大学生英语竞赛是全国唯一权威的大学生英语综合能力竞赛活动，是评价我国大学英语教学的一种重要手段。为了全面提高广州大学学生英语综合运用能力，激发广大学生学习英语的积极性，推动大学英语教学质量上一个新台阶，广州大学教务处和外语教育训练基地联合组织发动全校学生参加比赛，预赛共计有1 558名学生报名参加。比赛从2015年11月底开始，历时半年，经过层层选拔，广州大学在全国总决赛中获得特等奖4名、一等奖5名、二等奖24名、三等奖46名的好成绩。这也是广州大学参加该项竞赛以来取得的最好成绩。

（外国语学院　逄淑军）

5月9日 工商管理学院举行创业创新模拟答辩

5月9日，工商管理学院在图书馆副楼208室举行创业创新模拟答辩。学院副院长兼创业研究院院长王满四、工商管理系主任兼创业研究院副院长张延平、王朋教授以及胡勇军博士到场担任本次大赛评委。本次比赛有九个队伍参加。其中，工商管理学院的参赛项目为“藤爱永恒藤编技艺工作室”“紫云英的观光农业及其副产品的开发利用”“安小懒多元化青年社区创业”以及“新视觉家居3D壁纸设计工作室”。大赛首先进行参赛选手项目展示环节，来自各学院的选手用热情洋溢的演说，展示着自己的创业项目。答辩中，评委们从商业模式的设计细节、计划与创业扩张的区别以及项目技术等方面，对选手进行提问，并从创业评审的角度指出这些青年创业项目的优点和不足并提出改正建议。创业创新比赛的进行，让“大众创业，万众创新”的理念深入校园。

（工商管理学院　何青）

5月10日　高校新疆籍少数民族学生教育管理研讨会在广州大学举行

5月10日，由教育部民族教育司指导，广东省教育厅、广东省新疆籍人员服务管理工作队主办，广州大学“李敏工作室”承办的高校新疆籍少数民族学生教育管理研讨会顺利举行。会议形成《广州共识》，并向社会发布。

来自中央新疆办、教育部民族教育司、教育部民族教育发展中心、新疆维吾尔自治区教育厅、广东省教育厅、广东省新疆籍人员服务管理工作队以及省内外73所院校的230余名领导、专家及部分论文作者出席了研讨会。与会各方就新疆籍少数民族学生教育管理的历史使命、指导思想、基本原则、研究思路、管理模式等重点问题进行研讨，并切实贯彻落实第二次中央新疆工作座谈会精神，以推动新疆籍少数民族学生教育管理服务工作再上新台阶。

中央新疆工作协调小组办公室鲁昕副主任在发言中回顾了此前在其倡议下借鉴上海“洪汉英工作室”经验成立“李敏工作室”的相关工作情况，希望广东省少数民族学生教育管理研究与指导中心成为做好少数民族学生教育管理服务工作的有效工作载体与平台，将少数民族学生培养为合格社会主义事业建设者和可靠接班人。

广东省教育厅党组副书记、副厅长魏中林还宣读了广东省教育厅关于设立广东省少数民族学生教育管理研究与指导中心的通知，并举行了中心揭牌仪式。该中心隶属于广东省教育厅，在教育部民族教育司的指导、广东省教育厅的领导下开展工作，中心负责人由广州大学分管学生工作的校领导担任。

（学生处　廖勇）

5 月 10 日　生命科学学院“五室一站”举办插花比赛

5 月 10 日，B17“五室一站”党建办及生命科学学院团委学生会生活部主办的插花比赛在 B17 二楼举行。本次比赛特邀研究生兼职辅导员罗圣霏、生命科学学院学生会主席许钰城、团委副书记胡晓诗以及副主席林伟平担任评审员。此次插花比赛秉承着陶冶学生情操的主旨，意在提升大学生的动手及创新能力。

各个比赛小组依照顺序将自己的成品向评委团展示并进行详细讲解，接着评委团对各个小组的成果进行评分，并选出一等奖一组、二等奖一组、三等奖两组及最佳花语奖一组。

（生命科学学院　罗圣霏）

5 月 12 日　数学与信息科学学院第二届男女混合排球赛完美落幕

5 月 12 日，数学与信息科学学院男女混合排球赛的半决赛与决赛在梅苑排球场举行。出席本次比赛的嘉宾有学院学生会主席邝俊炜、副主席邓文杰。

首先进行半决赛的是精算 151 班和数学 153 班，比赛开场后数学 153 班率先拉开比分，但最终精算 151 班以两分之差险胜。下一场比赛由数学 151 班对战数学 141 班，最终数学 141 班夺得了本次比赛的桂冠。此次比赛加强了各班级学生之间的交流与沟通，丰富了校园文化生活。

（数学与信息科学学院　李博婷）

5月12日　旅游学院与中青旅（广东）国际会议展览有限公司开展战略合作

5月12日，旅游学院与中青旅（广东）国际会议展览有限公司签订了战略合作协议。中青旅（广东）国际会议展览有限公司总经理吴炼女士一行人员，旅游学院党委书记胡幸福教授、党委副书记刘绍东老师、会展系主任杨铭德老师、张以琼副教授、刘湘军博士、学工办主任陈志明老师、实验办许红山老师等代表参加了签约与聘任仪式。

旅游学院一直致力于培养高素质的职业经理人，在广东地区甚至全国具有良好口碑和广泛影响。与中青旅（广东）国际会议展览有限公司建立战略合作关系，并聘任相关负责人为旅游学院客座教授、职业导师，推动旅游学院人才培养更上台阶，必将有利于校院专业建设和学科发展，校院也必将为中青旅集团及其他会展企业输送更多优质人才，实现学院、学生、企业多方共赢。

（旅游学院　杨铭德　陈志明）

5月14日　第九届暑期兼职招聘会举办

5月14日，广州大学第九届暑期兼职招聘会“兼职暑不停”如期举行。1 587个兼职岗位现场“招兵买马”，吸引了8 000多名校内外学生前来应聘。

本场招聘会共有56家企业参与，提供130多种、共计1 587个兼职、实习工作岗位，包括摄影师、夏令营辅导员、新媒体运营、编辑、测绘工程师、家庭理财规划师、服务员等多种职业，满足不同专业、不同层面应聘者的需求。此外，工资待遇较2015年整体呈上升趋势，月工资待遇为2 500～4 000元，部分高企月薪甚至高达1万元。

企业对大部分岗位的专业要求比较宽泛，初入社会的大学生可以轻松拿到兼职，但也有部分高企专门招聘持有英语专八证书或掌握某项专业技能的应聘者。前来参与招聘的郭同学说："在寒暑假参与社会实践有利于以后找工作。薪水是其次，最重要的还是为自己积累更多的社会经验。"

广州大学2008年起开始举办暑期招聘会，是广州大学城最早办此类活动的高校。招聘会充分利用社会资源，为学子提供了大量安全、可靠、合适的暑期兼职岗位，搭起了一座在校大学生与社会沟通的良好桥梁，为大学生提供了更多服务社会、锻炼自我、缓解经济困难状况的校外勤工助学岗位。

（学生处　郭洁）

5月14日　土木工程学院和人文学院联合举办干部培训活动

5月14日，土木工程学院和人文学院联合举办的干部培训活动于学生活动中心顺利举行。此次活动以话剧表演做主线、穿插互动游戏的形式，充分展现了两个学院独特的风采。

在人文学院舞蹈队一段精彩的开场表演后，主持人介绍了到场的嘉宾。之后，土木工程学院团委副书记梁浩坚发表讲话，希望大家珍惜团学合作的机会，增加彼此之间的交流。

话剧表演每过两幕，现场便会进行一次游戏环节，以此增进干部之间的感情。

话剧表演以主人公Tom的穿越经历为主要内容，分为"初次穿越""秦汉之旅""回家"和"轻生少年的悔悟"等几幕，新奇有趣。其中，"轻生少年的悔悟"启示同学们珍惜人生，使大家有所领悟。游戏环节亦丰富多彩。游戏"boom boom change""只想再靠近你一点点""水手来了"等互动环节拉近了干部之间的距离，增加了彼此之间的交流，使现场活动氛围更加活跃。

（土木工程学院　方建平）

5月15日　学生管弦乐团在星海音乐厅举办"绽放"专场音乐会

为了营造具有广州大学特色的艺术文化氛围，鼓励学生积极参与文化艺术活动、培养学生发展个人兴趣爱好，学生管弦乐团于5月15日下午在广州二沙岛星海音乐厅举办了以“绽放”为主题的专场音乐会。这场音乐会不仅面向广州大学学生，同时为喜爱音乐的朋友提供了一场音乐上的狂欢盛宴。

音乐会中，管弦乐团的学生激情昂扬、忘我的演出，让大家感觉到了多元的管弦乐文化，令观众们如痴如醉。观众回馈给这场精彩演出的热烈掌声，也反映出乐团同学们几个月的汗水与努力。尽管乐团大多数同学都是非音乐专业学生，但都有热爱音乐的心和为学子奉献的精神，晚会传达的不仅是与主题相契合的青年学子的“绽放”姿态，更是广州大学的优秀校园文化！

（音乐舞蹈学院　傅梓婧）

5月17日　天文爱好者协会举办天象馆活动

5月17日，广州大学天文爱好者协会组织的会员开展天象馆参观活动。本次活动设置了三个流程：观看月球科普短片、介绍四季星空、介绍麦哲伦星座。在观看月球科普短片时，同学们讨论得十分热烈。在四季星空介绍环节，工作人员在为同学们介绍之后还热情地邀请同学们指出星座的位置，当同学们找不到星座时，工作人员就会很耐心地讲解星座的位置和由来，以方便同学们记忆。观看麦哲伦星座介绍时，同学们都为麦哲伦的大无畏精神所感动。

（地理科学学院　学工办）

5月17日　2016年五四表彰大会暨“同唱一首歌”第二届学生校歌合唱比赛隆重举行

5月17日晚，广州大学2016年五四表彰大会暨“同唱一首歌”第二届学生校歌合唱比赛在演艺中心隆重举行。

表彰大会上，庾建设书记发表讲话，希望广大团员青年紧扣时代主题，自觉认识到实现中华民族伟大复兴的中国梦这一时代担当，全面助力学校高水平大学建设。党委副书记、纪委书记张强宣读了表彰决定，表彰了省、市、校优秀集体和个人，包括2015—2016年度校红旗学生会、活力团支部、优秀团委书记以及优秀共青团干部、优秀共青团员和优秀学生会干部等。

表彰结束后，晋级决赛的9支学生校歌合唱队伍依次上台角逐，音乐舞蹈学院作为表演队伍压轴表演。参赛队伍均以学院为单位组成，分别演唱指定曲目《广州大学校歌》和一首自选曲目。各学院歌声激昂，唱出了新时代青年不怕困难、拼搏进取的精神，并将学院特色融入自选曲目表演中，《康定情歌》《掀起你的盖头来》《龙的传人》等曲目赢得在场观众的阵阵掌声。

大会旨在表彰有突出贡献或取得重大成果的集体和个人，隆重纪念五四运动97周年、中国共产主义青年团成立94周年，激励青年大学生为实现人生价值、实现伟大中国梦而奋斗。同时，在校内传唱校歌，可进一步激发青年学子爱校荣校情怀，丰富学生的校园文化生活，传递精神力量，展现青年学子良好的青春风采，引领广大青年学生团结奋进、开拓创新，为广州大学高水平大学建设奉献青春力量。

（校团委　徐雪亮）

5 月 17 日　新疆哈密刺绣培训班结业典礼暨成果汇报展完美落幕

5 月 17 日，新疆哈密刺绣培训班结业典礼暨成果汇报展在演艺中心举行，广州大学副校长于欣伟等相关领导，新疆非遗传承人，美术与设计学院的老师、学生和工作人员参加了结业典礼。

结业典礼上，于欣伟副校长肯定了这一个月以来学员们的学习成果和广州大学相关工作人员付出的努力。她赞扬美术与设计学院作为新疆哈密刺绣培训班的具体承办部门，积极地按照文化部对中国非遗传承人群培训的工作部署和教学要求，认真制订非遗传承人群的培训方案、教学计划和课程设置等工作方案，各项工作高效有序进行。

典礼完毕后，与会人员一同观赏了学员们的作品。展区分为绣品、色彩、人物勾画等几块，学员作品全部用画框裱装起来整齐挂在墙上。培训负责人表示，参加培训的学员都有很大进步，有的学员之前不会自己设计绘画，学习完毕后可以亲自完成绘画和颜色搭配设计。学员代表在发表感言时还提到：“我们在学习后能够学以致用，培养自己的创新意识与创新能力。感谢这段时间里每个老师给予我们的帮助。”

（美术与设计学院　黄健聪　张桐）

5月18日　工商管理学院院长与2015级工程班面对面交流

5月18日，工商管理学院院长庞永师教授如约来到桂花岗校区综合楼北楼407室与工程管理专业2015级学生进行面对面交流。学院党委副书记孟强老师和团委副书记邹婷老师陪同前往参会。交流会上，庞永师院长用轻松幽默的语言开场，瞬间将紧张的气氛化解，使同学们倍感亲切与轻松，拉近了师生之间的距离。同学们积极主动发言，会场充盈着和谐活泼的氛围。庞永师院长对工程管理专业的现状和未来发展前景等做了介绍说明，围绕最近大家比较关心的话题，比如第二专业、专业设置、考研等问题发表自己的看法。最后，团委副书记邹婷老师总结发言，鼓励同学们要更加积极主动地与老师沟通，从而更好地消除学习生活交往中的疑惑，提升自己的学识素养和生存能力，明确前进的道路和方向。

（工商管理学院　梁晓佳）

5月22日　工商管理学院与深圳长城物业集团股份有限公司签订人才培养合作协议

为了进一步深化人才培养改革，创新人才培养模式，加强专业建设，工商管理学院与深圳长城物业集团股份有限公司签订物业管理本科人才培养合作协议。

协议主要内容包括工商管理学院在长城物业集团建设实习基地，长城物业集团在物业管理专业开设“长城物业管理创新实验班”，全程（大一至大四）深度参与专业人才培养各环节工作，利用专题讲座引导学生尽早进行职业生涯设计和人生专业目标规划，利用寒暑假全面衔接校内培养环节，强化实践与创新训练。学生到企业学习的全部费用由企业承担，优秀学员毕业即可直接获得长城物业集团见习经理职位。

此次协议的达成，是工商管理学院在校企协同、优势互补、资源共享以及创新人才培养模式和机制方面的一次有益尝试，旨在通过引入行业领先企业深度参与物业管理专业本科人才培养的方式，全面强化与企业人才需求对接的实践应用与创新创业能力培养环节，充实人才培养内容，优化人才培养机制，形成边学边做、以做促学的校企协同良性互动新型人才培养模式，提高物业管理专业人才培养的定制化水平，促进物业管理专业学生综合素质和创新能力的持续提升，打造该专业毕业生高端就业平台，使物业管理专业人才培养走向良性循环。

（工商管理学院　林芳）

5月24日　自强社与吕田中学共建“励志课堂”

5月24日，以“传递社会关爱，锻造自强之才”为宗旨的广州大学自强社与从化市吕田中学团委共同举办了“励志课堂”活动。20名自强社社员奔赴吕田中学，面向初中一年级学生开展主题为“不忘初心，追梦不息”的“励志课堂”活动。

自强社社员进行了“让别人因为你的存在而感到幸福”“不要随便降低梦想的标准”这两场主题演讲，并以“自强信封”的形式让学生们写信给未来的自己，鼓励学生们自立自强，勇于拥有梦想，并将其铭记在心，不要因为家庭等原因而轻易放弃。

同时，自强社也在吕田中学建立“自强书屋”，共捐赠了适合青少年阅读的课外书289册及各类杂志474本，旨在让山区学生能享有更多阅读课外书的机会，在知识海洋中徜徉，成为一个身心健康发展、自立自强的青少年。

（学生处　郭洁）

5 月 25 日　话剧团举办第一届小品暨剧本大赛

为了提高大学生的思想素质，弘扬中华民族传统美德，广州大学话剧团于5 月 25 日晚在大学城校区学生活动中心举办了以“崇德向善，奋发向上”为主题的第一届小品暨剧本大赛。此次大赛面向全体在校生，得到了同学们的积极响应。

本次大赛的参赛作品以传播社会正能量为主旋律，体现了当代大学生身上的美好品质。在获奖小品展演环节，演员们卖力的表演和精彩的剧情引来掌声不断。大赛最后，话剧团成员和参赛选手进行了沟通交流，话剧团团长、导演等也给出了自己的意见。

本次大赛的成功举办不仅丰富了大学生的课余生活，也展现了大学生的创作能力和表演热情，让同学们更懂小品，更懂戏剧。崇德向善，是一种优秀的品质；奋发向上，是一种可贵的精神。学子们都应该时刻将此次大赛精神铭记于心，实践于行。

（广州大学话剧团）

5月25日　环境科学与工程学院举行“环保有你传递”回收活动

5月25日，环境科学与工程学院青源植物小组在红棉路举行了“环保有你传递”回收活动，收集各种毕业生留下的物品，再统一展出，为需要它的同学提供帮助。

本次活动增强了大学生的环保意识，号召大家环保从自己做起，从身边小事做起。本次活动不仅传递了低碳、节能、环保、循环利用的理念，而且为新老生之间搭建起一座情感交流的桥梁。

（环境科学与工程学院　利子轩）

5月26日　黄建榕谈高校危机管理与危机公关

5月26日上午，由学生处心理健康教育与咨询中心主办、心理卫生协会协办的“高校危机管理与危机公关实务分析”讲座在行政西二楼会议厅顺利召开。本次讲座邀请了华南理工大学心理咨询与健康教育中心主任、广东省教育厅应急专家、广州市政府应急管理宣讲团成员黄建榕教授前来讲学。出席讲座的主要包括学生处老师，各学院的副书记、辅导员，以及思政部的老师共计100余人。

黄建榕教授从近些年国内外发生的危机事件入手，引出危机的话题，并从

"屌丝"等流行语来分析社会心态，讲解了危机中个人与社会的关系。在接下来的有关校园危机分类和建议的话题中，黄教授以专业而又不失风趣的话语逐一提出对待各类危机的建议，包括切准真问题、关注新问题、不能放过小问题等，帮助老师们更好地处理生活中的危机。最后，黄教授针对大型疾病传播、食堂危机、学术不端行为、高校危机概述等方面提出了自己独特的见解，为帮助大学生们解决危机增加了一层强有力的保障。

本次讲座讲解了常见的高校危机以及个人危机，增强了老师们对高校危机管理的认识，并帮助老师们调整心态，从容面对危机，让老师们可以更科学、妥当地处理新问题，保持积极良好的心态，共同营造和谐的大学校园。

（学生处）

5月26日　纺织服装学院在中国大学生时装周再获最高奖

5月26日，中国大学生时装周"九牧王杯"第21届中国时装设计新人奖颁奖典礼在北京落下帷幕。来自全国78所服装院校的570位优秀本硕毕业生参赛，50件作品入围。纺织服装学院2016届服装系学生周冬梅脱颖而出，以作品《穗》勇夺赛事最高奖项"全国十佳"，是广州众多服装院校中唯一进入十佳的作品。周冬梅的指导老师获得优秀指导教师奖；纺织服装学院也获得中国时装设计育人奖，排名跨入全国服装院校前十，成为广东唯一一所连续夺得

“全国十佳”的院校。

“九牧王杯”新人奖是国内顶级的针对时装设计优秀毕业生的重大赛事，综合考评参赛者的设计能力、对时尚的把握以及制版技术能力，是检验高校时装专业教学水平的标尺，赛事结果甚至直接决定院校在全国服装院校中的排名。与往届相比，本届新人奖最大的变化是参评学生需要分别提交男装和女装流行趋势提案，此举旨在对毕业生未来职业的规划起到指引作用，最大限度地吸引和鼓励优秀人才。

（纺织服装学院）

5月27日　“美梦在我心”心理情景剧总决赛拉开序幕

5月27日晚，由学生处心理健康教育与咨询中心主办、心理卫生协会承办的“美梦在我心”心理情景剧总决赛拉开序幕，来自学生处心理健康教育与咨询中心的仇老师、赵老师以及其他嘉宾出席了本次活动。

各参赛队伍的演员们将各自扮演的角色表现得入木三分，台下观众掌声不断。比赛开始后，一场关于青春、梦想、爱的表演，在时而柔缓时而激昂的音乐声中，缓缓拉开帷幕。经济与统计学院的《木棉花落的声音》讲述了少年终日与花为伴，因此遭受异样的眼光，从而脱离群体，辍学归家的故事。最终，他领悟到木棉花的精神所向，重燃对生活的希望。来自外国语学院的《施舍乞丐》，讲述了社会中那些卑微的善良遭到质疑的无奈。而来自美术与设计学院的《虚实之间》的演员在缓缓的音乐声中互相质问：当浪漫主义遇上现实主义，当理想撞上血淋淋的生活，我们该何去何从？让观众们意识到每个人都应该坚定自己的追求。

象征着热血、青春、张扬、梦想的心理情景剧总决赛在颁发荣誉证书后落下帷幕。心理情景剧作为心理健康教育的一种独特而又生动的方式，不仅可以激发大学生对自己生活的反思，还能丰富大学生的校园文化生活、普及心理健康知识。

（学生处　赵海鹏）

5月27日　广州大学参加首届广东高校网络媒体展示节暨广东省高校易班建设试点工作启动大会并签署共建协议

5月27日，首届广东高校网络媒体展示节暨广东省高校易班建设试点工作启动大会、广东首批易班建设试点高校培训会议在佛山举行。广东省委教育工委副书记、教育厅党组副书记景李虎，广东省互联网信息办公室专职副主任曾胜泉，教育部易班发展中心高校共建办公室常务副主任盛彦广及广东省140多所高校的校领导出席会议。广州大学副校长董皞、相关部门负责人以及负责易班建设工作的老师与会。

景李虎副书记在启动大会上指出，推动高校易班建设是为了全面落实立德树人根本任务，加强高校网络思想政治教育，强化网络育人功能，在“互联网+”背景下创新网络思想政治教育，要以学生为中心，以服务为契入点，建设、使用好易班。同时，他希望广东省高校易班建设工作逐步铺开，各高校积极探索，以此推动全省高校思想政治教育迈上新的台阶。

会上，省教育厅思政处负责人宣读了启动广东省易班建设试点高校的相关文件，将广州大学与华南农业大学、广东海洋大学、广东财经大学、仲恺农业工程学院、星海音乐学院共六所高校列为广东省易班建设首批试点高校。广州大学作为广东省易班建设六所首批试点高校之一，与广东省教育厅签署了共建协议。随后，广州大学易班建设工作人员参加了广东省首批易班建设试点高校培训班，学习了重庆大学、上海海洋大学、佛山科学技术学院的易班建设工作经验，为做好广州大学易班建设工作打下坚实的基础。

（学生处　廖勇　冯荣光）

5月30日　马克思主义学院教育实习经验交流会顺利举行

5月30日晚，马克思主义学院学术沙龙第十期活动——教育实习经验交流会在学院会议室顺利举行。学院2014级学科教学（思政）专业的研究生代表汪婉君、晁黎黎、包灿贤、蒋慧娟应邀分享实习经验。会议由院研究生会苏婷婷主持，2015级学科教学（思政）专业研究生积极参加了交流会。

四位研究生代表主要向学院学子分享实习经验，分别讲述了在广州大学附属中学、番禺区南村中学、河源市东江中学和广州市少年宫四个实习点的经历，以及从实习到求职的心路历程。汪婉君主要从教学环境、学校师资、学生学习情况以及在教学过程中与学生的交流互动等方面来分享，强调在实习中全身心投入的重要性。晁黎黎主要分享在南村中学高中部的实习经历，讲述了如何处理好上课、生活以及写作论文的关系，并就选择实习点给予了有益的建议。在河源市东江中学实习的包灿贤则以“田园之旅”为主题，分享了实习的切身感受。尽管该实习学校地理位置偏远，但教师们十分热情，学生很活跃，可以锻炼的机会也较多，特别是该校实行的“两课一评”机制是一个很好的锻炼机会，实习生当主讲人，全体教师参加听课并给予意见，从中可以迅速成长。在广州市少年宫实习的蒋慧娟则分享了实习经历。她强调了职业规划的重要性，包括如何提升自身的知识能力以便在求职中取胜等。

（马克思主义学院　学工办）

5 月 31 日　广州大学第九次研究生代表大会顺利召开

5 月 31 日，广州大学第九次研究生代表大会正式会议举行。会议审议通过了研究生会第八届第二任委员会的工作报告，表彰了 2015—2016 学年研究生会优秀集体、优秀个人，选举产生了第九届研究生会第一任委员会委员。

校党委副书记、纪委书记张强，研究生处、学生处、校团委负责人及中山大学、暨南大学等省内 12 所高校的研究生会嘉宾出席大会。清华大学、北京大学、中山大学、华南理工大学、香港大学、澳门大学、台湾大学等全国 42 所高校研究生会发来贺电。

会上，校党委副书记、纪委书记张强发表讲话，他指出研究生代表大会是研究生政治生活中的一件大事，并充分肯定了研究生会一年来的工作，希望研究生会始终把握发展方向，坚持党委领导、研究生处和团委共同指导的工作原则，重点打造有特色的学术文化活动，服务好广大研究生。

研究生会第八届第二任主席马天保代表第八届研究生会全体成员在大会上做工作报告。报告从组织建设、学术讲坛、服务工作、文体活动、对外交流和创业就业六个方面总结过去一年的工作，并指明未来工作的思路和发展方向。

（研究生处）

我们的大学

June　六月

6月5日　第九届结构设计竞赛落幕

6月5日，广州大学第十一届学术科技节暨第九届结构设计竞赛在演艺中心如火如荼地展开。本届结构设计竞赛不仅面向全校学生，还邀请了华南理工大学、华南农业大学、广东工业大学、广东职业建设学院的代表队伍参加。本次结构设计竞赛专业组的赛题为山地筑桥，实际应用范围广，给学生提供了培养创造性思维的良好机会；趣味组的赛题为林中树屋，体现了当今人与自然融洽相处的建筑思想。

各式各样的美妙树屋摆放在展览区，让人目不暇接，评委认真地对模型的各项指标进行公正的评分，随后是按顺序对选手的树屋模型进行评价。经过系统的分数统计后，当场公布了趣味组冠亚季军名单，欢呼声随之而起。

（新闻中心　梁绮祯）

6月6日　陈如桂到B10“五室一站”考察

6月6日，时任广州市委副书记、市委政法委书记、市社工委主任陈如桂一行来广州大学调研，考察了外国语学院B10“五室一站”，与师生进行了亲切交谈，了解了同学们的学习生活情况，并在党团活动室听取了宣传部和学生处负责人关于广州大学学生思想政治教育工作、“五室一站”项目建设状况的介绍。

陈如桂副书记一行主要参观了B10“五室一站”二楼党团活动室、三楼心情驿站、四楼综合阅览室，对B10“五室一站”的建设表示了认同及赞赏，提出B10“五室一站”工作组应切实以服务学生为本，扎实开展“两学一做”学习教育活动，发挥党的先进性，营造良好的校园氛围，打造新型高校学生舍区。

陈如桂副书记在考察中指出，大学一定要加强和改进党的领导，充分发挥党的核心作用，加强和改进党建工作，加强组织建设、思想建设、作风建设和制度建设。

（“五室一站”）

6月7日　环境科学与工程学院开展世界环境日主题教育活动

6月7日，环境科学与工程学院开展世界环境日主题教育活动。

在2016年的“六·五”世界环境日活动中，环境科学与工程学院党支部将践行“两学一做”教育学习活动与保护环境主题相结合，联合广州市环境教育学会、广州大学绿色校园建设办公室、广东南控电力有限公司以及学校相关部门，在历时一个多月的时间里，共同举办了一系列环保教育宣传活动。此活动旨在加强大学生对环境问题的认识，提高大学生环保意识，引导学生实现自身全面发展，进一步提高专业意识和能力。此活动得到了学院学生党支部、学工办、团委学生会等的积极响应，大家以实际行动努力践行“两学一做”，争做“四讲四有”合格共产党员，共同为建设绿色低碳校园和美丽和谐家园而努力奋斗。

（环境科学与工程学院　利子轩）

6月7日　第十三届校园辩论赛顺利举行

6月7日，以“展理性睿智，铸智慧人生”为主题的广州大学第十三届校园辩论赛总决赛暨颁奖仪式在行政西二楼会议厅举行。学生处处长郑美玲老师、学校档案馆馆长吴小强老师等人作为本次大赛的评委出席。

在播放了参赛双方的宣传视频后，比赛正式开始。作为反方的人文学院与作为正方的计算机科学与教育软件学院分别持“知易行难”和“知难行易”的观点展开激烈的辩论，选手们从理论、经验与实践之间的关系入手来论证各自的观点。最终，人文学院辩论队以精彩的表现夺得了此次辩论赛的总冠军。另外，正方四辩何奥健同学荣获“最佳辩手”称号。

6月7日　张强为人文学院党员师生做“两学一做”专题报告

6月7日，人文学院党委举办“两学一做”专题报告会，邀请校党委副书记、纪委书记张强为学院近百名党员师生做专题报告。

专题报告中，围绕当前正在开展的“两学一做”学习教育和广州大学工作实际，校党委副书记、纪委书记张强就如何看待我们党、如何看待“两学一做”、如何开展“两学一做”三个问题展开了系统阐述。他详细分析了党的历史地位、独特优势及所面临的问题，强调“两学一做”是党的群众路线教育实践活动和“三严三实”专题教育的延展和深化，为全体党员立下政治标杆、思想标杆、行为标杆，是全面从严治党的重要一步，是党的思想教育常态化的有益探索，也是党内教育向基层延伸的重要举措。他提出“两学一做”学习教育要把握总体要求，把握4个“进一步”、5个“着力解决”，做到5个“坚持”；要明确主要内容，基础在学，关键在做，重点在改；要通过组织学习讨论和专题党课、召开支部大会等方式，立足岗位，边学边改，解决问题。

人文学院党委负责人表示，报告全面深刻地阐述了“两学一做”的意义和要求，令师生们获益匪浅，势将掀起学院“两学一做”学习教育活动的新高潮。学院将扎实推进“两学一做”学习教育，力争在此次学习教育中起到引领和榜样作用，以良好的学习效果促进学院、学校的发展。

（人文学院　蔡晓铭）

6月12日　教育部第六届全国大学生电子商务挑战赛省赛在广州大学举行

6月12日，教育部第六届全国大学生电子商务“创新、创意及创业”挑战赛广东赛区决赛（以下简称“三创大赛”）在广州大学隆重举行。大赛由广州大学工商管理学院承办，30多位知名电商专家担任评委。中山大学、华南理工大学、华南师范大学、华南农业大学等全省34所高校的132支队伍参赛。广州大学党委副书记、纪委书记张强受邀为大赛做总结发言。

“三创大赛”由教育部主管、教育部高等学校电子商务类专业教学指导委员会主办，旨在培养大学生的创新意识、创意思维、创业能力，激发大学生的创新潜能，提高团队协同实战能力。大赛强调理论与实践相结合，竞赛内容涉及“三农电子商务”“电子商务物流”“跨境电子商务”等九大类。

本次赛事分两个阶段进行。经过激烈角逐，广州大学代表队凭借出色的表现获得特等奖1项、一等奖4项、二等奖2项、三等奖3项的好成绩，广州大学同时也获得了本届大赛的最佳组织奖。这充分展现了广州大学在电商创新创业教育和育人平台方面所取得的优秀成果，也进一步扩大了广州大学在全省的办学影响力。

本届“三创大赛”是历届规模最大的一次，相比 2015 年的 16 所高校的 60 支参赛队伍来说，2016 年参赛者有其两倍之多。同时，大赛由多方协同办赛，办赛单位涉及企业、高校、研究机构。

（工商管理学院　顾行建）

6 月 13 日　中华经典阅读推广活动优秀案例汇报评审会议在广州大学举行

6 月 13 日，广州市属高校大学生中华经典阅读推广活动优秀案例汇报评审会议在广州大学隆重举行。广州市教育局思政处、广州图书馆、中山大学图书馆、华南师范大学图书馆、广东工业大学图书馆等机构的负责人以及 8 所市属高校的领导与嘉宾出席了会议。

本次活动由广州市教育局主办、广州大学承办，旨在活跃校园文化氛围，提高广大学生的文化素质、艺术素养和文明素质，全面促进校园的精神文明建设。活动中，各高校围绕“中华经典”开展了丰富多彩的阅读推广活动，带来了精彩纷呈的案例分享，经过激烈角逐，广州大学代表队和广州医科大学代表队获得最佳案例奖，广州铁路职业技术学院代表队、广州城市职业学院代表队、广州科技贸易职业学院代表队、广州市广播电视大学代表队、广州番禺职业技术学院代表队、广州工程技术职业学院代表队获得优秀案例奖。专家对汇报案例进行了精彩点评，肯定了各高校的努力和成绩，提出了“向着诗和远方远航”的期望。

中华经典是中华文化传承下来的宝贵财富，是中华优良传统与民族精神的承载品。市教育局非常重视市属高校的中华经典阅读推广活动，连续四届的“中华经典知识竞赛”活动取得了很好的反响和效果。2016 年，市属高校的经典阅读推广活动迈入第五个年头，广州大学传承往届活动的主旨，以中华经典为载体，力求在形式上推陈出新，以百花齐放的优秀案例汇报评审替代统一的知识竞赛，活动成效得到各市属高校师生的充分肯定。

（图书馆）

6月13日　卫斯理安学院孔子学院主题夏令营圆满收官

6月13日，美国卫斯理安学院孔子学院携手卫斯理安学院莱恩中心（Lane Center）、卫斯理安学院教育学院倾力打造“走进中国”及“文化与科技的邂逅”主题夏令营，受到了营员们的热烈欢迎和合作机构负责人的高度赞许。

AMKT（Aunt Maggie's Kitchen Table）是一项由美国政府资助的慈善活动，其创办初衷是为黑人贫困家庭的儿童提供家人般的温暖。去年，孔子学院与莱恩中心AMKT项目联手推出了“发现中国”夏令营，本次“走进中国”是双方合作的第二期中文夏令营。

在为期4天的“走进中国”夏令营中，孩子们学习了基本的汉语会话，了解了中华节日，唱起了中国童谣，跳起了中国舞蹈，还玩起了中国的传统小游戏。其中，6月3日的“端午节主题活动”吸引了卫斯理安学院十多位教师子弟参加，大家一起了解端午节习俗、学编五彩手环，还兴致勃勃地品尝粽子，并体验了跳绳、拔河比赛、踢毽子、跳皮筋等多种中华传统运动项目。莱恩中心及AMKT的创始人伊丽勒·莱恩（Eleanor Lane）女士也亲临夏令营现场观摩教学，对孔子学院形式多样的文化活动大加赞赏。

莱恩中心主席吉尔·爱慕斯（Jill Amos）女士在活动结束当天发来感谢信，盛赞孔子学院团队以丰富的活动增进了营员们对中国文化的了解，并希望将此活动作为一个常设项目，长期开展下去。卫斯理安学院教师及学生家长丹尼斯·贝乐特（Danise Bennett）与唐亚·帕克（Tonya Parker）也纷纷发来感谢信，感谢孔子学院为孩子们精心打造了充实、有意义的夏令营。

（美国卫斯理安学院孔子学院）

6月14日　心理健康教育与咨询中心学生工作团队年度总结会议

6月14日下午，心理健康教育与咨询中心的陶剑飞主任、仇妙芹老师和赵海鹏老师分别与蒲公英朋辈团队和心理卫生协会会长团在中心团体辅导室召开了年度总结会议。会上，老一届工作团队汇报了这一年来的主要工作，中心老师对他们的工作表示了肯定，并对下一年的工作开展进行了部署和指导。

蒲公英朋辈团队和心理卫生协会成员包含各个学院各个专业的学生，他们因喜欢心理学，想为大学生的心理健康做出自己的贡献而走到一起。他们协助中心老师开展新生素质拓展、舍友伴我行、心灵成长系列讲座等活动，并举办了情景心理剧比赛、心理漫画比赛、心理微视频比赛、心理征文比赛、心理嘉年华等丰富多彩的活动，为提高大学生的心理素质做出了应有的贡献。

陶剑飞主任对朋辈团队和心理卫生协会的工作表示了肯定和认可，感谢他们对中心工作的支持和帮助，并对下学期的工作进行了规划和指导，希望他们可以在现有工作的基础上，加入更多的创新元素，提高活动水平，吸引更多的学生参与其中，为广大学生的心理健康保驾护航。

（心理咨询中心　毛润娣）

6月14日　地理科学学院学子荣获师范生教学技能竞赛决赛一等奖

6月14日，广州大学2016年师范生教学技能竞赛决赛在文新楼211室拉开帷幕。地理科学学院李文翎教授作为评委莅临现场。从初赛中脱颖而出的六位选手凭借较高的教学技能水平与专业的教学素养，展示了各自课堂设计的特色。在此次比赛中，地理科学学院徐楠希同学选择了“全球卫星定位系统及其应用——GPS”作为主题，在初赛的基础上加以升华，以更生动的语言与更合理的内容设计，赢得了老师们的一致好评。答辩环节中，老师们也相继提出自己的意见与建议。最后，徐楠希同学以精准的教学语言和独特精彩的教学内容，成功夺得本次比赛理科组一等奖。

（地理科学学院　学工办）

6月14日　广州大学学子勇夺广东省企业经营模拟沙盘大赛冠军

6月14日，第十届广东大中专学生科技学术节之第九届“新道杯”企业经营模拟沙盘大赛顺利举办。来自中山大学等全省43所本科院校、番禺职业技术学院等46所高职院校的共445名学生参与竞逐。最终，广州大学代表队脱颖而出，摘得本次大赛桂冠。

广州大学代表队在比赛中对市场进行了透彻的分析，制订了科学的经营方案，最终在本科组学校队伍中脱颖而出，以全省第一名的成绩荣获广东省一等奖。

本届大赛由团省委、省教育厅、省科技厅、省科学技术协会和省学联主办，北京理工大学珠海学院、新道科技股份公司承办。大赛以“创新沙盘实战，引领学术热潮”为主题，采用“新道商战3.0系统”电子模拟运行系统与实物手工沙盘相结合的方式运作企业。大赛让每个参赛学生置身商业实战场景，实地体验商业竞争的激烈性，通过企业经营模拟沙盘的团体对抗，培养学生创新创业意识，提高学生创新创业能力，促进高校就业创业教育的蓬勃发展，发现和培养一批具有创新思维和创业潜力的优秀人才。

（工商管理学院　李欣格）

6月15日　公共管理学院谷琶奖助学金授予仪式顺利举行

6月15日，公共管理学院2016年度谷琶奖助学金授予仪式在文逸楼509室举行，授予仪式由学院党委副书记甘健强主持，学院院长陈潭教授和捐助人代表向伟明教授为35位考上研究生的同学颁发了获奖证书和每位1 000元的奖励金，为15位家庭经济困难学生颁发了每人1 000元的助学金。

谷琶奖助学金的设立，一方面激励和表彰了在学风建设、学术探求、学院管理等方面表现突出的先进个人，营造了一种积极向上、奋发有为的良好院风；另一方面更是帮助了因家庭经济困难在求学过程中背负沉重生活压力的优秀学生，使他们能专心求学，更好地成长与发展，同时鼓励学生向榜样看齐，向更高迈进，让学院的良好学风得以传承。

（公共管理学院　甘建强）

6月16日　2016年师范生教学技能竞赛圆满落幕

6月16日，由教务处主办、教师教育综合技能训练中心承办的广州大学2016年师范生教学技能竞赛圆满落幕。经过紧张的角逐，外国语学院的梁嘉齐、地理科学学院的徐楠希及音乐舞蹈学院的皮晶喆分别荣摘文科组、理科组和体艺组的桂冠。

本次大赛自5月10日起，历时1个多月，12个学院的33名教师教育专业的选手参与初赛和半决赛的激烈比拼，最终20名选手进入决赛进行角逐。参赛选手们在说课、上课和答辩三个环节中，充分展现了广州大学师范生较强的教学能力和良好的精神风貌。

师范生教学技能竞赛，是广州大学一项面向教师教育专业学生开展的综合教学实践活动，旨在以赛促教，提高广州大学师范生教学能力，提高师范生的培养质量。

（教师教育综合技能训练中心）

6月17日　新闻与传播学院和广东省反腐倡廉教育基地签订共建党员教育基地协议

6月17日，在校党委副书记、纪委书记张强的带领下，新闻与传播学院党委书记伍建芬、副书记孙凌与部分师生赴广东省反腐倡廉教育基地开展党员教育与共建交流活动，并在现场签订了共建党员教育基地协议。

在交流活动现场，双方负责人分别介绍了各自单位的情况，伍建芬书记谈到了共建党员教育基地的背景和情况，并对如何开展共建提出了建议。随后，伍书记代表学院与广东省反腐倡廉教育基地主任在现场签订了共建协议。

学校党委副书记张强代表学校发表讲话，指出共建活动为开展党员警示教育提供了新的活动形式，也体现了“两学一做”学习教育的推进。

签字仪式结束后，学院师生参观了反腐倡廉教育基地。

（新闻与传播学院　肖斌）

6月17日　帕多瓦大学孔子学院举行结业典礼

意大利当地时间6月17日，意大利帕多瓦大学孔子学院在经济管理学院为圆满完成基础汉语课程的学生举行结业典礼仪式。该学院50名选修汉语课程的学生逐一上台领取结业证书。帕多瓦大学孔子学院中方院长刘会春博士、李涤非老师，以及经济管理学院项目负责人 Pugliese 教授和 Diego 教授等参加证书授予仪式。

本期课程共开设了两个班，计3个学分，向经济管理学院全体学生开放选修。基于对汉语和中国文化的兴趣，共有50名学生参加了该课程的学习。因为两个班的学生都是汉语零基础，要向他们讲授汉语语言基本知识和中国文化基本常识是件非常不容易的事情。孔子学院李涤非老师凭借高度的责任心和娴熟的教学技能，出色地完成了教学任务，受到学生的高度评价，使全部学生以良好成绩通过考核。

本期汉语课程是帕多瓦大学孔子学院依托广州大学和帕多瓦大学之间的合作而执行的项目之一，本期的成功经验将为孔子学院其他汉语教学和文化交流合作提供有益的参考。

（意大利帕多瓦大学孔子学院）

6月19日　学生团队获广东大学生金融建模大赛二等奖

6月19日，第二届广东大学生金融建模大赛赛果揭晓，广州大学派出的三支代表团队全部获奖，其中数学与信息科学学院学生黎韬、吕子锋和吴嘉熙队获得二等奖与创新奖；数学与信息科学学院李祯一、苏伟彬和叶科挺队与张洪斌（土木工程学院）、黄绮琪（经济统计学院）和颜雪丽（数学与信息科学学院）队均获得三等奖。

广东大学生金融建模大赛由省团委牵头主办，以金融研究领域热点问题、金融行业现实问题命题，采用理论结合实际的竞赛形式，培养了大学生整合资源、发现问题、团队协作以及综合应用的能力，参赛对象为各个高校在校本科、硕士、博士生，2016 年共有 300 多支队伍参赛，共评出 2 个一等奖、6 个二等奖、12 个三等奖，同时还额外选出 8 个创新奖。

（数学建模基地　钟育彬）

6 月 20 日　广州大学参与创建“粤港澳高校创新创业联盟”

6 月 20 日，由香港科技大学牵头，中山大学、华南理工大学、广东工业大学、澳门大学和广州大学联合发起的“粤港澳高校创新创业联盟”，在南沙区香港科技大学霍英东研究院正式成立。澳门特别行政区经济局、广东省港澳办、广东省科技厅、广东省教育厅、广州市港澳办、广州市科技创新委员会、广州市教育局、共青团广州市委和南沙区政府等部门的相关领导出席成立仪式。广州大学党委副书记、纪委书记、创新创业学院院长张强与发起联盟的其他核心高校领导共同为“粤港澳高校创新创业联盟”揭牌。

仪式期间，联盟核心发起高校及政府相关部门领导紧紧围绕“创新思想碰撞，共探联盟发展之路”这一主题，举行了“粤港澳高校创新创业联盟”圆桌会议，探讨了建立具有国际特色的大学创新创业机制和运作模式及进行环境建设等热点话题。会上，校党委副书记、纪委书记张强做了核心发言，从三个方面阐述了联盟的定位与发展：一是要突出粤港澳三地相互协作的特色和区别于其他创新创业联盟的首要特色；二是要发挥粤港澳三地的优势，尤其是政府部门政策支持优势和企业界、金融界丰富资源的助力优势；三是要可持续合作发展，联盟的组织形式可以松，但不能散。发言得到了与会代表的高度认同。

会议结束后，张强一行观摩了“红鸟百万奖金国际创业大赛”的电梯演讲，共同为广州大学选派参赛的“皮米社”学生创业团队打气鼓劲。“皮米社”学生创业团队最终获得三等奖 10 万元的奖金。此次大赛吸引了来自中国、美国等国家和地区的 160 多个青年创业团队参赛，最终 12 个决赛团队和 6 个复活团队进行了终极对决，决出一等奖 1 名、二等奖 2 名、三等奖 3 名、优胜奖 7 名。

（创新创业学院）

6月20日　卫斯理安班与合作实验班出国交流学习动员会

6月20日，广州大学举行“2016年广州大学卫斯理安班、广州大学合作实验班学生出国交流学习动员会暨奖学金颁奖仪式”。校长邹采荣出席仪式并讲话。美国卫斯理安学院校领导，广州大学卫斯理安学院2015级学生、合作实验班2014级学生以及广州大学各学院、部门和学生家长代表参加了此次活动。

邹采荣校长与美国卫斯理安学院校领导一起为卫斯理安班的3名学生颁发了“卫斯理安学院奖学金”和证书。随后，邹采荣校长还为合作实验班2014级的两名学生颁发了中加国际教育学院的“博雅奖学金”。

2016年7月，广州大学卫斯理安学院将派出2015级三个专业43名学生赴美国卫斯理安学院交换学习，这些学生在美完成第二学年的学习后将返校继续完成第三、四学年的学习，通过毕业考核后将分别获得中美两校的学士学位。广州大学合作实验班2016年被美国排名前100的大学专业录取而进行联合培养的双学位学生人数也持续增长。

（国际合作交流处）

6月23日　2016届学生毕业典礼暨学位授予仪式

6月23日，广州大学隆重举行2016届学生毕业典礼暨学位授予仪式。校领导邹采荣、张强、于欣伟及多位知名专家学者出席仪式，为应届毕业生“拨穗”，授予学位证书，并表彰了一批优秀毕业生、优秀学生干部以及西部计划、“三支一扶”志愿者等先进个人。

在庄严的国歌声和校歌声后，毕业典礼正式开始。时任校长邹采荣代表全体教职员工向圆满完成学业的博士、硕士以及本科毕业生表示热烈祝贺。邹校长以师长和朋友的身份寄语广州大学毕业生：一是希望同学们不断学习，紧跟时代的进步和发展；二是希望同学们勇于创新，培育创新精神，提高创新能力；三是希望同学们学会坚持，为实现梦想而不懈奋斗；四是希望同学们勇于担当，做一个德才兼备的人。

教师代表樊军辉教授和刘雪松副教授对毕业生们寄予祝福，并感谢同学们在校期间为学校、为专业发展贡献了青春、智慧和汗水。毕业生代表机械与电气工程学院学生李伟彬和教育学院学生雷迪回忆了在校时光，感恩于母校提供的发展平台与师长的谆谆教导，感谢同窗奋斗的同学，并激励师弟师妹们要奋发图强，努力进取。

2016年7 577名应届毕业生中，共有12位博士生、1 082位硕士生以及6 483位本科生。其中，获2016届“优秀毕业研究生”称号者87人、2016届本科毕业生“优秀学生”称号者324人、“优秀学生干部”称号者523人、一等奖学金者203人、二等奖学金者411人、三等奖学金者617人。西部计划和山区计划志愿者一共有12人，43人报名参加“三支一扶”计划，最终入选者将赴西藏、甘肃、粤西、粤北开展为期1～3年的志愿工作。

（新闻中心　赵毅鹏　彭程　曾文玮）

6 月 25 日　广佛地铁人才生态链大学生系列活动

6 月 25 日，“广佛地铁人才生态链大学生系列活动（第一期）”拉开序幕，美术与设计学院和广州美术学院的共 36 名学生代表从大学城地铁站出发，来到佛山朝安站，现场感受佛山市禅城区祖庙“丰收街 · 菁创聚”青年社区的热闹气氛，并在祖庙街道展开两日一夜的参观交流。两天的时间里，在祖庙街道的精心组织下，听完“丰收街 · 菁创聚”的精彩介绍后，同学们先后实地参观了丰收街、文华里、民间艺术研究社、文华公园水舞声光秀、祖庙、岭南天地，切实看到、听到和感受到了丰收街的温度、祖庙的底蕴、佛山的魅力和佛山人的热情。

同学们与佛山民间艺术工艺品传承人进行了深入的交流，领略到佛山剪纸、灯色、秋色、木版年画等民间传统艺术的魅力。伴随动感音乐，配合炫酷灯光，一幕幕影像呈现了美丽佛山的独特文化魅力。此外，同学们还欣赏了佛山传统舞狮的风采。

（美术与设计学院　马浩　李佩雯）

6 月 26 日　学生创业团队举办盲人旅游公益活动

6 月 26 日，广州大学学生创业团队益旅光芒公益发展中心举办了白云山半日游盲人旅游活动。该团队是国内首个专注于盲人旅游公益活动的公益创业团队。活动受到广州市盲人学校、广之旅国际旅行社、广州市白云山风景区以及社会各界人士的广泛关注和大力支持。

此次活动共有 20 名盲人学生、25 名志愿者、5 名中心工作人员以及 4 名老师参加。在志愿者一对一陪同下，一行人抵达白云山鸣春谷公园，志愿者们引导盲人孩子听鸟鸣，并为他们普及鸟类知识。在游戏互动环节中，孩子们现场表演了《暖暖》《小手拉大手》《精忠报国》等歌曲，现场一片欢声笑语。

一位全盲的孩子通过非视觉摄影，凭借感官判断位置，一路走一路拍，用相机定格最美的一瞬间。

当活动结束将被护送上巴士时，孩子们久久不忍离开。广州市盲人学校对于这次活动给予了充分的肯定，并希望今后能开展更多不同形式的公益旅游活动。

（旅游学院　益旅光芒团队　王玉珏）

6月30日　“630”学子献爱心募捐活动

在2016年“广东扶贫济困日”来临之际，广州大学团委、红十字会联合校工会在全校青年学生中积极开展以“爱心扶贫　传承公益”为主题的“630”学子献爱心募捐活动。师生踊跃捐款，希望以自身善举为贫困地区发展献上绵薄之力。

为推进扶贫济困事业，倡导中华民族传统美德，广东省从构建和谐社会、共享全面小康的时代要求出发，将6月30日定为“广东扶贫济困日”，成为推进扶贫济困事业的一大创举。根据省委、省政府的号召和省教育厅、省团委的部署，广州大学团委、红十字会在校党委的领导下，2016年继续倡导“一份捐赠一份爱心”的理念，在全校青年学生中发起募捐倡议，并以学院团委、红十字分会为单位，以自愿为原则在学生中开展募捐活动。在红棉路募捐活动摊位前，不少学生踊跃捐款；校团委负责人、老师以及部分学院团委书记也积极为贫困地区献上自己的一片爱心。参与同学表示，此次活动意义重大，对大力营造乐善好施、助人为乐的氛围，提升自身社会责任感起到了重要作用。

此次活动所募集到的善款将全部捐献给广州大学精准扶贫帮扶村——梅州市大埔县大麻镇中兰村，用于资助当地经济社会发展。

（校团委）

我们的大学

July 七月

7月1日　给党唱首生日歌

7月1日是伟大的中国共产党建党95周年的喜庆日子，广州大学联合广东广播电视台广播新闻中心等单位，在2015级学生军训开营之所举行了向党的生日献礼主题活动。7 000余名军训学生共同翻牌拼成一面巨大党旗献礼中国共产党95华诞，现场师生同声为党唱起《没有共产党就没有新中国》。

7月1日上午，“给党唱首生日歌”庆祝建党95周年主题活动暨2015级学生军训开营动员会隆重举行。校党委书记庾建设、广东广播电视台副台长曾少华、中国人保财险广东省分公司副总经理沈宁等为大会致辞，番禺区大学城派出所黄楚宏警长等六位全省优秀共产党员代表也上台表达心声，为党的生日送上最诚挚、最热烈的祝贺。

在蓝天白云的映衬下，2015级大学生和广东广播电视台的记者、主持人，以及中国人保财险广东省分公司的党员群众代表用“翻牌子”的形式，拼出一面占地约2 200平方米的巨型党旗，并同声合唱《没有共产党就没有新中国》，为中国共产党诞辰95周年献上“生日歌”。现场旗帜飞扬，歌声嘹亮。作为军训参训一员，也是“给党唱首生日歌”纪念建党95周年巨型党旗方阵中的一员，同学们纷纷表示，选择在军训开营的日子来进行这项活动，以这样的形式给党献上生日祝福，是一次意义深刻的爱党爱国教育体验。

（新闻中心　郑东芝　丘敏华）

7月3日 庾建设慰问军训教官和师生

7月3日，时任校党委书记庾建设以及保卫处、学生处和校团委等相关部门负责人前往北区训练场地看望慰问了2015级军训学生、承训教官、带训辅导员和导生们，了解广州大学军训情况。

在军训现场，庾书记向教官们询问了各连队的训练情况，并对教官们纪律严明、军容严整的训练工作表示感谢。他希望参训同学珍惜军训机会，尊重教官，听从指挥，严守纪律，培养毅力和组织纪律观念，养成良好的思想作风和工作作风，为今后学习生活奠定坚实基础。他还指出，在中国共产党建党95周年之际，此次军训更是同学们增强国防观念，展现爱党情怀，培养爱国主义和集体主义精神的一次重要历练。

庾书记向各学院辅导员和导生询问学生参训情况，希望他们深入了解“90后”大学生思想和心理特点，在军训实践中开展深入细致的思想教育工作。随后，庾书记来到医疗点，看望身体不适的同学，询问同学们的身体状况，嘱咐同学们在保证安全的前提下，克服困难，完成军训任务。

广州大学军训自开训以来各项工作有序展开，目前正在进行队列训练。训练的时间分为早、中、晚三个阶段，军训力度适中，学生风貌良好。此外，学校根据天气情况，提醒学生注意防暑、防雷雨并提供凉茶、糖水等消暑饮品，确保军训安全进行。

（学生处 杜亚辉）

7月4日 广州市第二十六中学师生来美术与设计学院交流学习

7月4日，广州市第二十六中学何定怡老师和伍小君老师带领其校创艺社30多位同学来美术与设计学院实验教学中心参观学习。

在副院长王丹老师和谌晓老师的带领下，第二十六中学的老师和同学先后参观了学院端砚实验室、漆画实验室和陶艺实验室等。同学们与学院老师进行了深入的交流，切实地看到、听到和感受到学院文化底蕴和我校师生的热情，对工艺美术创作进行了更深层次的学习与了解。来访师生通过欣赏美院师生的端砚工艺作品、漆画工艺作品和陶艺工艺作品等，深刻地感受到学院扎实的工艺美术制作基础和成品的完美精巧。第二十六中学的师生感受颇多，称赞连连。

通过院派工艺美术的访学和民间工艺美术的考察学习，相信第二十六中学的同学们定有颇多收获。在炎热的天气下，他们也更能感受到美术与设计学院院领导和师生们的热情。

（美术与设计学院　谌晓　龙亚娌）

7月4日　学生揽获中国金犊奖金、银、铜三项大奖

7月4日，第二十五届时报金犊奖（25th Times Young Creative Awards）揭晓，新闻与传播学院广告学专业的两个学生团队及指导教师揽获金、银、铜三项大奖。

此次比赛中，由黎雪颖、刘雨飞同学创作的一点资讯平面广告《我只想看一点》和永和豆浆平面广告《易吸收的淡黄色》分别获得“金犊奖”和“银犊奖”，由冯丽思、陈剑锋等同学创作的一点资讯平面广告《做资讯的挑食者》获得“铜犊奖”。由黎雪颖、刘雨飞同学组成的创意团队共创作了四组作品参加此次竞赛，全部入围并获得一项“金犊奖”、一项“银犊奖”、一项“大陆二等奖”、一项“佳作奖”以及一项“优秀奖”的傲人成绩，赛后已有北京某国际知名4A广告公司主动向他们抛出了橄榄枝。

此外，广告学专业其余学生创作的作品也多有所获，取得了两项“佳作奖”和6项“优秀奖”的好成绩，总获奖数高达12项。广告学专业青年教师唐若寻获得“指导教师奖”。

（新闻与传播学院　谭丰云）

7月5日　省篮球协会主席单位落户广州大学

7月5日，广东省学生体育艺术联合会篮球协会在广州大学体育馆举行揭牌仪式，广州大学成为该协会主席单位，体育学院副院长周二三当选协会主席。广州大学副校长董皞、广东省教育厅体艺卫处负责人及广东省各高校体育学院院长等相关领导参加了揭牌仪式。

篮球协会在广州大学挂牌，标志着广州大学篮球项目的竞赛成绩、竞赛组织及推广普及工作得到了省教育厅的认可，这对于全面促进广州大学体育事业的发展具有重大意义。往后，广州大学将认真思考如何充分发挥篮球协会主席单位这个平台的作用，积极落实好广东省学生体育艺术联合会各项工作任务，努力提高广东省学生篮球水平，营造浓厚的体育氛围，增强人民群众的体育健身意识，为全民健身工作做出更大的贡献。

（体育学院）

7月6日　“三下乡”助力“两学一做”

7月6日，生命科学学院“三下乡”暑期实践队一行20余人来到从化市温泉镇第一中心小学，举行“两学一做”学习教育活动。“三下乡”暑期社会实践活动为期三天。

“送教下乡”活动由广州大学退休老教师李富潮教授以“如何开展科技教育活动”为主题，为当地40多所小学科学老师讲解如何申报相关科普教育课题、如何在小学开展科技活动等内容，受到了老师们的一致好评。

实践队在第一中心小学开展丰富多彩的科普活动，为那里的孩子们送去知识与力量。志愿者们教学生制作叶脉书签，宣传讲解了关于“水”的知识，并为孩子们送上了种类繁多的书籍。

志愿者们来到该小学的部分学生家里，了解村民家庭经济情况，讲解广东省国家资助政策，鼓励孩子读书深造，坚定知识改变命运的信念。

此次“三下乡”暑期社会实践活动，是对第一课堂教育的有效补充和延伸，是大学生健康成长、和谐发展的必由之路。学生通过社会实践，可在思想上得到洗礼，在服务中奉献智慧，在付出中懂得责任，在身心上经受锻炼，在实践中增长才干。

（生命科学学院　杨敏）

7月8日　广大学子获评首届广东省土木建筑学会优秀毕业生

7月8日，首届广东省土木建筑学会优秀毕业生表彰大会在华南理工大学举行，全省11家高等院校的18名土木工程专业毕业生获评“广东省土木建筑学会优秀毕业生”，土木工程专业应届毕业生王勇和李雨盈获此殊荣。

为进一步提升广东省土木工程专业学生培养水平，充分发挥优秀毕业生的示范带动作用，激励和引导广大土木工程专业学生健康成才，培养和形成优良学风，广东省土木建筑学会在广东省科学技术协会的支持下设立了“广东省土木建筑学会优秀毕业生”奖。

本奖项评选条件标准高，要求学生前三学年必修课成绩在本专业学生中排名前5%，全国大学英语四级水平考试成绩达到500分或全国大学英语六级成绩达到430分，毕业设计或课外科技活动中有创新成果。

（土木工程学院　邓思清）

7月8日 广大学子获“新华三杯”全国大学生IT技术大赛本科组三等奖

7月8日，2016年“新华三杯”全国大学生IT技术大赛在杭州新华三集团总部举行。本赛事由新华三集团主办，共有来自全国各地超过500所本科、中高职院校的4 198名网络技术爱好者参加。经过5月份的预赛、6月份的复赛，最后90名优秀的IT高手在众多选手中脱颖而出，成功晋级杭州总决赛。

计算机科学与教育软件学院2013级网络工程专业的汤锡豪同学凭借优异表现，在本科组预赛、复赛中以广东赛区第四名的成绩进入总决赛，经过紧张激烈的总决赛，最终获得全国本科组三等奖、广东赛区本科组第一名的好成绩；其指导老师郭四稳获“优秀指导教师”称号。

（计算机科学与教育软件学院　李洪波　郭梅芳　胡颖　胡鉴源）

7月9日 学生暑期社会实践活动全面启动

7月9日，随着2016年大学生暑期社会实践重点实践队伍——“走进伟人故里，点燃爱的火种”陕西富平志愿服务队启程奔赴陕西富平县，广州大学2016年大学生暑期社会实践活动全面启动。

2016年暑期，广州大学组建了110支实践队伍，约有3 000名师生将分赴珠江三角洲、粤北、粤东、粤西地区以及广西、贵州、云南等西部地区，开展国情社情调查、关爱教育、理论政策宣讲、美丽中国实践、文化艺术服务、科技支农、精准扶贫等活动，在实践中增长才干，在奉献中磨砺品质。

“走进伟人故里，点燃爱的火种”陕西富平志愿服务队是2016年广东省教育工委、团省委重点服务队伍。这是广州大学第一次与西北大学研究生支教团联合开展社会实践活动，活动中将开展社会主义核心价值观宣讲、瞻仰习仲勋故居、扶贫支教等系列实践。7月10日，校党委副书记、纪委书记张强及相关职能部门负责人来到西北大学，与服务队师生们共同参观西北大学校史馆、侯伯宇先进事迹展览馆等，现场指导富平志愿服务队开展实践活动。西北大学党委常委、纪委书记李邦邦，党委宣传部、校团委领导以及老师和同学们分别与广州大学服务队一行进行了座谈交流。

（校团委）

7月11日 “广大学工”微信公众号获广东高校首届网络媒体展示节一等奖

7月，广东高校首届网络媒体展示节活动结果揭晓。“广大学工”微信公众号在“互联网 + 校园”新媒体平台展示活动中荣获一等奖。

“广大学工”微信公众号自运营以来，深受广大师生喜爱，在广州大学网络思想教育工作中发挥出重要的作用，取得了良好的育人效果，目前关注人数有33 000多人，关注粉丝涵盖全校30 000多名师生，推送日均阅读量达千人次。公众平台凝聚学校专家学者、辅导员、学生骨干等群体，加强运营团队建设，集思想政治教育、学生舆论引导、特色活动报道、工作通知发布、生活管理服务、就业创业指导、心理健康教育、校园文化建设等功能为一体，有效整合了高校优质网络文化资源，满足了青年学生学习、发展、交际、服务等多方需求。平台坚持内容为王、循序渐进、稳步推广的原则，注重提升用户黏度和活跃度，保持每日更新，推送内容紧紧围绕学生关注的中心和焦点，以生动活泼的形式发布学生喜闻乐见的内容，开展线上线下交互活动。

（学生处　冯荣光）

7月11日 人文学院学生参加“‘天下为公’两岸行”粤台优秀学生岭南修学行

为纪念伟大革命先行者孙中山先生、促进海峡两岸青年学子的交流，人文学院历史系研究生黄银鸽、罗章鑫和本科生叶霖、陈芸、陈新亚同学参加了2016年“‘天下为公’两岸行”粤台优秀学生岭南修学行活动。此次活动大陆方面由孙中山基金会主办，中山大学、广州大学等高校的60多位师生参加，台湾方面由中华法律风险管理学会等单位组织，亚洲大学等20多所高校的70多位台湾师生参加。

7 月 11 日晚，两岸主办单位的负责人首先举行了座谈会，孙中山基金会理事长汤炳权、副理事长罗国华，中山市政协副主席刘传沛，中华法律风险管理学会理事长施茂林、秘书长黄癸楠等领导以及两岸高校的领队、学生出席了会议，揭开了本次修学行的序幕。

本次活动是一次非常难得的交流活动，增进了海峡两岸对彼此青年教育、社会发展的了解，使学生开阔视野、获益良多。

（人文学院　陈新亚）

7 月 11 日　外国语学院在东莞市石龙第三中学举办英语夏令营

7 月 11 日，外国语学院与东莞市石龙第三中学合办的英语夏令营开营仪式在石龙第三中学举行，为期 5 天的暑期英语夏令营正式开营。

5 天时间里，队员们通过游戏与授课相结合的形式，提高中学生们的英语学习兴趣和口语水平，增强他们的团队合作精神，并在中学生中开展梦想教育，通过"逐梦"主题班会，向学生们展示激励人心的"逐梦人"形象，让学生们认真思考自己的梦想。队员们也通过授课，将自己所学的师范技能应用于实践，提高了自身的专业素养和水平。

2016 年已经是外国语学院与东莞市石龙第三中学合作举办英语夏令营的第十年。十年来，学院共有师范专业学生约 220 人次参与到夏令营教学活动中，服务该校初一、初二学生约 2 000 人次，工作态度和服务质量均得到了校方的肯定。暑期英语夏令营或许只是第三中学学生学习生涯里不起眼的一笔，但是对师范专业的队员们来说，这批孩子是他们教师生涯的起点。

（外国语学院　逄淑军）

7 月 12 日　2015 级军训圆满结束

7 月 12 日，广州大学召开 2015 级学生军训汇报表演暨总结表彰大会，大会分为阅兵式、分列式及汇报表演三个部分，标志着 2015 级学生军训圆满结束。时任校党委书记庾建设，时任校长邹采荣，校党委副书记、纪委书记张强，副校长董皞、徐俊忠、于欣伟，校长助理周云，军训督导组长梁晓春中校，以及各相关部门负责人一起检阅了由 7 000 多名受训学生组成的检阅方队。

在现场，继升旗仪式后，军训汇报表演正式拉开序幕。阅兵式中，最先接受检阅的是护旗方队，护旗手们精神抖擞，士气高昂，生动地展现了同学们军训过后的生动面貌和焕然英姿。随后，校长邹采荣走过各学院的方队，向同学们问好；分列式中，各方队英姿飒爽地走过主席台，整齐的动作展现着他们军训的成果。最让人热血澎湃的是汇报表演：三营女子匕首操尽显巾帼不让须眉之风；二营花样团体的精彩表演获得在场观众阵阵掌声；而一营的反恐战术综合演练将现场气氛再次推向高潮，震耳欲聋的口号声呼应着专业的反恐动作，引起现场观众的热烈反响，令人印象深刻；“木兰军”女子方队则组拼出各种精彩文字和图案，用独特的方式诠释着学子对学校的热爱、期望和憧憬，感动了在场所有人。

大会表彰了一批在军训中表现突出的先进集体和个人，其中旅游学院等 11 个学院获得军训工作先进学院表彰，音乐舞蹈学院等 16 个连队获得军事训练先进连队称号。

（新闻中心　赵毅鹏　方庭忻　陈雅帅　张玲）

7 月 12 日　“专业与就业，心态与姿态”

7 月 12 日下午，主题为“专业与就业，心态与姿态”的生命科学学院校友讲座在图书馆讲学厅举行。学院党委肖杏烟副书记，学工办张绪庆老师、杨敏老师、林敏老师以及梁求、彭飞凌和赵紫冲三位校友嘉宾出席了本次讲座。

现任葛兰素史克（中国）投资有限公司医药代表梁求、投资基金管理有限公司高级经理彭飞凌以及简爱·一敦宠物连锁店经理赵紫冲先后结合自己的亲身经历建议同学们要努力学习，尽早树立人生目标并根据目标积累经验，培养相应的能力。在提问环节中，嘉宾们针对同学们提出的相关问题做出了耐心的解答。分享会尾声，肖书记鼓励同学们向优秀的校友学习并代表学校校友办向嘉宾们赠送了纪念品。

这次讲座嘉宾的以身传教使同学们明确和坚定了自己的目标和方向。

（生命科学学院　林敏）

七月

7 月 13 日　一本招生生源爆满　投档线再创新高

7 月 13 日，广东省第一批本科院校录取工作正式开始。从投档统计情况来看，广州大学文理科生源爆满，投档线全面上扬，再创新高。当天上午，校长邹采荣、校长助理李毅巡视了录取现场。

招生办负责人表示，2016 年广东一本招生计划中，文科计划增加 1 000 多人，理科计划增加近万人，且今年新增几所院校进入一本招生，考生填报院校志愿更加分散；而广州大学招生专业达到了 85 个，招生计划也比 2015 年略有增加。在此情况下，考生报考广州大学情况依然火爆，投档线均超过广东省一本招生控制线，文科投档线为 521 分，理科投档线为 523 分，分别高出省线 7 分和 15 分。从专业志愿录取情况看，金融、会计、统计学、经济学、国际贸易、工商管理、法语、日语、英语、广告、网络新媒体、建筑、新闻、广告学等专业依旧受到考生的追捧。同时，今年特殊类招生同样火爆，报考人数比去年大幅度增加，投档线均远超广东省一本招生控制线。

在录取现场，相关工作人员严格按照教育部、省招办有关政策以及广州大学的招生章程，深入实施“招生阳光工程”，既执行平行志愿，又兼顾学生的专业兴趣，以最大限度保障广大考生利益，确保整个招生公开、公平、公正。

（新闻中心）

7月13日　广州大学与广州市科技金融促进会共建就业创业孵化基地

7月13日，广州大学大学生创业研究院与广州市科技金融促进会举行“MY JOB”就业创业孵化基地签约仪式。

“MY JOB”就业创业孵化基地基于互联网分享经济新趋势，通过整合资源要素，为大学生、创业者、企业家搭建一个集人才培育、技术分享、市场拓展、项目对接等功能为一体的平台，打造一站式创新型就业创业服务平台，基地落户于番禺区五湖四海创业码头。

目前，“MY JOB”基地内已有两个项目正式运营，其中“主管孵化机计划”将广州市科技金融促进会众多的会员企业与广州大学丰富的大学生资源有机对接，为企业孵化培育“即来即用”的定制型人才，实现广州大学毕业生直通企业主管的“梦想”。

（大学生创业研究院）

7月13日　旅游学院开展“航模科普”社会实践活动

7月13日，旅游学院FMS航模星航模科普教育关爱服务队前往开平市龙胜镇山区留守儿童服务点提供志愿服务。

服务队由旅游学院党委刘绍东副书记、旅游规划专家石伟博士、实验办许红山老师、学工办主任陈志明老师、兼职辅导员香嘉豪老师以及研究生、本科生党团学干部等16人组成，并得到旅游学院校友的大力支持。龙胜镇领导班子和开平市有线电视台相关人员出席了座谈交流活动，并对本次活动给予了高度肯定。

活动当天，旅游学院与龙胜镇团委、白村小学签订航模科普教育与培训基地建立协议，建立航模科普阅览馆，聘任科普教育辅导老师，将中国航空科技发展与爱国教育相结合，让留守儿童认识航模、体验航模制作、了解飞行动力原理以及科技技术发展趋势等。此外，还开展了“我是小小梦想家”主题教育活动和暑期安全防范教育与家庭教育辅导等相关活动。

最后，当天的活动在航模手抛机教学与体验竞赛互动游戏的欢快气氛中结束。临别时的拥抱与难舍，充分说明了留守儿童对服务队的欢迎与肯定。

（旅游学院　“三下乡”社会实践队　陈志明）

7 月 29 日　广州大学龙狮团参加广东省龙狮麒麟锦标赛勇夺佳绩

7 月 29 日，广州大学龙狮团参加了在肇庆体育中心举办的广东省龙狮麒麟锦标赛。经过激烈角逐，广州大学龙狮团以突出的表现赢得佳绩，获得 3 项第一名、1 项第二名、1 项第六名。

老师们对大家能够取得如此骄人的成绩感到非常欣喜，龙狮团成员的付出终于得到了回报。事实证明，机会总会留给有准备的人。历经一年的艰苦训练，7 月 29 日这一天，他们登上了舞台。俗话说：台上一分钟，台下十年功，能够获得如此优异的成绩与他们的付出是密不可分的。

（体育学院　李湘远）

8月21日　地理科学学院师生团参加第33届国际地理大会

8月21日，第33届国际地理大会在北京国家会议中心举行。来自全球100多个国家和地区的近5 000名专家学者参加了大会。这是该会自举办145年以来首次在中国举办。广州大学地理科学学院院长吴志峰教授带领11位老师、5名硕士研究生以及5名本科生，参加了此次大会。会议期间，吴志峰教授在"Urbanization and Its Impacts on Ecosystem Services"研讨专题组做了学术报告，并与各国与会者展开了广泛、深入的交流和研讨。此外，地理科学学院教师、硕士研究生以及本科生代表积极参与了此次大会的人文地理、城市化、土地利用等相关专题研讨。

师生团参加此次大会为提升学院的教研国际影响力、开展国际教研合作奠定了良好基础。

（地理科学学院　学工办）

8月24日　近百名师生暑期开展“国家资助和助学贷款政策下乡行”宣传活动

8月24日，广州大学近百名师生分赴梅州大埔、五华，茂名信宜，广州从化，肇庆封开、德庆等地，以“国家资助伴你成长，助学贷款助力成才”为主题开展2016“国家资助和助学贷款政策下乡行”宣传活动，持续传播国家资助和助学贷款等相关政策，受到了当地百姓的好评。

为进一步加大国家资助和助学贷款政策的宣传力度，让资助政策惠及更多的贫困学子，广州大学积极响应省教育厅的号召，通过项目化管理的方式组织开展“国家资助和助学贷款政策下乡行”宣传活动。经过学院申报、学校组织评审、学校立项等程序，教育学院、美术与设计学院、体育学院、经济与统计学院、工商管理学院、外国语学院、地理科学学院、生命科学学院八个学院成功立项。其中，教育学院、美术与设计学院、体育学院三个学院同时获省资助中心立项。

各立项学院分别组织了社会实践队和志愿宣传队，深入梅州、茂名、肇庆等地乡镇学校、家庭困难学生的家中，通过张贴海报、派发宣传单与调查问卷、现场咨询等方式，耐心地为广大群众解答疑问，并鼓励贫困学生坚定信心、克服困难，以优异的成绩回报社会。该活动吸引了大批居民参与，并受到了当地新闻媒体的关注和报道。带队老师表示，此次活动不但可以帮助更多家庭经济困难的学生实现和放飞梦想，也能让参与志愿实践活动的学生增强使命感和社会责任感，对其成长成才大有裨益。

（学生处　陈月文）

我们的大学

September 九月

9月2日　林秋婷作品荣获第14届中国大学生广告艺术节学院奖银奖

9月2日，第14届中国大学生广告艺术节学院奖春季赛结果揭晓，广州大学广告学专业2015级学生林秋婷的平面作品《就是要睡得任性!》摘得银奖，这是广告学专业学生团队继2016年5月获得金犊奖全国金、银、铜三项大奖之后，又一次喜夺荣誉。

第14届中国大学生广告艺术节学院奖是由国家工商总局下属中国广告协会举办的全国大学生广告赛事，参加院系有1 200多个，共收到参赛作品14万件，评选出金银奖作品100多件。

（新闻与传播学院　邹演枚）

9月4日　2016级新生导生易班工作动员培训会

9月4日，广州大学举行了2016级新生导生易班工作动员培训会。会议特邀教育部易班发展中心全国共建办罗峥老师主讲，学生处相关负责人、2016级全体新生导生、各学院易班工作站学生负责人、各学院负责导生工作及学院易班工作站的指导老师等450余人参加了培训。

2016年6月，广州大学作为广东省高校第一批易班建设试点工作单位，与广东省教育厅签署了共建协议。目前，广州大学易班建设工作已经全面铺开。

九月

培训会上，学生处郑美玲处长做了动员，希望各位导生充分认识易班建设的重要性，应以身作则，争当学校易班使用的楷模和标兵。罗峥老师介绍了易班的发展历程、功能模块、特色服务、轻应用开发等方面的基本情况，广州大学易班发展中心指导老师做了具体操作演示，引导学生进行体验。会后，罗峥老师与学院易班负责人、学院易班工作站站长参加了易班建设沙龙，交流讨论易班建设相关问题。

（学生处　杜亚辉）

9月5日　学生创业项目获“创青春”全国大学生创业大赛电子商务专项赛银奖

“创青春”全国大学生创业大赛MBA专项赛/电子商务专项赛在四川省绵阳市举行。广州大学学生“100个农夫”品牌创业项目荣获银奖。

经过学校初选和大赛组委会复评，共有来自全国166所高校的206支队伍晋级决赛，其中参加MBA专项赛的有100支队伍，参加实践类电子商务专项赛的有55支队伍，参加创意类电子商务专项赛的有51支队伍。

“100个农夫”品牌创业项目团队由广州大学地理科学学院、新闻与传播学院、教育学院和工商管理学院的学生组成。该团队尝试在新疆走出一条农产品定制溯源的立体生态的现代农业之路，和当地农民、政府合作建立农业基地，以“一城一果园，一家一棵树”的创新形式宣传销售，推广农夫故事和农夫精神，打造企业文化，创立“100个农夫”品牌。

（校团委）

9月7日　广州青年之声·开学第一讲

9月7日，共青团广州市委、广州市学生联合会与广州大学共同主办的“广州青年之声·开学第一讲”广州大学生青春分享会暨社会主义核心价值观学习活动在广州大学举行。广州大学党委副书记、纪委书记张强，团市委副书记王婵娟及市属各高校学生代表共计400余人参加活动。

张强在会上致辞，为活动拉开序幕，主办方现场聘请抗日爱国华侨白雪樵之女陈耿凡和学壹传媒创始人、CEO高海波分别担任“广州青年成长导师”“广州青年之声咨询导师”，并邀请两位导师分享青春故事。

陈耿凡的父母都曾是原广州师范学院的老师，她向同学们展示了母亲白雪樵与南侨机工抗战的图片，讲述母亲与南侨机工之间的故事。她呼吁当代青年要学会感恩先辈的付出，学习先辈的奉献精神，为国家和民族更好的未来而奋斗，这是对爱国主义、社会主义核心价值观最为深刻的诠释。

高海波作为“95后”连续创业者，先后创办了学壹传媒、影行天下、数库金服等多家公司，管理超过3 000万元的影视基金，合作发起了2亿元的东莞中科云慧伟力智能制造基金。他以“追寻自由，践行使命”为主题，以创业者的角度讲述了创业经历及对社会主义核心价值观的理解和践行。他讲到，要成为一个成功的企业家，就要找准自己的使命，确认自己的发展愿景以及明确在发展道路上的价值观。

会场气氛热烈，同学们对于嘉宾的分享踊跃地提出了疑问，在互动中加强了对社会主义核心价值观的体会和感悟。

（校团委　曾文玮）

9月8日 共建民族教育重点研究基地

9月8日，教育部与广州大学联合开展民族教育重大理论和政策研究，并在广州大学正式建立“内地高校新疆籍少数民族学生教育管理服务重点研究基地”。

教育部民族教育发展中心在广州大学建立重点研究基地，旨在贯彻落实《国务院关于加快发展民族教育的决定》精神，共同打造跨地区民族教育科研平台。该基地重点研究方向：一是多元文化背景下高校新疆籍少数民族学生教育管理工作创新性研究；二是新形势下内地高校新疆籍少数民族学生与新疆高校少数民族学生思想政治状况比较研究；三是新疆籍少数民族学生教育管理工作信息化研究。

省教育厅发文成立了广东省少数民族学生教育管理专家指导委员会，其下设的广东省少数民族学生教育管理服务研究与指导中心以广州大学为依托单位，办公室设在“李敏工作室”，将具体统筹研究并指导在广东省高校就读的少数民族大学生的教育、管理与服务工作。

（新闻中心）

9月9日 50名教师获评第八届“最受学生欢迎的老师”

9月9日，正值教师节来临之际，广州大学第八届“最受学生欢迎的老师”评选结果火热出炉，共有50位老师获选，其中公共课老师10位、专业课老师40位。

本次评选活动历时一个半月，通过两次提名和现场投票，最终新闻与传播学院席红老师、马克思主义学院龚耀南老师等50位老师获选。

“最受学生欢迎的老师”评选活动至今已经成功举办了八届，旨在通过全校学生的推选，评选出学生心目中最受欢迎的老师，以此表达广大学生对老师辛勤工作的肯定和对老师无私奉献的敬意。评选活动对融洽师生关系、促进师生交流、创造更加良好的教学氛围起到了积极推动作用。

（校团委）

9 月 9 日　庾建设为学生上思政课

9 月 9 日，校党委书记庾建设教授以“正确理解与践行社会主义核心价值观”为题，深入解析并指导当代大学生学习与实践社会主义核心价值观，为社工 151、152 班，中法 151、152 班的同学们上了一堂精彩的思政课。

庾书记首先从党的十八大报告以及习近平总书记系列重要讲话精神出发，阐明当代大学生学习社会主义核心价值观的重要理论意义和现实意义。其次，庾书记从正确理解社会主义核心价值观的内涵着手，为学生深入解析了社会主义核心价值观内容，从国家、社会、公民等层面论证理论学习的重要性。他从公民层面的爱国、敬业、诚信、友善四方面详细阐述了当代大学生应当有更高的自觉性、示范性，自觉维护祖国统一和民族团结；应当勤奋学习，练就过硬本领，下得苦功夫，求得真学问；应当坦诚相见，踏实处事，老实做人，讲究信誉；应当有道德底线，善待家人，尊师友爱，关爱社会弱势群体。

最后，他强调：“不仅我们自己要带头践行社会主义核心价值观，还要积极引导家人、好友践行社会主义核心价值观，起模范带头作用，为实现中华民族的伟大复兴做出积极贡献。”在场师生都表示，会将社会主义核心价值观融入今后的学习工作中，为实现“中国梦”做出自己应有的贡献。

（新闻中心）

9 月 10 日　喜迎 2016 级新生入学报到

9 月 10 日，广州大学 7 551 名本科新生、约 1 200 名研究生新生陆续报到入学。在微风细雨中，一位年过七旬的奶奶送孙女来报到，她笑眯眯地用粤语说：“很开心啊，孙女读大学啦！”

校党委书记庾建设，校党委副书记、纪委书记张强以及校长助理李毅到各学院迎新点视察迎新工作，并对各学院教师表达教师节的问候。校内挂满了气

球和学生亲手制作的纸灯笼，各大学院、社团拉起了横幅；志愿者和导生更是早早准备好迎新工作，校园各处张贴新生报到指示牌，为迎接 2016 级新生做好指引。

广州大学勤工助学中心设置了“绿色咨询通道”，为一些家庭经济困难，有意或需要申请奖学金、助学金及贷款的学生提供咨询服务。在新生报到“绿色咨询通道”处，纪委书记张强认真询问并了解家庭经济困难学生的入学情况，表示不能让经济问题成为学生顺利入学的阻碍。勤工助学中心的工作人员介绍：“我们在新生开学之前建立了 QQ 群及微信群，预先为经济困难的同学解答疑问，一定程度上打消了他们对大学经济负担的顾虑，使他们怀着轻松愉快的心情来大学报到。”

为方便新生报到，广州大学桂花岗校区安排了 70 名志愿者在各路段路口对新生进行协助指引，并在相关路段张贴指引牌。广州大学派出专车到相应的地铁口、火车站等接送新生。从 2015 年开始，桂花岗校区在食堂二楼设有贫困生专窗，为家庭经济困难学生免费提供餐饮。食堂还专门为这次的迎新工作对饭菜套餐的搭配做了研究。此外，公寓在迎新期间会为有需要的新生家长提供临时宿舍。

（新闻中心　陈颖莹　林泳淇等）

9 月 10 日　易小羊带新生“易”起上广大

为了在师生中建立广大易班形象，代表广大易班的文化标识，易班发展中心设计了代表阳光、活力、智慧与爱心，同时具备广州大学与广州特色的精灵羊形象作为易班的吉祥物，命名为“易小羊”。通过易小羊，将广州大学易班的文化内涵及积极友善的理念，生生日新、德业并举的学风，以及博学笃行、与时俱进的校训精神传递给学生，易班发展中心已就易小羊的著作权申请了登记保护，并已获得批准。

9 月 10 日，广州大学易班发展中心携吉祥物易小羊一起喜迎 2016 级新生。

为营造轻松愉悦的入学报到环境，易班发展中心特开展了“精灵暴走大捕获”“易起航拍大赠送”“人气照片评选”三项活动。新同学可以通过与易小羊合影，并把合影照片分享至朋友圈及易班 App 来参加活动。

本次系列活动，不仅提高了新生易班注册及认证率，提高了广大易班及易小羊的知名度，拉近了学生与易班之间的距离，而且短期内提高了易班用户黏度，让学生能快速学会使用易班基本功能，为易班网络思政教育在学校全面开展做好充分准备。

（易班发展中心）

9 月 11 日 “爱上生命科学，畅想健康产业”博士校友分享会

为更好地开展新生入学教育，使新生尽快了解生命科学相关专业情况，9 月 11 日，生命科学学院在文新楼 413 室举行了主题为“爱上生命科学，畅想健康产业”的博士校友分享会。该会邀请了吴丽琴、陈伟彬、黄元骏和朱子丹四位在读博士校友为 2016 级新生分享他们的求学历程以及学习生命科学的感悟。学院党委肖杏烟副书记，学工办张绪庆老师、谢楚萍老师出席了本次分享会。

四位校友分享经验并开展互动交流，热情、认真地回答了在座同学的提问。最后肖书记做了总结发言，鼓励新生向优秀的师兄师姐学习，汲取师兄师姐的宝贵经验，争取成为优秀的人才。

校友分享会是发挥优秀校友力量、创新入学教育形式、传递优秀传统、实施朋辈教育的有益探索，将更好地实现广州大学“三全育人”的教育理念。

（生命科学学院　张绪庆）

9月11日　2016级新生素质拓展活动顺利开展

9月11日，广州大学各学院导生在校心理健康教育与咨询中心的指导下，顺利地完成了全校新生的素质拓展活动。活动使新生们快速熟悉起来，增进了彼此之间的感情，增强了班级凝聚力和认同感。三天的时间里，各学院都安排了新生素质拓展活动，校园里、架空层中活跃着新生年轻而有活力的身影。

各个学院都精心设计了丰富多彩的拓展活动，有的能够活跃团体气氛，有的能够促进团队合作，有的需要展示集体自信，有的则考验团队智慧……同学们围成一个圈，拓展训练在一个个“圆圈”中开展。随着活动的推进，班级向心力在增强，团体凝聚力在汇集。“圆圈”中间的导生拿着彩带，分享自己对于这次活动的感受，然后把彩带传给下一个想要分享的同学。

每一个学院的拓展训练，都是爱的分享、幸福的传达。2016年的广大，因为新生而美丽，因为拓展而温暖！

（学生处　赵海鹏）

9 月 12 日　各族师生共庆古尔邦节

9 月 12 日，广州大学各族师生齐聚梅苑食堂三楼，庆祝一年一度的古尔邦节，并喜迎中秋节的到来。校党委副书记、纪委书记张强，省教育厅思政处处长袁本新，新疆内派教师广东工作站站长、新疆驻粤工作队副领队古丽娜尔·吾甫力以及相关部门负责人出席了本次联欢会。

古丽娜尔代表新疆维吾尔自治区教育厅、内派教师及新疆各民族家长向大家致辞，对到场领导嘉宾及少数民族师生、家长表达了节日的慰问及衷心的祝福，鼓励新生尽快融入广州的学习与生活。校党委副书记、纪委书记张强代表广州大学向少数民族师生表达最诚挚的问候，他直言："少数民族学生在广大是特殊且靓丽的风景线，学校方面将给予更多支持与服务。"他希望学生尽快融入校园生活，好好学习，顺利完成学业。

活动中，众人围跳的舞蹈《萨玛舞》将在场各位带入节日的欢乐中，感受到新疆人民的淳朴与热情。"李妈妈"李敏老师一句"我爱你们"，表达了她对新疆学生深厚的情感。2016 级新生家长代表对学校表示了感谢，并坦言"很放心孩子在广大上学"。

（新闻中心　钟柳洁）

9 月 12 日　2016 年送兵大会

9 月 12 日，广州大学召开 2015 年征兵工作总结表彰暨 2016 年送兵大会。副校长于欣伟、各相关部门负责人、各相关学院老师、入伍学生及学生家长代表参加了本次欢送会。

欢送会总结了广州大学 2015 年征兵工作及通报 2016 年征兵工作情况，并表彰了 2015 年度征兵先进单位和个人，授予体育学院等五个学院"征兵工作先进学院"称号，授予蒋茂能等 40 位同志"征兵工作先进个人"称号。

会上，于副校长代表全体师生向受表彰单位和个人以及 37 名即将参军的同学表示祝贺。于副校长指出，广州大学作为全国大学生征兵工作的首批试点单位之一，10多年来为部队输送入伍兵员469人，是广东省高校征集新兵最多、质量最好的学校，连续15年被兵役机关评为“征兵工作先进单位”。在即将奔赴军营之际，于副校长提出三点寄语和希望：“第一，加强学习，内强素质。通过学习提高自身能力，履行使命。第二，严守军纪，外树形象。令必行，禁必止，树立广州大学学子形象。第三，不怕吃苦，勇立新功。争取早日成为一名合格的中国人民解放军战士。”

来自环境与科学学院2013级的邓辉同学表示，希望能在部队里接受最刻苦的训练，将来成为一名特种兵。在欢送会现场，李妈妈为儿子带了月饼，表示虽然不能和儿子一起过中秋节，但希望孩子在部队也能感受到中秋团圆的气氛。“当家长的最希望的当然就是儿子能够实现自己的当兵梦。”李爸爸看着身穿军装的儿子骄傲地说道。

（新闻中心　林泳淇）

9月13日　广州大学新一任领导班子到任

9月13日，学校召开领导干部会议，省委组织部副部长郑庆顺在会上宣读了省委关于广州大学党委书记、校长的任命决定，屈哨兵同志任党委书记，魏明海同志任校长。广州市委常委、组织部部长王世彤，省市委组织部相关工作人员，广州大学中层及以上干部出席了会议。会议由校党委副书记、纪委书记张强主持。

省委组织部副部长郑庆顺首先宣读省委任命决定，并做了重要讲话。他表示，广州大学作为全省市属高校的龙头，拥有广州这块金字招牌和市委市政府的强力支持。广州大学领导班子坚决贯彻中央和省市的决策部署，积极落实建设“国内一流、世界知名”高等学府的发展目标，在创立党建工作品牌、大力推进教学质量和教学改革工程、科研水平提升等方面都取得了跨越式大发展。

校党委书记屈哨兵在讲话中首先感谢了省委省政府和市委市政府的信任，并就今后工作的开展与学校建设发展表态，表示将抓好班子，带好队伍，贯彻执行党委领导下的校长负责制，团结一心，不辱使命。

校长魏明海也就学校发展表态，表示将遵循高水平大学建设规律、聚力人才培养，坚持“三个面向”和“三个对接”，深化综合改革，将学校加快建设成为与广州城市发展深度融合、与广州城市地位相匹配、办学特色鲜明的高水平大学。

校党委副书记、纪委书记张强代表学校党委、行政和全体师生员工对省委的决定表示坚决拥护，对屈哨兵书记、魏明海校长的到任表示诚挚欢迎，对省委省政府、市委市政府、省市委教育主管部门长期以来对广州大学的关心支持表示衷心感谢。

（新闻中心）

9月13日　“中国Mall之父”陈智先生开启公共管理学院新生第一课

9月13日，公共管理学院在桂花岗校区综合楼二楼报告厅举行隆重的2016级新生入学典礼。有别于往年，公共管理学院以南国讲堂为平台，专门邀请拥有“中国Mall之父”美称的香港铜锣湾集团董事局主席、中国商业联合会副会长、大中华购物中心联盟主席、香港国际投资总商会名誉会长陈智先生出席入学典礼，并于典礼结束后以“精英是怎样炼成的”为主题，为2016级全体新生开启大学校园第一课，讲授了一堂生动高端的人生励志课程。陈智先生别开生面，以随和聊天的方式分享了他的生活经历和成长心得，以个人经历和国家强盛为例子，指出大学生群体应该比社会其他人群更需要勤奋读书、努力学习。他倡导大学生应该学会管理自己的情商，和优秀的人做朋友，吸收正能量。“行到水穷处，坐看云起时”，学会淡看困难，确立人生目标，珍惜当下，苦用功，求上进，开创美好人生。现场新生备受鼓舞，教育效果明显。

（公共管理学院　甘健强）

9月13日　广州大学成为广州大数据产业协同创新联盟主席单位

9月13日，由广州市科技创新委员会主办的“大数据商用趋势论坛暨广州大数据产业协同创新联盟成立大会”顺利举行。该联盟集聚了从事大数据研究专业的知名企业及研究单位，广州大学成为联盟主席单位。

该联盟将在广州市实施大数据战略，加快大数据基础设施建设，推动资源整合和政府数据开放共享，为政府、科研院校、企事业单位、咨询培训机构等社会各界搭建“政产学研资用”为一体的高端交流合作平台，主要围绕大数据创新、政务支持、大数据金融、大学大数据人才培养、大数据变革房地产等城市建设或商业应用展开合作研究。

会议以大数据技术为主题做演讲与交流，广州大学实验中心、网络与现代教育技术中心主任许亚武做了“高水平大学大数据创新应用与人才培养”的主题演讲。

（网络与现代教育技术中心）

9月13日　2016级新生开学典礼　魏明海校长寄语新同学

9月13日，广州大学分别在大学城和桂花岗两个校区隆重举行2016级新生开学典礼。校党委书记屈哨兵，校长魏明海，党委副书记、纪委书记张强，副校长董皞、徐俊忠、于欣伟，周福霖院士、郭柏灵院士，校长助理周云、李毅等知名专家学者及相关部门负责人出席了开学典礼。

魏明海校长欢迎新同学加入广州大学这个大家庭，诚邀同学们一同创造广州大学新的未来。他对新生提出了三点要求：

一要博学笃行，做德才兼备、有家国情怀的大学生。把个人的成长和发展与民族振兴、社会进步结合起来。树立起对人类、对国家、对家庭、对未来的担当意识和责任感，将修身齐家治国平天下有机结合起来，努力成为社会主义事业的建设者和可靠接班人。

二要敢于创新，做具有“创意、创造、创业”三种创新能力的大学生。希望同学们懂得怀疑、独立思考、能思会想，既能出点子更能出思想，既能统筹谋划更能战略规划。

三要久久为功，做有心气、有志气、有勇气的大学生。要求同学们有追求卓越的心气，志存高远，树更高目标，定更高要求，真正以大志向提振精气神，不断鞭策自己。

（新闻中心　杨春荣　赵毅鹏等）

9月14日　卫斯理安学院孔子学院举办中国书法系列活动

美国当地时间9月14日，卫斯理安学院孔子学院在卫斯理安学院内举办了以“汉字背后的故事”为主题的书法讲座，拉开了孔子学院中国书法系列活动的序幕。

为在当地更好地传播和普及中国书法艺术，孔子学院特邀莫瑟尔大学（Mercer University）计算机专业副教授、讲授中国文化课程的赵强（Martin Zhao）博士合作开展书法系列活动。活动由大学的书法讲座、社区的书法活动、孔子学院日的书法展台“三部曲”构成，意在打造多角度了解中国书法的“直通车”。

当天的书法讲座受到卫斯理安学院师生的热烈欢迎。赵博士首先以中国书法趣事和生动的图示拉近师生与中国书法的距离，帮助他们了解结绳记事、龟背记事、九宫数等汉字发明前中华祖先的记事方式，以及从甲骨文、金文、篆书、隶书、行书至楷书、草书的文字变迁。同时，作为擅长多种字体的资深书法爱好者，赵博士展示了自己近3米长的仿黄庭坚行书《松风阁》书卷，辅之以文房四宝和中国书法常识的深入介绍，激起了在场师生的浓厚兴趣和强烈求知欲。不论是初次接触毛笔的学生，还是已加入孔子学院书法俱乐部的成员，大家都兴致盎然、踊跃提问，并纷纷动笔书写。

（美国卫斯理安学院孔子学院）

9月15日　天文爱好者协会举办天文科普活动

9月15日，天文爱好者协会在天象馆举办天文科普活动。恰逢中秋佳节，前往参观的同学特别是2016级新生，都对这个“神秘”的天象馆充满好奇，期待能够在如此佳节有一次别样的体验。

待观众陆续就座后，讲解员开始了对四季星空的讲解。斗转星移，从春季大弧线到夏季大三角，从秋季四边形到冬季大椭圆，璀璨而又美丽的星空、神秘而又古老的传说让每一个观众陶醉其中。

最后播放《麦哲伦航行》的球幕视频，观众跟着麦哲伦的航行再一次强化对四季星空的认识。

（地理科学学院　学工办）

9月17日　人文学院志愿者队伍获“第八届中国博物馆十佳志愿者之星”荣誉称号

9月17日，在中国博物馆协会主办的“牵手历史——第八届中国博物馆十佳志愿者之星”评选活动上，西汉南越王博物馆志愿者团队广州大学人文学院分队获得“牵手历史——第八届中国博物馆十佳志愿者之星（团队）”荣誉称号。

获奖证书虽薄，却承载着一代代南博人的努力和心血。每一份荣耀都离不开团队里每一个小伙伴的无私奉献。

（人文学院　张婉萍）

9月17日　外国语学院学生在广东省本科高校英语专业师范生教学技能大赛中获奖

9月17日，由广东省教育厅主办、华南师范大学外国语言文化学院承办、广东教育学会外语教学专业委员会协办的第四届广东省本科高校英语专业师范生教学技能大赛在华南师范大学石牌校区举行。

本次大赛旨在进一步促进本科院校间的学习交流，提高师范生的教学技能和综合素养。来自省内17所高校的26位选手参加了此次比赛。比赛内容为高一语法教学，参赛选手于赛前一小时抽取题签，随后按照其规定的内容设计并实施10分钟的微型课堂，此次比赛还增加了2分钟的说课环节。

最终广州大学外国语学院英语131班的梁嘉齐同学以总分第四名的成绩荣获二等奖，133班的刘雅茹同学获得优胜奖。

（外国语学院　黄顺婷）

9月19日　帕多瓦大学孔子学院隆重举办“全球孔院日”系列活动

意大利当地时间9月19日，帕多瓦大学孔子学院以“‘魅力广州’图片展”和“中—意文化遗产保护”专题学术研讨会为“全球孔院日”献礼。丰富多彩、兼具观赏性与学术性的系列活动受到帕多瓦民众的热烈欢迎，加强了广州大学与帕多瓦大学之间的学术合作，也有力拓展了广州与帕多瓦市及所在威尼托大区的友好交流。

开幕式吸引了当地媒体和众多市民前来参观，帕多瓦大学考古学与艺术博物馆馆长 Alessandra Menegazzi 教授致辞，对本次图片展的举行表示热烈祝贺。孔子学院外方院长 Picci 教授高度赞扬了本次图片展在面向帕多瓦民众推介广州方面所做出的积极贡献。图片展由六个部分组成，分别从前言介绍、城市风貌、悠久历史、千年商都、文化风情、宗教信仰方面全方位、立体化地展示了羊城广州的云山珠水，描绘了南国明珠的历史传统和当代风貌，展示了广州的包容性与开放性。图片展吸引了众多观众，加深了当地民众对中国广州的认识与了解。

9 月 23 日，帕多瓦大学孔子学院和帕多瓦大学文化遗产学院共同举办“中—意文化遗产保护”专题学术研讨会，配合“‘魅力广州’图片展”活动，邀请中意双方专家教授共同探讨古建筑和古文化遗址的维修与保护。

（帕多瓦大学孔子学院）

9 月 20 日　中国工程院谢礼立院士为研究生新生做入学教育讲座

9 月 20 日，2016 级全日制研究生新生教育暨院士讲座在广州大学演艺中心举行。中国工程院院士、广州大学特聘教授谢礼立院士作为此次讲座的主讲人，以“直面钱学森之问——关于高校培养高水平人才之思考”为题，向 2016 级全体博士研究生、部分硕士研究生代表分享了自己的心得。

谢院士认为，高校人才培养是关系学生、老师、学校、社会和国家的发展大事，高校人才培养问题也是全国和全社会广泛关注的焦点。他强调，“钱学森之问”所揭示的现象在全世界各地不同程度地存在，其实质是国家急需大师级的人才，而部分不合理的教育手段、措施以及评价体制正成为高校人才培养的阻碍。

就如何营造有利的学术生态环境，如何培养高水平的研究生，谢院士从明确培养目的、营造优良的“学术生态环境”、重视论文选题、培养学生表达理解判断能力、师生良性互动等方面提出了体会和建议，并与师生们交流，现场听众反响热烈。最后，谢院士寄语祝愿，希望广州大学在营造优良学术生态环境、培养高水平人才上获取新成绩、新贡献。

（新闻中心　赵毅鹏　黄觉萱　苏婉婷）

9月20日　举行易班平台技能培训

为了提高各级易班工作团队的平台操作水平，9月20日下午，广州大学易班发展中心在图书馆副楼网络与现代教育技术中心机房举行了易班平台技能培训，各学院易班工作站指导老师和主要学生骨干40余人参加了本次培训。

培训会上，学校易班发展中心潘震山老师介绍了易班团队的运作模式，指出开展易班工作的主要目的与工作方法，并对易班轻应用的搭建进行了详细介绍。在培训会的上机实操环节，潘老师对大家提出的问题进行了现场答疑。会后，学院易班指导老师表示，轻应用快搭平台简单易用，能灵活应用到学生事务和活动中，在提高工作效率的同时减轻了工作量。

易班是面向师生的虚拟社区平台，目前，2016级新生已全面进驻易班，这是一个机遇，也是一个挑战，易班上的应用是否契合学生需求决定了易班能否融入学生的学习生活。广州大学对易班工作团队进行轻应用开发的培训，正是为了让学院、班级懂得如何使用易班平台建立适合自己的应用，把易班与日常工作有机结合起来，真正实现乐在易班、乐用易班。

（易班发展中心）

9月22日　教育学院在“五室一站”开展团体心理辅导

9月22日，教育学院以增进大一新生之间的交流、提高团队凝聚力为主题，在B3心灵驿站开展了六期团体心理辅导。活动由苏赞璇、梁梓勤、李振华等七位研究生志愿者轮流主持，六期活动共有约100位大一新生参与，同学们积极主动，现场气氛热烈。

每期活动持续约一个半小时，由热身、主题活动、心情分享三个部分构成。首先，在主持人的引导下，同学们进行“名字连连串”的热身游戏，来认识彼此。在结束了热身小游戏后，团辅开始进入正式环节。志愿者让大家分成两组，进行你画我猜游戏，目的是加深同学之间的认识，同时培养他们的团队协作精神。现场的气氛在同学们丰富的表情和传神的动作中被带动起来，紧接着“一元五角”的游戏更将活动推向高潮，女生代表“五角”，男生代表“一元”，当音乐停止，主持人喊出金额数时，同学们按规定自由组合成相应的金额数。通过这样愉快的肢体接触，同学们更具团队凝聚力，更能促进彼此之间的交流。

（教育学院　易仲怡）

9月23日　入学教育为新生开启大学生活

转变角色、尽快融入大学生活，这是每个新生亟待解答的“大学第一课”。近日，各学院在2016级本科新生中开展了形式多样、各具特色的入学教育，丰富了新生们对大学的认识，也激发了他们对未来的憧憬和热情。

知广大　爱广大

通过介绍校情院情、名家名师，讲解校训精神、教唱校歌，各学院不遗余力地帮助新生感受广州大学的文化底蕴和优良传统，增强其归属感和认同感。其中，新闻与传播学院举行了新生游园活动，带领新生尽快熟悉新的校园环境；工商管理学院在桂花岗校区举行了新生社团宣讲会，鼓励新生积极参与社团活动，丰富大学生活。

专业起航　师友引路

在生命科学学院“爱上生命科学，畅想健康产业”博士校友分享会上，四位在读博士校友向新生分享了他们的求学历程以及专业学习的感悟。其他学院也广邀业界精英、院长书记、教学名家等与新生做面对面的沟通，介绍专业发展状况，激励新生努力学习。参加活动的新生表示，活动激发了自己对专业学习的兴趣，增强了专业学习的信心和动力。

朋辈互助　关怀随行

倡导朋辈教育的导生制在广州大学新生教育中发挥了特殊而重要的作用。在教育学院举办的新老生见面会上，“以高带低，以老带新”的导生、团学干部与新生充分交流，加深了感情。校勤工助学中心则以绿色咨询通道、报到日免费午餐、中秋月饼等无微不至的服务让家庭经济困难学生感受到了校方的浓浓关爱。同时，校心理健康教育与咨询中心组织各学院开展了新生素质拓展活动，引导新生建立良好的人际关系、培养健康的心理意识。各学院还积极推进平安校园建设，对新生进行了人身、生活、财产安全、交通安全等方面的专题教育，切实增强新生的自我保护能力。

（学生处　廖勇）

9月24日　广东省普通高等学校大学生计算机设计大赛决赛

9月24日，“2016年广东省普通高等学校大学生计算机设计大赛”决赛在广州大学桂花岗校区举行，省内36所高校121支队伍参赛。广州大学获得一等奖4个、二等奖6个、三等奖4个。本次大赛由广东省教育厅与广东省高等学校公共计算机课程教学指导委员会主办，广州大学实验中心、网络与现代教育技术中心和广州大学信息技术应用实践基地承办。比赛自年初开始筹办，历时9个月，全省59所高校上千支队伍报名参赛。

本次决赛共分为软件开发应用类、AII联盟类、微课类、数字媒体类普通组、数字媒体类专业组、数字媒体类中华民族传统文化组、数字媒体类动漫游戏组七大类进行。比赛过程中，每支参赛队伍可通过作品设计解说、实物演示、网站操作、视频播放等多种形式向专家评委展示自己的作品。

本次大赛的举办达到了提高广东省高校计算机教学和信息技术与学科深度融合的水平，激发省内各高校各专业大学生学习计算机知识技能的兴趣和潜能的初衷。

（网络与现代教育技术中心）

9月24日　工商管理学科研究生学术论坛

9月24日，由广东省教育厅资助，广州大学工商管理学院主办，主题为“工商管理研究创新与实践发展”的2016年工商管理学科研究生学术论坛在广州大学成功举行。来自全国各地的150余位专家学者、研究生代表参加了本次论坛。

本次论坛分为两场。在上午的开幕式上，由工商管理学院院长庞永师教授致开幕词。哈尔滨工业大学薛小龙教授、《宏观经济管理》杂志主编宋承敏教授、华南理工大学周永务教授和王幼松教授、华南师范大学邓顺国教授、广东外语外贸大学余鹏翼教授在会上分别做了主题演讲。

在下午的论坛上，由12名研究生分别做报告，研讨内容涉及企业管理、电子商务、房地产管理、物流战略、绿色建筑、建筑业信息化、区域经济发展等多个前沿方向和与企业管理创新有关的重大热点问题。本次论坛共收到学术论文70余篇，其中12篇优秀论文获奖励，且全部论文得以编印成册。

（工商管理学院　欧华斌）

9月24日　周芷如获第四届广东省思想政治教育专业师范生教学技能大赛一等奖

9月24日，第四届广东省思想政治教育专业师范生教学技能大赛在华南师范大学举行，广州大学马克思主义学院2013级思想政治教育专业学生周芷如荣获一等奖。

在教学技能比赛中，周芷如同学选用的教学内容是高中政治课程中难度较大的《影响价格的因素》，其讲课选用的例子贴近学生生活，注重理论与实际的结合，把知识融会贯通，获得评委的一致好评。

近年来，马克思主义学院十分重视师范生技能的培养与训练，除了加强师范生“两字一画”的训练外，还依托学院专业社团“知行读书社”开展微格课堂比赛、到中小学进行义教等，学院已连续两年到惠州龙门左潭学校进行“三下乡”支教活动，使师范生有更多提升教学技能的实践机会。

（马克思主义学院　学工办）

9月25日　《生命的秘笈》获加拿大金枫叶国际电影节最佳短片纪录片奖

9月25日，加拿大金枫叶国际电影节举行颁奖典礼，广州大学人文学院中文系134班学生作品《生命的秘笈》获最佳短片纪录片奖。辅导老师喻彬代表134班学生应邀出席颁奖典礼并领奖。

《生命的秘笈》是在广州大学人文学院和中文系领导的全力支持下，喻彬老师带领134班学生创作的一部人文纪录片，该作品围绕着对广东省云浮市新兴县天露山下、六祖河畔的聚龙坊114岁老人陈德巧，依然能够上山砍柴、锯木，下地种菜、干农活等超常现象，展开调查，通过对陈德巧老人的饮食起居习惯、生活心态、乡风民俗、邻里关系、土壤水质、生存环境等客观因素结合专家的科学论证进行解密，试图探究其健康长寿的生命的奥秘。以这位普通的农村老人的生命传奇，对曹操诗句“神龟虽寿犹有竟时”“养颐之福可得永年”进行科学的诠释，给人以某些借鉴和启迪。

（人文学院　李弘毅）

9月26日　广东大学生电商创客创业高峰论坛

9月26日，广州大学电子商务研究院成功举办广东大学生电商创客创业高峰论坛。来自美国、日本、中国的企业家、各研究机构专家学者及高校师生共计600余人参加本次论坛。

该论坛是2016华南电商博览会暨两岸三地跨境电商博览会的重要论坛之一，受到了广东省政府和团省委的高度重视。广州大学电子商务创新创业成果突出，获得高校展台并充分展示了电子商务研究院产学研合作的最新成果和风采。

论坛现场气氛热烈，省内外各高校教授、专家及电商精英就大学生电商创客创业发表精彩的演讲，与现场的电商创客创业大学生代表展开了互动，指导并推动广东大学生电商创客创业发展。

（电子商务研究院）

9月27日　陈清河教授应邀到广州大学演讲

9月27日，台湾世新大学学术副校长陈清河教授应邀到广州大学新闻与传播学院开展题为“节目产制知识管理”的讲座。新闻与传播学院副院长戴剑平主持讲座，学院部分青年教师和全体硕士研究生参加讲座。

陈清河教授结合自身传媒实践经历，从多个方面详细讲述了节目生产、制作等方面的管理知识。他从制片人和导演的区别入手，强调了节目制作中“利润和成本”的影响。他还引入台湾新媒体经营现状、什么是传播等问题，倡导传播工作者要更好地适应新时代的传媒环境，用有感染力的东西传递给他人智慧。

讲座尾声，戴剑平副院长进行总结发言，并代表学院师生感谢陈清河教授带来的精彩演讲。参加讲座的学生也抓住机会，结合自己的专业研究和实践经历，就“电视综艺节目制作”“广播电台与新媒体”等方面问题与陈教授进行互动交流。

（新闻与传播学院　向奕柯）

9月27日　日本名古屋大学教授井龙彦畅谈民俗文化

9月27日，由广州大学人文学院主办的“民俗学与现代社会——作为学科的功能与使命”讲座在行政西二楼议会厅开讲。校党委副书记、纪委书记张强，人文学院院长刘晓明，院党委书记李芬等领导老师出席了本次讲座。讲座邀请了日本名古屋大学教授樱井龙彦主讲。

樱井教授提出：民俗文化具有把现在与过去、未来相联系的力量，它与灾害相联系，在人们的心理层面上，起到了“镇魂、连通、再生”的作用。除了“虎舞”，樱井教授还向同学们介绍了船型宅邸、稻魂节等与日本频发的水灾密切相关的民俗。他强调民俗学是以“体验的经验化”为目标的学科。民俗文化源于遥远的过去，在一代代传承中汇成涓涓流水，流淌于人们的心田，渗入精神土壤，无声却又深刻。本次讲座，让同学们深刻感受到了这种联结过去与未来的力量。

（人文学院　黄钰涵）

9月27日　2016年迎新晚会隆重举行

9月27日，“我们正青春——广州大学2016年迎新晚会”在广州大学何世杰体育馆隆重举行。校党委副书记、纪委书记张强及学校相关职能部门负责人与2016级新生一起欣赏了晚会三大篇章——“青春初绽”“青春飞扬”“青春启航”。

晚会伊始，校学生艺术团管弦乐团演奏的《五月天组曲》为晚会奠定了青春激昂、热情澎湃的基调，与音乐舞蹈学院的青年歌唱教师郭小青联袂合作的《茉莉花》更是为观众带来

九月

温暖与感动；龙狮队表演的《舞动风和》以精彩的高难度动作赢得了全场观众的热烈欢呼；声乐组合《唱响青春》中，阿卡贝拉人声组合带来的歌曲《海阔天空》以其独特的演唱形式令观众耳目一新。

小品《导生》则以寓教于乐的方式，重现了新生入学时的状态，并以"电信诈骗"为例，给广大新生普及了基本的防诈骗常识。男子群舞《孔雀部落》、古筝合奏《战台风》、红棉音乐会《开学礼》让观众目不暇接，掌声此起彼伏。

广州大学附属艺术学校的国标舞《激情四射》、校学生艺术团话剧团新生代表朗诵的《写给未来的你》进一步点燃了全场的激情。最后，在中法旅游学院合唱团倾情奉献的《广州大学校歌》合唱声中，晚会缓缓落下帷幕。

美轮美奂的舞台效果、异彩纷呈的节目，令观看演出的师生沉浸其中，久久难忘。来自人文学院的新生冯同学表示，这次晚会视听效果非常棒，高质量的演出令其在观看期间不断鼓掌，并期待接下来的大学之旅中更为丰富多彩的校园文化生活。

（新闻中心　彭程　林玲）

9月27日　"大国防观下的国家安全战略"主题讲座

9月27日，广州大学举办"大国防观下的国家安全战略"主题讲座，特邀中国人民解放军特种作战学院讲师李隽隽主讲当今我国国防形势。

讲座中，李隽隽从"谁来保卫21世纪的中国"与"主权国家存在的安全威胁"问题入手，通过大量翔实的历史资料和数据阐述了我国周边安全环境的新变化和我国领土、领海、领空、太空、电磁以及网络的国家安全问题，从而提醒当代大学生必须增强国防观念，树立国家安全意识和民族忧患意识，肩负起当代大学生保家卫国的责任和使命。

（新闻中心　陈雅帅　王蓉　林志伟）

9月28日　屈哨兵寄语学生工作

9月28日下午，广州大学2016—2017学年第一学期学生工作会议在行政西楼二楼会议厅举行。校党委书记屈哨兵、相关职能部门负责人、各学院党委副书记及全体辅导员参加了会议。会议由校党委副书记、纪委书记张强主持。

会上，学生处、研究生处、招生就业处及团委负责人分别就本学期主要工作做了介绍。校党委副书记、纪委书记张强对过去一学年广州大学在学生工作相关领域如学生素质教育、校园文化建设、学风建设、少数民族学生教育管理服务、“五室一站”建设等方面取得的成效表示满意，并就易班工作的开展做了部署，指出易班工作要服务于广州大学高水平大学建设这一重要目标，并提出了坚持思想引领、遵循大学生成长成才规律和新媒体建设规律、建立工作联动协调机制和加强条件保障四个方面的工作要求。

校党委书记屈哨兵做了“瞄准目标，凝心聚力，真抓实干，围绕高水平大学建设，开创学生工作新局面”的主题讲话。他指出，在广州市高水平大学建设实施意见出台之际召开学生工作会议具有重要意义，学校学生工作要紧紧围绕广州大学高水平大学建设这一中心任务开展，大家要统一思想认识，达成共识，将“全面上水平、全国有影响”作为学生工作的工作目标和努力方向。

（学生处　杜亚辉）

9月28日　图书馆“现采现借”活动

9月28日，广州大学图书馆2016年度“现采现借”活动在广州购书中心正式开锣。“现采现借”即图书馆邀请本校师生现场选书，所选图书经查重审核后由图书馆统一购买并纳入馆藏，参加活动的读者对自己选择的图书享有首次优先借阅权，只要在广州购书中心内设立的“服务点”现场办理简单的外借手续就能直接带走图书，既快捷又方便。该活动是广州大学图书馆“创新服务”的新举措，自2015年推行开始，就深受广大读者的好评。2016年活动首日便吸引了百余名不同专业的教师和学生积极参与，共为图书馆挑选各类新书两千余册。

举办“现采现借”活动的初衷是把挑选图书的权利交给读者，让读者由被动阅读变为主动“点餐”阅读，一方面提升了读者的阅读体验，满足读者的阅读需求；另一方面也极大地提升了图书馆的图书流通率，优化图书馆的馆藏结构。

除了“现采现借”之外，参加现场活动的师生自购图书还可以享受 8 折优惠，并可免费办理广州购书中心的贵宾卡。

（图书馆）

9 月 30 日　师生赴沙角海军部队开展慰问演出

国庆前夕，应海军 91676 部队的邀请，广州大学师生走进“水兵摇篮”沙角海军部队，开展主题为“踏浪深蓝”的慰问演出，为全体官兵送上一道丰盛醇美的文化大餐。校党委副书记、纪委书记张强，海军 91676 部队政治委员周建红大校和近 5 000 名官兵观看了演出。

沙角海军部队作为我国海军最重要的训练队伍之一，多次受到党中央、军委等主要领导的检阅和褒奖，1991 年 6 月江泽民同志为部队亲笔题写“水兵摇篮”。

演出在奔腾跳跃的龙狮舞中拉开帷幕，红黄两色交错的龙狮嬉戏玩耍，像一团团跃动的火焰，闪耀着无限的活力；轻柔浪漫的《军港之夜》体现了师生对海军们军旅生活的祝福；铿锵有力的歌曲联唱《军歌嘹亮》、深情朗诵《难忘的航行》、配音节目《火蓝刀锋》逐一展现军旅生活，表达了广大师生对海军们的深深敬意；还有热情奔放的国标舞《激情四射》、舞蹈《雨后春山》、反串表演《天女散花舞东方》等精彩节目，均让观众们眼前一亮，赞叹不已。最后，在歌伴舞《英雄》以及官兵的热烈掌声中，慰问演出圆满落幕。广州大学党委副书记、纪委书记张强代表学校接受了部队赠送的锦旗。

（校团委）

我们的大学

October　十月

10月9日　蔡鹏获首届全国高校教育硕士学科教学（数学）专业教学技能大赛一等奖

10月9日，首届全国高校教育硕士学科教学（数学）专业教学技能大赛在山东省烟台市举行。广州大学数学与信息科学学院学科教学数学专业2015级硕士研究生蔡鹏荣获一等奖，指导老师廖运章教授被评为“优秀指导教师”。

该教学技能大赛由全国教育专业学位研究生教育指导委员会和全国数学教育研究会共同主办，旨在展示教育硕士学科教学（数学）专业教育硕士的职业能力，促进院校间的培养经验交流，提高教育硕士培养质量。大赛分初赛和决赛两阶段，初赛包括课堂教学设计和微课两个环节，决赛分模拟授课和现场问答两个环节。决赛共评选出一等奖36名、二等奖63名、优秀奖31名、“优秀指导教师”76名。其中，广东省有三所高校的研究生入围决赛，两人获一等奖。

广州大学长期以来注重教育硕士的培养质量，着眼于提高研究生的教学实践能力，因而对本次大赛高度重视，在备赛期间依托数学与信息科学学院的省级教学团队——数学教育类系列课程教学团队，成立专业指导组，从数学素养、教学技能等方面对参赛选手进行全方位、有针对性的指导。

（数学与信息科学学院　研究生处）

10月9日　生命科学学院举行“五好学生”评比和“优良学风班”创建评比活动

10月9日晚，2015—2016年度生命科学学院“五好学生”评比和“优良学风班”创建评比活动在文清楼210室举行。生命科学学院学工办主任张绪庆老师、团委书记杨敏老师、团委学生会主席团成员以及各班学生代表出席了本次活动。

首先进行的是“五好学生”

评比，“五好学生”各候选人向大家展示和分享了他们在学习、科研以及社团工作的收获和感想。接着是“优良学风班”的评比，各参赛代表就班级团队建设、学习成绩和科研活动等方面与大家进行了交流。最后，张老师为本次活动做了精彩的点评，鼓励其他班级向获得“优良学风班”的班级学习，并激励各位学生向获得“五好学生”称号的同学看齐。

本次活动的举办，不仅仅是为了表彰成绩优异、表现斐然的个人和班级，更是为了引导并帮助各班级营造良好的学习氛围，给同学们树立榜样，激励同学们全面发展自我。

（生命科学学院　杨敏）

10月10日　音乐舞蹈学院支教志愿服务项目入围广东省“益苗计划”重点项目

10月10日，音乐舞蹈学院“圆梦”志愿服务队的“梦留黄沙·伴你成长”艺术帮扶夏令营支教活动项目成功入选广东省“益苗计划”重点项目。

广州大学音乐舞蹈学院“圆梦”志愿服务队于2011年成立，团队在册队员约200人，在校队员40人。服务队始终秉承“到需要我们的地方去，发挥专业技能，服务他人，弘扬中华民族优秀传统文化精神”的宗旨开展各类志愿服务活动，服务对象包括山区留守儿童与村民、部队军人、白血病儿童、街道居民、慈善机构等，至今已服务约3 700人。服务队曾获“广东省优秀志愿服务队”“广州大学优秀志愿服务队”等称号。从2011年至今，“圆梦”志愿服务队已连续四年到广东省梅州市梅县桃尧镇黄沙村开展艺术帮扶支教活动，与黄沙村结下了不解之缘。他们对当地留守儿童进行艺术教育启蒙，使其走上艺术学习之路，如黄沙村11岁金凌在2015年通过广东汉剧院选拔，成为小小汉剧传承人。

（音乐舞蹈学院　何怡雯）

10月11日 2016年中国大学生空手道锦标赛

10月11日，2016年中国大学生空手道锦标赛在何世杰体育馆隆重举行。中国大学生体育协会、广东省教育厅、广东省空手道协会和全国29所高校代表，以及广州大学副校长董皞、相关部门负责人出席了开幕式。

会上，广州大学副校长、大会组委会执行主席董皞代表广州大学对来自全国29所高校的387名裁判员、教练员和运动员表示热烈的欢迎。他指出，广州大学作为广东省广州市重点建设的综合性大学，一直高度重视大学体育工作，坚持做到体育、教育相结合。

中国大学生空手道锦标赛从2010年开始创办，实行每年一届原则，旨在增强大学生体质，加强高校间的友好交流，从而进一步推广空手道运动。本届比赛历时三天，包括男子个人组手、女子个人组手、男女团体组手、男女个人型、男女团体型和男女混合集体型六个项目。

（新闻中心 赵毅鹏 陈仲光 李艳）

10月11日 第六期“青马工程”开班

10月11日，广州大学第六期“青马工程”（“青年马克思主义者培养工程”）开班暨最受学生欢迎的老师颁奖仪式在图书馆副楼五楼报告厅举行。校党委副书记、纪委书记张强，相关部门负责人，最受学生欢迎的老师代表，各学院团委书记及第六期“青马工程”全体学员和校院两级学生骨干参加了活动。

校党委副书记、纪委书记张强为第六期“青马工程”学员授课，从理论和实践相结合的角度为学员们详解什么是“青马工程”、什么是马克思主义、为什么要学习马克思主义以及如何学习马克思主义。他殷切寄语“青马学员”，倡导大家认真阅读马克思、恩格斯、列宁所写的经典著作，希望大家“学理论、勤实践”，为成长为国家的建设者和接班人而努力磨炼、冷静处事。

自2011年以来，广州大学共举办了六期“青马工程”培训班，累计培训600余人，参训学员大都是校级学生组织、社团组织、学院团学干部的骨干。2016年校团委、学生会在最受学生欢迎的老师中遴选出三名老师作为“青马工程”培训的班主任，他们将带领学员们开展各具特色的学习实践活动。

（校团委）

10月11日　禁毒宣传专题报告会

10月11日，广州大学联合广州市禁毒教育馆为学生开展主题为“青少年毒品预防教育”的2016年广州大学禁毒宣传专题报告会。广州市教育局法规处、广州市海珠区团委禁毒工作社代表，校保卫处、学生处负责人以及全校22个学院760名师生参加本次报告会。

广州市禁毒办副主任李小明用通俗易懂的语言，从“毒品常识、吸毒后的恶果、当前青少年的吸毒形势、我们应该怎么做”四个方面，向学生们剖析毒品的危害性、介绍禁毒的法律法规以及防范的常识。会上，广州市公安局禁毒分队和禁毒工作社社工现场邀请学生进行毒品体验游戏。在模拟毒品体验环节，工作人员们用仪器使学生获得对毒品危害的感官体验，使学生直接感受到毒品给人体带来的危害，达到发人深省的效果。

（新闻中心　陈雅帅　熊雅智　郑东红）

10 月 12 日　广州市属高校创新创业教育成果展

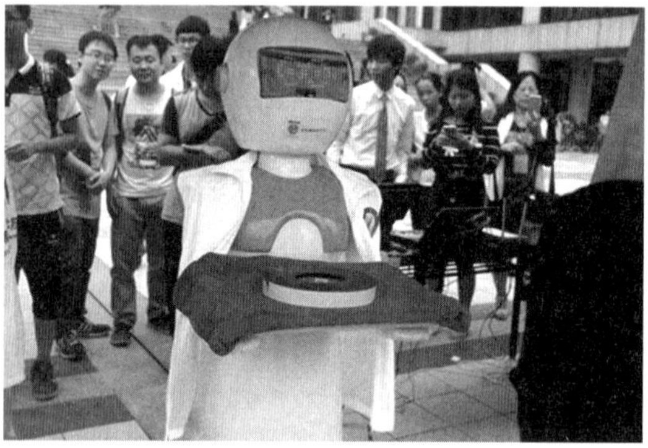

10 月 12 日，由广州市教育局主办、广州大学承办的广州市属高校创新创业教育成果展隆重展出，来自全市的 10 所高校参加了此次成果展。广州市教育局副巡视员邵国良、广州大学校长助理李毅及相关部门负责人出席本次成果展开幕式。

近年来，广州大学整合校内外资源，成立广州大学创新创业学院，初步形成以创新创业学院为主体，以广州大学生创业研究院与广州大学现代产业学院为两翼的创新创业工作新格局。自 2015 年来开办的三期“创业精英班”共培养 70 余支创业学生团队，已获得融资 2 100 万元，其中有五个项目获得百万元级别以上的天使轮融资，“安小懒项目”更是获得千万元级别的融资，学生创业项目总市值达 1.4 亿元。

本次展会通过教育成果展示、项目路演、双创竞赛和创新创业沙龙等形式，全面展现了包括广州大学在内的全市 10 所高校的创新创业教育成果。创驰团队陈文达同学演示了他们最新研发的智能汽车安全驾驶辅助系统，该系统具有提醒司机压线、红灯预警、行人（防碰瓷）提示等多项安全功能。还有一些融合了体感互动、3D 打印和机器人技术的 AR、VR 作品展示，让师生充分了解了市属高校创新创业成果。

（新闻中心　赵毅鹏　陈香伶　陈雅帅）

10 月 12 日　第三届全国高校地理师范生教学技能大赛上冯业枫、叶晓红获奖

10 月 12 日，第三届全国高校地理师范生教学技能大赛暨中国教育学会地理教学专业委员会 2016 年综合学术年会在云南师范大学举行。

在 10 月 12 日举行的第三届全国高校地理师范生教学技能大赛上，由全国各地教研员组成的专家组评委对来自全国 74 所高校共 115 名本科生和 34 名研究生选手的教学展示进行严谨客观的评审。广州大学地理科学学院课程与教学

论研究专业的冯业枫同学获研究生组一等奖，地理科学专业叶晓红同学获本科生组二等奖。

在10月13日举办的中国教育学会地理教学专业委员会2016年综合学术年会上，地理科学学院学科教学研究生林璐璐和陈禄两位同学在会议分会场做了论文汇报。

（地理科学学院　学工办）

10月12日　物理与电子工程学院举办易班工作培训会

为了提高各班级易班工作团队的平台操作能力，物理与电子工程学院10月12日晚在B22栋的心情驿站举行了易班工作动员培训会。

本次培训会上，符庭老师介绍了物理与电子工程学院易班团队的运作模式，指出了开展易班工作的主要目的和方法，并对易班应用的搭建进行了详细介绍。他表示，近期物理与电子工程学院“五室一站”将在B22整个楼栋加大易班工作的宣传力度及应用，发动本楼栋的同学积极加入B22易班工作群，利用易班平台及时发布“五室一站”特色活动月的相关信息和开展情况，充分发挥易班线上线下楼栋同构、师生交流同行的优势，努力打造师生温馨的网上家园。

在培训会上，导生组组长马浩同学进行了上机实操演示，对同学们提出的问题进行了现场答疑。

物理与电子工程学院对易班工作团队进行工作动员培训，目的是使各班级懂得如何使用易班平台建立适合自己的应用，将易班与日常生活有机结合起来，真正实现乐在易班。

（物理与电子工程学院　曾海威　钟柳萍）

10月12日　杨燕迪教授于音乐舞蹈学院开讲

10月12日下午，上海音乐学院副院长、博士生导师、院学术委员会主任杨燕迪教授莅临广州大学文逸楼620室，做了题为“论莫扎特音乐的当代人文价值”的学术讲座。讲座由音乐舞蹈学院院长马达教授主持，音乐系部分教师、全体研究生、部分本科生出席此次讲座。

杨燕迪教授不仅让与会者领悟了莫扎特的音乐本质，还启发了大家不能只关注作曲家的作品，应理解作品背后折射出来的人文价值，学会从现象层面看出问题本质的思考方法。

（音乐舞蹈学院　何华彬）

10月13日 “文化·文艺·正能量——关于建设社会主义文化强国”专题讲座

10月13日，羊城晚报报业集团副总编辑、文学博士、高级编辑周建平做客博学讲坛，为广州大学师生做了一场题为“文化·文艺·正能量——关于建设社会主义文化强国”的专题讲座。本次讲座也是广州大学团学组织宣传工作培训活动的第一场。党委统战部、校团委等部门负责人及各学院近300名学生参加了讲座。

本次讲座分为“文化：民族生存发展的重要力量”“文艺：时代前进的号角”“精品：创造力和水平的标志”三个部分。周建平博士分别从战略、理论、实践三个层面带领师生认识和探讨习近平总书记在文艺工作座谈会上的重要讲话，介绍了何为文艺精品、文艺的功能作用、当前我国文化发展的热、难点及如何营造良好的文化环境等内容，并通过图片、观影等方式向大家展示了不同时代的文艺作品，为当下我国文化发展中存在的一些问题把脉。

在现场互动环节，同学们积极提问，周建平博士针对“中国电影票房高而质量不高”“广电总局的审查制度”“文艺作品缺乏创意”等问题做了详尽解答，指出文艺创作需从理念、创意、动作、科技等方面进行提升并走向国际，并强调创意是一个厚积薄发的过程，也是个人才干发掘与积累的过程，作品强大了、品格提升了才能占领市场，文化才能强大。

（校团委）

10月13日 旅游学院“思·学·健·心”“五室一站”特色活动月

10月13日，旅游学院“思·学·健·心”“五室一站”特色活动月动员大会在B9二楼的党团活动室召开。旅游学院相关领导、团委学生会各部门负责人、B9楼层长代表及勤工助学同学代表和B9寝室长代表出席了本次会议。会议中，各负责领导相继发言，旅游学院党委副书记刘绍东指出，希望通过设立“思·学·健·心”特色活动月，能够让学生更加明确自身目标，且坚定不移地为之奋斗，并不断突破自我，引领广州大学向全国重点大学看齐。他还强调，工作中要充分结合“高水平大学”的建设思想，落实各项活动的开展。

（旅游学院 梁嘉红 刘莉 邓定宪）

10月14日 人文学院郭杰老师主讲“语言生态问题研究”

10月14日，人文学院郭杰老师以“语言生态问题研究”为题在行政东楼后座632室给学院研究生带来了一场精彩的学术讲座。出席此次论坛的嘉宾还有语言服务中心汪磊主任、中文系禤健聪主任、戴仲平教授以及马喆、周清艳等老师。

郭杰老师以“世界是多样的还是单一的”这一问题导入，将哲学上对“世界本原的探讨”和生物学上“达尔文的预言”结合，引入此次论坛的主题——语言学与生物学的五次互动。

在讨论环节，出席此次论坛的嘉宾都对语言学与生物学的五次互动这一主题发表了自己的见解，并分享了通过此次论坛得到的启发；在提问环节，同学们积极发言，郭杰老师一一进行了详尽的解答。郭杰老师主讲的内容观点前沿，条理清晰，使听众深受启发。论坛在热烈的掌声中圆满结束。

（人文学院　黎彦彤）

10 月 14 日　广大学子连续四年斩获广东省本科高校师范生教学技能大赛美术组一等奖

10 月 14 日，由广东省教育厅主办的“第四届广东省本科高校师范生教学技能大赛”揭晓赛果，广州大学美术与设计学院谭娟、盛尔青同学分别获得美术组一等奖、二等奖。至今，广州大学学子已连续四年在广东省本科高校师范生教学技能大赛中斩获美术组一等奖。

“第四届广东省本科高校师范生教学技能大赛”在华南师范大学石牌校区举行，华南师范大学、广州大学、韩山师范学院、惠州学院、肇庆学院和韶关学院六所本科院校参加了美术组的角逐。在比拼技能的同时，大赛也为各高校提供了美术教育交流的平台，帮助相关高校提升教师教育技能、推进美术教育的发展。

在美术学院谌晓老师带队组织下，2013 级美术学专业谭娟、盛尔青两位同学参加了本次竞赛的决赛。经过决赛阶段“说课”“讲课”两部分的激烈比拼，两位同学不负众望，延续了广州大学近年来的参赛佳绩。

（美术与设计学院　谌晓　罗兵）

10 月 14 日　环境科学与工程学院召开易班工作培训会

为加强易班网的宣传力度，环境科学与工程学院于 10 月 14 日在 B7 七楼举行了易班工作动员培训会，向各班班长发起易班工作动员。

培训会上，环境科学与工程学院学工办主任朱剑飞介绍了易班的主要功能，指出了开展易班工作的主要目的和方法，并结合自身经验向我们说明了易班工作开展的重要性；本学院新网部向在座学生详细地介绍了易班的各项主要功能；兼职辅导员汤红梅老师向大家介绍学院易班工作团队的架构和工作职责，并对班长管理易班班级群提出几项要求，呼吁班长们做好易班宣传，让更多的同学加入易班的大家庭中。

积极开展易班活动，旨在让学生了解易班、发现易班、应用易班，让学生都能融入易班中，让易班进入学生的日常生活，展现出不一般的易班风采。

（环境科学与工程学院　汤红梅）

10 月 16 日　广州大学创客精英展示 3D 打印技术

10 月 16 日，首届广州市青少年 3D 打印创意设计大赛决赛在执信中学举行。这是由广州市教育局主办，广州市创客协会、广州市执信中学与广州大学共同承办的一项新型赛事。

该项赛事以“推动 3D 打印技术普及，提升创新驱动能力”为宗旨，旨在弘扬创新文化，推动创新人才培养，提高青少年的创新意识。本次竞赛的主题是太空探索，中小学组初赛需提交自行设计和 3D 打印的作品，决赛则是现场绘制与主题相关的 3D 模型；大学组则要求融合 3D 打印、电子技术、机器人和计算机编程等技术，作品能半自动或全自动地执行任务。

在比赛作品展示环节中，广州大学创客精英班的选手们展示了结合 3D 打印技术制作的作品，其中既有用体感控制的太空防卫机器人，也有用手势操纵的体感无人侦察机，还有能检测外星土壤环境的机器人等众多科技创新概念作品。

比赛所使用的 3D 打印技术教材由广州大学创新创业学院创客教研团队教师撰写，该团队还组织了广州市中小学教师千人培训活动，向全市青少年普及和推广 3D 打印技术。

（创新创业学院）

10月16日 旅游学院在“五室一站”开展2016级新生入党培训

10月16日晚，旅游学院在B9“五室一站”二楼的党团活动室组织开展了针对旅游学院2016级新生的入党培训活动。此举旨在帮助2016级新生熟悉入党流程、了解“社会关爱行动”和“校企联合育人”两大党员工作服务平台的运作，让新生对党有更深刻、更清晰的认识。本次培训邀请了旅游学院研究生党支部香嘉豪、雷汝霞同学前来与师弟师妹们分享交流。两位同学各有侧重，香嘉豪同学向大家详细地介绍了入党程序和入党要求，将入党流程和所需材料给大家做了具体的解说；雷汝霞同学介绍了“社会关爱行动”和“校企联合育人”两大党员工作服务平台。培训的最后，与会同学就他们在入党过程中遇到的问题向两位同学提问，全场气氛热烈。

（旅游学院　梁嘉燕　陈志明　刘莉　邓定宪）

10月16日 物理与电子工程学院举行德学标兵活动

为了让新生明白学习的重要性，对自己的大学生活有更好的规划，10月16日晚，物理与电子工程学院于文新楼113室举行了德学标兵活动。

首先，由团委学生会主席李少锋致开场词，他表达了自己对德学标兵的期待，为这次活动拉开了序幕。接着，信宣部部长徐亦骏，导生组组长马浩，辅导员林海龙，光协前会长张雯雯，国奖获得者莫国志、邓绮雯、张金辉，天文学研究生陈绮惠等各位“前辈”传授各自在擅长

十月

领域里的经验，给新生们上了宝贵的一课。

听完“前辈”的分享，新生们有了深刻的感受与体会。他们希望能在大学里追寻自己的梦想，通过努力有所收获。在融洽的氛围中，物理与电子工程学院德学标兵活动圆满结束。

（物理与电子工程学院　张越　周洁林）

10 月 17 日　外国语学院“五室一站”两办工作会议

10 月 17 日晚，外国语学院 B10“五室一站”两办工作会议在党团活动室顺利召开。B10 党建办主任、外国语学院党委副书记鄢智青，B10 党建办副主任季美含，舍区办副主任陈惠晶，兼职辅导员伍漾老师、麦楚仪老师，以及 B10“五室一站”党建办、舍区办全体工作人员出席了本次会议。

鄢智青副书记首先肯定了学院“五室一站”过去取得的成效，要求在新的工作阶段各功能室进一步落实工作制度，将工作常态化。其次，她说明了特色活动月工作的实施背景和意义，要求团队成员们认真筹备特色活动月的各项工作，相互配合。最后，她对 B10“五室一站”工作队伍的建设提出了要求：应继续秉承全心全意为 B10 同学服务的宗旨，助理团队应加强学习培训，充分发挥主观能动性，加大对“五室一站”工作的宣传，充分利用各个功能室，扩大“五室一站”服务范围，齐心协力将 B10“五室一站”建设成利“生”爱“生”的服务站、健康向上的文化站、文明住宿的监督站、安全防范的信息站以及师生交流的心灵驿站。

季美含副主任将特色活动月的系列活动进行了详细说明，并对“五室一站”的工作团队提出了纪律要求，同时感谢各位工作人员的支持，希望大家“不忘初心”，积极发挥主观能动性，结合 B10 同学的实际需求提供更好的服务。

（外国语学院　季美含）

10 月 17 日　机械与电气工程学院第七届“机电风”学术科技节开幕式

10 月 17 日晚，机械与电气工程学院团委在文新楼 123 室举行广州大学第十二届学术科技节之第七届“机电风”学术科技节开幕式。刘镇章老师、吴文强老师作为特邀嘉宾出席本次活动，院学工办主任裴九雄和团委书记李彩阳出席了开幕式，开幕式还邀请到广州大学创客协会会长林俊杰分享创客经验。众多学生赶来聆听，课室座无虚席，活动中不时爆发热烈掌声。

专研自动化机器人领域的吴文强老师就机器人运用的广泛领域及发展前景进行深入讲解，并将“博观而约取，厚积而薄发”一语赠送给大家。刘镇章老师向大家展示了他的毕业设计作品，鼓励大家在大学里勇攀高峰，并强调了数学、英语、计算机等学科知识对于学习的重要性。

最后，林俊杰师兄分享了自己参加学术科技比赛的经验，强调团队合作以及坚持工作的精神。

（机械与电气工程学院　邓亮明）

10 月 18 日　“生命教育与文化素质教育”系列讲座

10 月 18 日，广州大学举办“生命教育与文化素质教育”系列讲座，特邀华中科技大学欧阳康教授与台湾纪洁芳教授主讲“当今大学生生命与文化教育问题”。广州大学相关部门负责人及 200 多名学生代表聆听了本次

讲座。

讲座中，欧阳康教授向同学们做了题为“生命关怀、生存自觉——两岸四地大学生命教育及其拓展方向”的报告。他介绍了海峡两岸及港澳地区的大学生命教育发展之路的成果，并从“极端生命现象看生命教育”问题出发，提出加强生命教育的问题应该上升到国家政府、学校教育和学术交流的战略目标上。纪洁芳教授将“关爱自己、关爱他人、关爱大自然”视为生命教育的内涵，为同学们展开题为“生命意义探索与高校生命教育发展之探讨”的报告。纪教授通过生动有趣的 Doggy Poo 动画片，在提问互动环节中，和同学们一起探讨“推动生命教育的时代意义”和“高校生命教育之发展”课题的内涵。

学生处负责人表示，近年来，国家大学生文化素质教育基地以文化素质教育为突破口，积极培养学生的社会责任感、创新精神和实践能力，并取得了良好的成绩。此次举办“生命教育与文化素质教育”系列讲座，旨在提高学生们的生命教育意识，进一步指导国家大学生文化素质教育基地建设工作。

（学生处　张玲　陈仲光　李艳）

10 月 18 日　化学化工学院在“五室一站”举行科研项目专场活动

10 月 18 日，化学化工学院在 B19 七楼互助学习室迎来“五室一站”特色活动“我与师兄师姐有约”的第一个专场——科研项目专场，本次活动邀请到十佳学生钟绮穗。钟绮穗同学首先向师弟师妹们介绍了做实验与做项目的区别：做实验可能每次所做的东西都不一样，比较有趣，而做项目则是日复一日地做同一件事情，会比较枯燥，更加考验耐心和恒心。接着，她向大家传授了答辩的小技巧，如演讲技巧和 PPT 的制作技巧，她认为大学生活要有目标，并且要有信念一直坚持下去；一个人的精力和时间是有限的，所以要集中精力做自己想做的事情，有机会就要抓住，不让自己有遗憾。在热烈的掌声中，科研项目专场活动圆满结束。

（化学化工学院　伍裕琳）

10 月 18 日　外国语学院开展“五室一站”特色活动“图书汇”

10 月 18 日下午，外国语学院 B10“五室一站”综合阅览室开展“图书汇”活动，就此打响了 B10“五室一站”特色活动月的第一炮。虽然外面下着小雨，但同学们赠书的热情丝毫不减，纷纷携带着自己闲置的图书前往捐书，为综合阅览室增添了许多“新鲜”的精神食粮。截至下午五点，B10 综合阅览室共收到捐赠书籍 109 本，其中教育类 50 本、文学类 37 本、外语读物 8 本、心理健康类 6 本、文学杂志 8 本。随后，由 B10 的中共党员、预备党员、入党积极分子组成的志愿者队伍共 14 人，积极响应 B10 党建办的号召，充分发扬“两学一做”中“做合格党员”、为同学服务的实践精神，共同对综合阅览室的图书进行了分类整理。

（外国语学院　季美含）

10 月 19 日　2016 年本科毕业生就业工作总结会

10 月 19 日，广州大学 2016 年本科毕业生就业工作总结会在行政西楼二楼会议室召开。会议回顾总结了学校 2016 届本科毕业生就业工作，部署推进 2017 届本科毕业生就业工作。校长助理李毅、相关职能部门工作人员、各学院党委副书记及负责本科毕业生就业工作的辅导员参加了会议。

截至 2016 年 9 月 1 日，广州大学本科毕业生初次就业率达到 95.76%，圆满完成既定的工作目标。会议还就下一步工作提出了四点要求：一是要各学院围绕高水平大学建设要求，树立“提高就业质量”和“提升就业满意度”两大目标；二是强化就业创业指导，提升就业创业能力，充分发挥校友会作用；三是要注重分类帮扶，助推优质就业，帮扶困难学生就业；四是完善就业反馈机制，优化学科专业结构。本次会议鼓舞了全体就业工作人员做好毕业生就业这项带有战略性和全局性的工作，为学校高水平大学建设“全面提速、全面上水平”做出新的更大的贡献。

（招生就业处　谢锦鹏）

10 月 19 日　“一格”“帆帆”获奖

10 月 19 日，2016 年全国大众创业万众创新活动周宣传品征集颁奖典礼在北京隆重举行。广州大学学生团队设计的吉祥物作品“一格”和“帆帆”分别获得三等奖和鼓励奖。

从 2016 年 5 月开始，由中国科协科学技术传播中心、共青团中央学校部共同发起，面向全国高校和社会公众开展了宣传品征集评审活动。清华大学、中国音乐学院、北京电影学院、中国传媒大学四所高校分别负责吉祥物、主题歌、微视频和公益广告征集评审的组织工作。活动共收到各类作品 750 件，其中吉祥物 102 件、主题歌 311 件、微视频 121 件、公益广告 216 件。最终选出一等奖 3 名、二等奖 8 名、三等奖 23 名、鼓励奖 40 名。

在美术与设计学院马浩老师带队组织下，产品设计专业钟婳婳、刘佳欣、吴丹颖、彭俊秀和动画专业马振杰五名学生组成创作团队，共报送了两件作品参赛，最终均获奖。

（校团委）

10 月 19 日　14 个项目获省社科一般项目和青年项目立项

10 月 19 日，广东省社科规划办发布了广东省哲学社会科学“十三五”规划 2016 年度一般项目、青年项目、地方历史文化特色项目、岭南学术外译项目立项名单。广州大学共有 14 个项目获得立项，立项数在全省各申报单位中首次位列第一，其中一般项目 6 个、青年项目 8 个，获资助金额 59 万元。

本年度省社科规划一般项目和青年项目评审采用一次性匿名评审的方式进行，省社科规划办从国家社科基金项目评审专家库选取了80位专家，分成16个学科组对申报项目进行网上评分，根据平均得分由高到低排序确定各学科的立项项目，最终确定一般项目111项、青年项目49项，共批准立项160项。

（宣传部广州大学微信公众号）

10月20日　外国语学院“五室一站”举行易班工作培训会

为了加强推广易班和增加使用易班的活跃度，让新成员对易班有更深入的了解，10月20日晚，外国语学院易班工作站在B10心情驿站针对班级易班工作小组及B10“五室一站”易班工作小组的日常易班建设工作开展了培训。

培训会上，外国语学院易班工作站站长韩倩怡以自身的经验详细地讲解了易班平台、易班App的使用方法和注意事项，并现场展示如何搭建易班轻应用、发布话题、上传资料以及操作班级管理应用等内容。

外国语学院团委副书记兼易班工作站指导老师黄顺婷，鼓励各个易班工作干部进一步使用易班，并通过易班发掘其潜在优点。

（外国语学院　黄顺婷）

10月20日　教育学院“五室一站”举行心理电影赏析活动

10月20日，教育学院在B3心灵驿站进行了两场心理电影赏析活动。活动分别由心理学专业研究生志愿者舒鸿倩和苏赞璇主讲，目的是向同学们普及心理学方面的知识。活动得到大家的响应，同学们积极主动参与。

每场心理电影赏析活动时长为105分钟。主讲人舒鸿倩先从身边的案例引入，与大家分享了经典的精神分裂症和抑郁症案例，引起同学们的关注；接

着，播放《精神分裂症》和《我有一只名叫“抑郁症”的小黑狗》两部短片，并分析精神分裂症和抑郁症是如何产生的，该怎样面对和治疗等。

两场心理电影赏析活动，使同学们不仅对心理学有了初步了解，更对自己的人生观、价值观和爱情观有了更深一层的体会。

（教育学院　易仲怡）

10月21日　生命科学学院“五室一站”举办“珍爱自我舒展体魄”毽球大赛

10月21日，生命科学学院B17舍区办在“五室一站”一楼休闲康体室举办了主题为“珍爱自我舒展体魄”的毽球比赛。B17楼栋的同学积极参加，选手几乎挤满了整个场室。生命科学学院肖杏烟副书记和张绪庆老师也出席了本次活动。

活动前，肖杏烟副书记致辞，祝愿B17“五室一站”能给参加各项活动的同学带来身心的愉悦，能为大家搭建良好的沟通平台，能为大家创造优美的学习、生活环境。B17舍区办副主任冯奕嘉作为本次比赛的主持人，简单介绍了本次活动的宗旨与毽球比赛的规则。随后，比赛拉开帷幕。比赛为定点踢毽，四个同学一组，每个同学1分钟，在划定的圈内踢毽子，比赛成绩为四个同学所踢个数之和。经过激烈角逐，前三名诞生，并领取了奖品。

活动给大家带来了无限的欢乐，让来自不同学院的同学熟悉彼此，更好地促进了人与人之间的交流。

（生命科学学院　冯奕嘉）

10月21日　环境科学与工程学院“五室一站”举办多肉植物种植经验分享会

10月21日，环境科学与工程学院在B7“五室一站”五楼活动阅览室举办多肉植物种植经验分享会。本次活动主题为“我爱多肉，发现身边的你”，目的是向广大学子介绍多肉植物，增加他们对多肉植物的认识。

活动内容主要是向大家介绍如何种植、栽培植物，让多肉植物爱好者们互相认识，交流种植经验。通过介绍各种花卉植物对周边环境的作用，以激发同学们对种植植物的兴趣，增强爱护环境的意识；宣传青源植物小组、环境科学与工程学院以及B7的“五室一站”，以增进同学们对环境科学与工程学院和B7“五室一站”的了解。同时呼吁同学们放开电脑、放下手机、放空自己去亲近大自然、呵护绿色植物。

（环境科学与工程学院　曹新宇）

10月22日　全面推进高水平大学建设专题工作会议

10月22日，广州大学召开全面推进高水平大学建设专题工作会议。全体校领导、校长助理、正高职称教师、中层干部和青年博士教师代表近500人参加了会议。

22日上午，魏明海校长做了题为“以学科建设为核心，全面推进高水平大学建设”的报告。

魏明海校长在报告中指出，人才培养是大学的首要任务，学校发展应遵循高等教育办学规律，需要进一步聚焦聚力人才培养。“我们要把学生放在首位，以学生为本，必须坚持社会主义办学方向，紧紧围绕立德树人，培养具有创新能力的人才，为国家、为地方实施创新驱动发展战略提供人才支撑。”他认为，培养德才兼备，具有家国情怀和“创意、创造、创业”三种创新能力的学生是学校人才培养的目标。

徐俊忠副校长布置了学院制订的“十三五”学科规划、2017年重点任务和综合经费预算工作；董皞副校长围绕今后的人才发展战略布置了人才引进和培育工作；周云校长助理就科研基金项目申报与学科点申报准备工作做了安排；土木工程学院、地理科学学院和新闻与传播学院负责人分别就学院学科规划与学科发展做了情况介绍。分组讨论时，大家就学校如何全面推进高水平大学建设进行了热烈讨论。大家畅所欲言、出谋划策，会后纷纷表示，这是一次提振精神、凝聚共识、明确目标、鼓舞士气的大会，在学校新一届领导班子的带领下，大家有信心也有决心去实现高水平大学的发展目标。

23 日上午，屈哨兵书记做了题为“不忘初心，抓住关键，全力推动学校实现创新大发展”的总结讲话，进一步为学校推动高水平大学建设指明了方向，坚定了信心，更为广州大学的新长征吹响了嘹亮的冲锋号。屈哨兵书记在总结讲话中指出，学校建设高水平大学的发展目标已经很明确，广州大学的新长征已开启，要实现这一目标，必须坚持“三个面向”和实施“三个对接”，要不忘初心，抓住关键，全力推动学校实现创新大发展。学科建设大会就是民主管理的一种体现。广大师生要敢于追求卓越，克难求进，共同实现全面推进高水平大学的广大梦！

（宣传部广州大学微信公众号）

10 月 23 日　心声交流，梦想起航

10 月 23 日晚，生命科学学院于图书馆副楼一楼讲学厅举行了“心声交流，梦想起航”2016 级新旧生交流会，生命科学学院的团委学生会主席团成员与同学们共同参加了此次交流会。

162 班郑振华同学

交流会伊始，两位主持人依次介绍了本次到场的嘉宾们，随后生物工程 162 班的郑振华同学作为新生代表谈了她进入大学后的疑惑与憧憬。接下来，2016 届优秀毕业生郑凯文及高年级优秀学生代表朱思颖、冯子懿、杨嘉奇结合自身学习经历为新生提出了建议和给予了鼓励。交流会提问环节中，同学们积极发言，气氛活

跃。交流会在中场休息时段，播放了一段新生视频集，让同学们回顾了开学以来的点点滴滴。当看到自己的身影，不少同学露出了灿烂的笑容。活动最后，所有的工作人员与嘉宾们一起合影留念。

（生命科学学院　赖淑燕）

10 月 24 日　生命科学学院“五室一站”举办党团知识竞赛

10 月 24 日晚，生命科学学院 B17 党建办在二楼党团活动室举行了党团知识竞赛，参赛的人员除了 B17 本栋宿舍楼的人员外，还有来自生命科学学院的学生党员，张绪庆老师亦出席了此次活动。

竞赛题目分为笔试和抢答两部分，主要内容为党章知识及习近平总书记系列讲话精神。笔试时间为 20 分钟，之后是抢答环节，参赛者对工作人员读出的题目举手抢答，在笔试成绩的基础上，答对者加 10 分，答错者扣 5 分。现场气氛热烈，经过激烈角逐，产生了不同的名次，并进行了颁奖。

（生命科学学院　冯奕嘉）

10 月 25 日　反恐有我更安全

10 月 25 日，由广州大学协办的“反恐有我更安全——2016 广州市反恐宣传进高校”暨广州大学城反恐公益广告大赛启动活动在何世杰体育馆隆重举行。广州市教育局党委委员、主任督学华山鹰，广州市反恐怖工作领导小组办公室副主任、市公安局反恐支队队长高加，副校长董皞等领导和广州大学城 10 所高校代表，禺山高级中学师生代表等 4 400 多人参加了活动。

活动中，Anyclub 舞蹈协会以舞蹈展示大学生面对新形势下反恐斗争的新态度；搜爆犬表演箱包搜爆“绝技”；学生话剧团带来的《反恐校园行》，讲述了恐怖分子潜入校园并企图发动袭击，最终被警方制服的故事，给目前反恐

意识尚属薄弱的高校敲响了警钟。活动将反恐防范知识巧妙地渗透在即场教学中，领导嘉宾与现场观众通过模拟情景展示、反恐技能支着等形式，一起学习识别涉恐行为和恐怖分子嫌疑人，掌握准确举报涉恐线索“五要素”。学生在现场进行了反恐应急疏散演练，在老师的指导下按照指定线路有序疏散。

现场还安排了互动展览，图文展示区通过动漫形式的《反恐法知多D》对《反恐法》进行宣传。反恐装备区有来自番禺区特警的精锐枪械和防护工具等众多反恐装备，还有德国牧羊犬、史宾格警犬与学生互动。VR体验区中，首次展示了多款人气VR反恐游戏。反恐模拟体验让参与者产生强烈的代入感，紧张而刺激。

（新闻中心　陈雅帅　陈靖茹　杨丽莺）

10月25日　纪念长征胜利80周年主题班会

10月25日，广州大学各学院、班级召开“弘扬长征精神　坚定理想信念”纪念长征胜利80周年主题班会，深入学习领会习总书记在纪念红军长征胜利80周年大会上的重要讲话精神，弘扬伟大的长征精神。各班级学生踊跃参与班会活动，积极践行长征精神成为学子们的共识。

在物理与电子工程学院光电151班主题班会上，2014年服役于新疆、曾获“优秀士兵”荣誉称号的郭启祥同学为大家做了分享。刚服完兵役的他表示：“80年前的红军二万五千里长征，见证了我们中华民族不屈不挠、迎难而上、艰苦奋斗的民族精神。无论是一支军队，还是一名普通学生，只要有不畏艰辛、积极向上的生活态度，就一定能够成就事业，创造辉煌。”同学们通过易班新媒体互动，为主题班会留言。学院党委书记陈筠从“长征与我”“学校与我”“社会与我”三个方面分享了她对长征精神的理解，号召同学们发扬长征精神，努力实现自己的人生目标，为高水平大学建设添砖加瓦。

外国语学院英语153班的同学们通过一段长征VR视频回顾了长征路线，改编并表演了感人至深的小剧场节目《金色的鱼钩》，“长征知识引思考”的抢答环节更是气氛热烈。

音乐舞蹈学院音乐153班和舞蹈162班的主题班会则体现了艺术性、政治性与教育性的结合。朗诵曲目《长征组歌》、歌曲《把一切献给党》、歌舞表演《四渡赤水出奇兵》、大合唱《我们走在大路上》、集体舞蹈《美好家园》等精彩纷呈的表演将班会氛围推向高潮，让大家在艺术体验中深刻感受到红军长征精神的伟大。

公共管理学院行政管理152班的主题班会亦别开生面，通过情景剧表演、集体游戏等环节，引导同学们回顾历史、重温长征精神。

主题班会后，同学们一致表示，长征所体现的不怕牺牲、前赴后继、勇往直前、坚韧不拔、众志成城、团结互助的精神是中华民族百折不挠、自强不息的民族精神的集中表现。高水平大学建设就是一场“新长征”，也是新一代广大青年学子的“新长征”，要把个人的成长成才与党和国家的事业、与学校改革和发展的实际紧密结合，为实现全面推进高水平大学建设的“广大梦”、中华民族伟大复兴的“中国梦”贡献青春力量。

（学生处　杜亚辉　邹君波）

10月25日　2016级新生大学生涯规划辅导会

10月25日，广州大学召开2016级新生大学生涯规划辅导会，马天保、黄华杰、任敏如和李展旺同学在会上分享了各自大学生涯规划的经验，学生处相关负责人、2016级新生辅导员和学生代表约300人参加了本次辅导会。

会上，学生处负责人表示，大学生涯规划辅导会至今已举办六届，旨在帮助新生们尽快适应大学生活，完成角色转变，确立新的目标，更好地规划和把握大学生涯，奠定成长成才的坚实基础。本次辅导会通过学校优秀学生代表树立榜样，言传身教，引导新生认真做好自身的大学生涯规划。

随后，“十佳学生”代表马天保、李展旺分享了各自的大学经历。马天保同学从大一开始就以“十佳学生”作为自己的大学奋斗目标，并为实现这个目标制订详尽的学习规划，朝着梦想一步步努力，终于在读研阶段实现了这个

既定目标。他表示，在大学里应该充分认识自己，及时调整自己的计划和目标，遇到困难要学会坚持，取得成就要有“再逼自己一把”的精神。李展旺同学则讲述了自己作为校自律会主席是如何兼顾学习和工作的，他认为在大学里要勇敢尝试、学会选择、制定适宜的阶段目标。2015 年大学生涯规划大赛获奖代表黄华杰、任敏如两位同学则结合他们的大学生涯规划，从目标规划、自我剖析、环境分析、步骤实施、评估与调整等方面分享了如何做好大学生涯规划。

（学生处　刘欣）

10 月 25 日　生命科学学院“五室一站”举行“女性健康，青春有约”讲座

为了引导女生建立正确的恋爱观与提高自我防护意识，促使女生关注自身生理健康，生命科学学院 B17 党建办于 10 月 25 日下午在三楼心情驿站举行了“女性健康，青春有约”讲座，邀请学校医务室李文彦医生为主讲嘉宾，生命科学学院党委副书记肖杏烟和杨敏老师出席了讲座。

讲座中，李医生阐述了“生殖健康”的真正含义，向大家展示了女性生殖系统解剖图并进行简单的讲解，让女生从结构上了解女性生殖器。接着，李医生对“如何知道自己可以开始性生活”这个问题进行解释，并强调过早的性行为会对女性的健康造成危害。紧接着，李医生就常见妇科疾病和性病的症状、治疗方法以及预防措施进行了详细的介绍。此外，李医生还对意外妊娠的

症状和补救措施及避孕方法进行了比较详细的讲解。

健康教育是学校教育的重要组成部分，是培养学生养成良好卫生习惯和建立健康生活方式的重要途径，更是提高整个民族文明、卫生、健康素质的根本措施。因此，开展这项活动有很大的意义，也受到了同学们的欢迎。

（生命科学学院　杨敏）

10月25日　教育学院“五室一站”曼陀罗心理减压绘画体验活动

10月25日，教育学院在B3三楼心情驿站开展了曼陀罗心理减压绘画体验活动。本次活动受到教育学院党委副书记陈宇红的高度重视，学工办辅导员杨艺老师、蔡冰老师也参与了这场绘画体验。老师和同学们在志愿者舒鸿倩和苗心的引导下，携手走进了神秘的曼陀罗世界，共同感受了一次与内在灵魂连接的神奇之旅。

活动大概持续一个小时。志愿者让大家先伴随音乐闭眼放松一分钟，然后在曼陀罗上自由涂色，接着各自分享自己在涂色过程中的感受和情绪的变化，最后由志愿者进行分析和总结。师生在安静的心灵驿站里，通过志愿者的指导，伴随着舒缓的音乐，一张白纸、一个圆、一盒七彩画笔，随心所欲地在圆里进行涂色，而圆本身的内在完满力，让师生在涂色过程中得以放松，并通过分享绘画过程中的心情达到舒缓减压的目的。志愿者们娓娓道来的专业心理学分析，更让师生进一步了解自己，增强自我意识和自信心。

曼陀罗绘画疗法是用于舒缓内心冲突、消除负面情绪，甚至治愈精神疾病，最终有利于人格成长和发展的减压方法。体验曼陀罗绘画疗法，不但让同学们学会了自我观察，释放压力，愈合心灵，而且为他们提供了更多将心理学理论与实践相结合的机会，充分调动了他们的参与热情。

（教育学院　易仲怡）

10月26日　新闻与传播学院师生参观广东省反腐倡廉教育基地

10月26日，为结合“两学一做”党员主题教育活动，加强党风廉政建设，进一步推进广州大学与广东省反腐倡廉教育基地“共建党员”合作项目的实施，在新闻与传播学院党委书记伍建芬、副书记孙凌的带队下，学院学工办主任肖斌、各级辅导员与部分老师和学生党员一同参观了广东省反腐倡廉教育基地，接受了一次极富视觉冲击的廉政警示教育。

广东省反腐倡廉教育基地位于番禺区，以“反腐倡廉、警钟长鸣”为主题，分别以风正扬帆、从严治党、贪腐鉴录、拒腐防变和风清气正五个部分来进行重要教育内容展示。此外，基地运用丰富的史料，展示了我党反腐倡廉的历史沿革，以及广东省对反腐倡廉建设的不懈探索和取得的丰硕成果，表明了党和国家对“干部清正、政府清廉、政治清明”的追求。

（新闻与传播学院　肖斌）

10月26日　Alpha、Beta队“2016中国机器人大赛”获奖

目前国内最具影响力、最具权威性的机器人技术大赛“2016中国机器人大赛”于10月26日在长沙举行。中国机器人大赛由中国自动化学会机器人竞赛工作委员会、科技部高技术研究发展中心等部门联合主办，每年举办一次，涉及电子信息、通信网络、装备制造、人工智能等前沿技术领域，通过各类别的角逐，实现全球高科技领域的文化与技术交流。

本次大赛在老师的指导下，谢志坤、林志涛、阮麒元、赵崇和、许楚文同学组建了武术擂台机器人Alpha队和Beta队，分别在1 VS 1对抗子项目和重量组挑战子项目中，战胜国内诸多高校，斩获二等奖与三等奖。

广州大学实验中心的信息技术应用实践基地一直致力于培养具有“创新、

创造、创业”精神的学生，先后组建武术擂台机器人、舞蹈机器人、工程类机器人的研究团队。团队成员在光电传感、图像信息处理、数字舵机控制等技术的应用领域里刻苦攻关，目前已达到行业先进水平。

（实验中心　网络与现代教育技术中心）

10 月 27 日　院士寄语：弘扬科学精神　博学审问思辨

地理科学学院“地理学人讲坛”长期邀请地理界知名专家举行讲座，至今已经举办了 138 期。中国科学院郑度院士作为广东籍院士，十分关心家乡地理学的发展，与广州大学师生联系紧密，这次因故不能来穗做讲座，特于 10 月 27 日写信寄语学院全体学生，勉励同学们“弘扬科学精神、博学审问思辨”。

郑度院士在信中提到，现代地理学是具有跨越自然科学和社会科学性质的学科，在当今世界面临着人口、资源、环境和发展等一系列重大问题的背景下，地理学更应当在陆地表层与格局、全球环境变化及其区域响应、自然资源保障与自然灾害防治、地球信息科学技术和数字地球等领域显示优势。郑度院士在信结尾赋诗一首：“弘扬科学精神、博学审问思辨，独立探索求是、勤奋协力实践，德智体美素养、生态文明理念，人与自然和谐、护育地球家园。”

地理科学学院师生备受鼓舞，纷纷表示要做好自己，为高水平大学建设出一分力。

（地理科学学院　学工办）

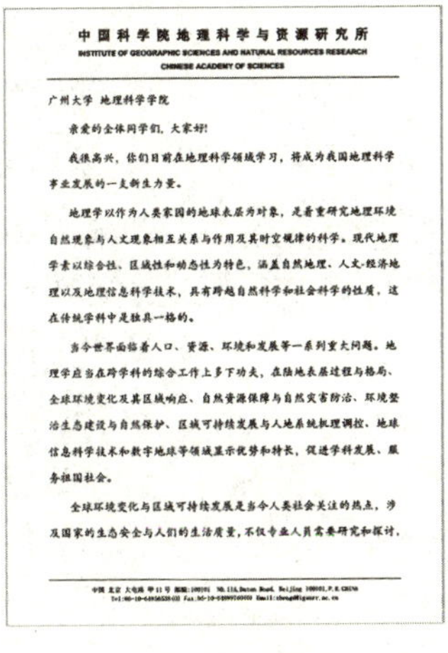

中国科学院地理科学与资源研究所
INSTITUTE OF GEOGRAPHIC SCIENCES AND NATURAL RESOURCES RESEARCH
CHINESE ACADEMY OF SCIENCES

广州大学 地理科学学院

亲爱的全体同学们，大家好！

我很高兴，你们目前在地理科学领域学习，将成为我国地理科学事业发展的一支新生力量。

地理学以作为人类家园的地球表层为对象，是着重研究地理环境自然现象与人文现象相互关系与作用及其时空规律的科学。现代地理学素以综合性、区域性和动态性为特色，涵盖自然地理、人文-经济地理以及地理信息科学技术，具有跨越自然科学和社会科学的性质，这在传统学科中是独具一格的。

当今世界面临着人口、资源、环境和发展等一系列重大问题。地理学应当在跨学科的综合工作上多下功夫，在陆地表层过程与格局、全球环境变化及其区域响应、自然资源保障与自然灾害防治、环境整治生态建设与自然保护、区域可持续发展与人地系统机理调控、地球信息科学技术和数字地球等领域显示优势和特长，促进学科发展、服务祖国社会。

全球环境变化与区域可持续发展是当今人类社会关注的热点，涉及国家的生态安全与人们的生活质量，不仅专业人员需要研究和探讨，

中国 北京 大屯路 甲11号 邮编:100101 No.11A,Datun Road, Beijing 100101, P.R.CHINA

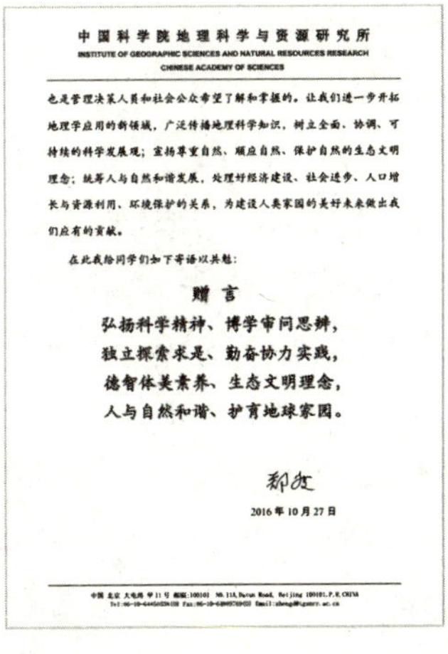

中国科学院地理科学与资源研究所
INSTITUTE OF GEOGRAPHIC SCIENCES AND NATURAL RESOURCES RESEARCH
CHINESE ACADEMY OF SCIENCES

也是管理决策人员和社会公众希望了解和掌握的。让我们进一步开拓地理学应用的新领域，广泛传播地理科学知识，树立全面、协调、可持续的科学发展观；宣扬尊重自然、顺应自然、保护自然的生态文明理念；统筹人与自然和谐发展，处理好经济建设、社会进步、人口增长与资源利用、环境保护的关系，为建设人类家园的美好未来做出我们应有的贡献。

在此我给同学们如下寄语以共勉：

赠言

弘扬科学精神、博学审问思辨，
独立探索求是、勤奋协力实践，
德智体美素养、生态文明理念，
人与自然和谐、护育地球家园。

郑度

2016 年 10 月 27 日

中国 北京 大屯路 甲11号 邮编:100101 No.11A,Datun Road, Beijing 100101, P.R.CHINA

十月

10月27日　广州大学曾大兴教授当选为中国文学地理学会会长

10月27日，由中国文学地理学会、广州大学、湖北大学、江西省社会科学院联合主办的中国文学地理学会第六届年会在湖北大学举行，来自日本、韩国和中国各高校及科研院所的180余位专家学者出席了会议。年会表决通过了中国文学地理学会的组织机构设置及人选名单，人文学院曾大兴教授当选为会长，金琼教授、刘庆华教授、李俏梅副教授当选为理事，龙其林副教授当选为理事兼副秘书长。

文学地理学是近年来在中国本土产生的新兴学科，也是文学领域的一门“显学”。中国文学地理学会于2011年11月11日在江西南昌成立，每年主办一届学术年会，出版一期《文学地理学》年刊。广州大学人文学院和外国语学院共有15位学者从事文学地理学的研究，成果丰硕、影响广泛，被学术界誉为“文学地理学研究的重镇与前沿阵地”。作为该学会主要发起单位之一，广州大学参与主办了每一届年会。

（宣传部广州大学微信公众号）

10月28日　学生社会实践团队获评全国优秀团队

10月28日，团中央学校部、全国学联秘书处发文表彰了在2016年全国大中专学生志愿者暑期“三下乡”社会实践活动中表现突出的单位、实践团队以及优秀个人。广州大学“走进伟人故里　点燃爱的火种”服务队被评为社会实践活动优秀团队。

该实践团队在校党委副书记、纪委书记张强的带领下，以“走进伟人故里　点燃爱的火种”为实践主题，赴富平、延安等地开展了助学、支教、政策宣讲、探寻红色足迹和文体培训等活动，在丰富富平县小学生课余文化生活的同时，也让大学生了解富平、了解党的光荣历史，坚定永远跟党走的理想信念。实践团队购置了一批字典、字帖、文具和图书，捐献给当地的小学生，使他们充分感受到社会温暖，并引导他们树立远大理想。在支教之余，实践团队成员还参观了当地红色革命根据地，通过重温入党誓词、讲述革命烈士的英勇事迹等方式，成员们受到了教育和鼓舞，增强了民族使命感和责任感。

在2014年，广州大学—黔南民院“重走长征路，践行价值观”实践采风团也曾获此殊荣。广州大学的实践团队三年内两次获国家级荣誉，充分体现了学生社会实践活动取得的成效。

（校团委）

10月28日　学生处集中学习党的十八届六中全会和学校高水平大学建设专题会议精神

为进一步传达学习贯彻党的十八届六中全会精神及学校“全面推进高水平大学建设专题工作会议”和“全面推进高水平大学建设管理工作会议”的精神，把党的十八届六中全会精神贯彻落实到学校高水平大学建设的各项工作中，把学校两次专题工作会议的精神落实到学生处的具体工作中，学生处于10月28日和11月1日两次集中学习党的十八届六中全会和学校高水平大学建设专题会议精神。学生处处长郑美玲主持会议，学生处全体人员参加了会议。

郑美玲首先传达了广州大学两次高水平大学建设专题工作会议精神，并从学生工作的角度解读了屈哨兵书记《不忘初心，抓住关键，全力推动学校实现创新大发展》《明确目标要求，加强队伍建设，推动学校管理工作全面上水平》的报告和魏明海校长《以学科建设为核心，全面推进高水平大学建设》的报告。她指出，作为学生工作者，要将屈哨兵书记提出的学生工作应“确保校园安全稳定”和“全面上水平、全国有影响”“打造特色和品牌”作为工作前进的方向，将魏明海校长提出的具有“德才兼备、家国情怀”“‘创意、创造、创业’三种创新能力”“‘心气、志气、勇气’三种品格”的学生作为学生培养的目标。

此外，为认真学习贯彻落实会议精神，引导广大学生以主人翁的姿态和时不我待的使命感投身高水平大学建设，学生处在全校学生中开展了“我与广大共奋进”建设高水平大学主题学习实践活动。引导学生广泛讨论和深入思考“为什么要全面建设高水平大学”“我应该做什么”“我应该怎么做”等问题，把学生的思想和行动高度统一到学校全面推进高水平大学建设的工作中来，激发广大学生的主人翁意识和责任担当，促使学生形成“我与广大共奋进”的精神风貌，积极投身高水平大学建设，为学校全面推进高水平大学建设营造良好的舆论氛围。

（学生处广大学工微信公众号　杜亚辉）

10 月 28 日　经济与统计学院“品牌说”演讲比赛圆满落幕

10 月 28 日，经济与统计学院 2016 年第五届飞扬杯“品牌说”演讲比赛决赛在桂花岗校区小礼堂圆满落幕。出席本次比赛的评委嘉宾有：团委书记赵梅岳老师，辅导员石红梅老师，国贸 163、164 班的班主任周晨老师，团委副书记李文，学生会主席王潇羽、副主席林思涛及上任团委副书记尚雷雷和上任学生会主席庄启鹏。

九位选手，九个品牌故事。选手们以“广州传统品牌”为主题，怀着对品牌的理解，相聚在比赛现场。演讲过程中，选手们或条分缕析、娓娓而谈，或思绪飞扬、妙语连珠，把现场的氛围屡屡推向高潮。选手们还将所学知识结合实例来演讲，阐述了自己独特的想法，为评委和观众奉献上一场听觉盛宴。

此次比赛给予经济与统计学院的学子一个展现风采的机会，既增进了同学间的情感，也推动了校园的文化建设。

（经济与统计学院　陈凯盈）

10 月 28 日　土木工程学院研究生会举行心理知识竞赛

为了使土木工程学院研究生会成员不断深入研究生生活，放飞心中梦想，展现魅力自我，提高研究生会成员的心理健康水平，并以此推动整个学院的学生心理健康水平，进一步普及心理健康知识，为同学们面对人生、职业规划等问题做好心理上的准备，土木工程学院研究生会于 10 月 28 日举行以“面向阳光”为主题的心理知识竞赛决赛。

本次比赛共分六轮。第一轮必答题，以轮流选题形式进行。第二轮抢答题，抢答环节气氛十分紧张，选手们除了要有知识的储备，还得反应迅速，本轮环节竞争非常激烈。第三轮视频题、第四轮判断题、第五轮陷阱题，充分考验选手的综合能力。最终，第六轮一招定胜负。经过激烈竞争，学术部荣获一等奖，而文艺部以 20 分之差获得二等奖，秘书部获得三等奖。

这次活动不仅仅锻炼了参赛选手的答辩能力，也展现了他们的良好心理素质与深厚知识底蕴。这次活动还提高了研究生会成员们在心理知识方面的认识，有利于他们在以后的学习生活中用自己年轻的心去感受生命的价值，正视挫折，珍爱生命，提高心理素质，做身体健康、心理健康的当代优秀研究生。

（土木工程学院　肖阳）

10 月 29 日　公共管理学院八名研究生参加国际学术研讨会

10 月 29 日，“一带一路”战略背景下中国—东盟跨域公共问题与合作治理国际学术会议在贵州大学公共管理学院举行。广州大学公共管理学院选派了邓伟、陈芸、陈亚楠、钟其红、刘俊玲、唐思雅、李义科、庞凯八名品学兼优的硕士研究生参加了会议。八名研究生亲历学术前沿研讨会，领略业界专家学者的治学风采，感受到大家思想碰撞的火花，开阔了视野，陶冶了学术性情，收获满满。

此类活动是公共管理学院研究生培训特色工作之一，由学院筹集经费资助研究生开展课题研究及参加各学术领域的学术会议，主动接触学术前沿，靠拢学术研究圈，多方位、多层次提高学术研究能力。

（公共管理学院　甘健强）

10 月 29 日　杨苑娟荣获“南粤长城杯”电视网络演讲比赛一等奖

10 月 29 日上午，以“弘扬长征精神　决胜全面小康”为主题的 2016 年广东省“南粤长城杯”电视网络演讲比赛总决赛暨颁奖典礼在广州图书馆隆重举行。来自广州大学新闻与传播学院的参赛学生一路过关斩将，晋级总决赛。最终，经过激烈角逐，杨苑娟同学荣获一等奖、马子春同学获二等奖，蒋义丹老师被评为“优秀指导老师”。

（宣传部广州大学微信公众号）

10 月 30 日　四院联合举办运动会

金秋十月，由教育学院、马克思主义学院、美术与设计学院、音乐舞蹈学院联合举办的运动会于 10 月 30 日上午在广州大学大学城校区北区田径场盛大开幕。此次联合运动会秉承着“更高、更快、更强”的运动主旨，以增强大学生的身体素质为目标，丰富了大学

生的课余生活。四院相关领导出席了本次运动会开幕式并对各院过去体育工作做出高度总结，鼓励学子走出宿舍，走上运动场，提高身体素质。

运动员们在竞技赛场上积极拼搏、挥洒汗水，他们不屈不挠、顽强拼搏的体育精神，获得了现场观众的阵阵喝彩。场下的观众以最热烈的欢呼声和呐喊声为运动员助力。场边的工作人员以及医疗组成员也认真做好各项后勤工作。

本次运动会展示了大学生的青春风采，考验了他们的体能与心理素质。所有选手在本届运动会上均赛出了成绩，赛出了风格，收获了欢乐、友谊。

（教育学院　钟丽云）

10 月 30 日　机械与电气工程学院举办粤语角活动

10 月 30 日晚，机械与电气工程学院青协在文新楼举行第一期粤语角活动，有 100 多名同学参加。此次活动将持续到 11 月 20 日。

在简短的开幕式后，活动正式开始，大家按之前的分组集中学习，每组配一名讲师。讲师们都是粤语达人，看看他们给各组起的名字：“粤讲粤过瘾”“有领导讨论小组”……既有浓重的粤语味道，也让人忍俊不禁，让学员们立刻体会到了粤语的魅力。

青协成员和讲师帮各组准备了不同的教学内容，以满足不同学员的兴趣爱好，大家围坐在一起，在欢笑声中开始了学习，既收获友谊又收获知识，这也是开展粤语角的目的所在。

（机械与电气工程学院　黄舒婷）

10月31日　生命科学学院“五室一站”举办“关爱生命”演讲比赛

为了引导同学们思考生命的意义及实现生命的价值，学会珍惜生命、敬畏生死，10月31日B17舍区办在三楼心情驿站举行了“关爱生命”主题演讲比赛。比赛由张绪庆老师、杨敏老师和冯奕嘉兼职辅导员担任评委。选手们围绕“关爱生命”这一主题，进行五分钟演讲，角逐奖项。

比赛中，有的同学以当前生活中的小事为切入点发出警醒：很多同学有熬夜的习惯，却不知熬夜会让身体机能下降，容易患病。建议大家养成良好的生活习惯。有的同学从学生自杀事件出发，感叹小小的压力就击垮了生存的信念，纵身一跳为家人留下永久的伤痛，呼吁大家面对困难要勇于克服。有的同学从生命的起源抒发对生命的敬畏之情。

虽然比赛时间过得很快，但是各位选手的风采都被镜头记录下来了。这次比赛给大家带来了不一样的收获和引发深刻的思考。

（生命科学学院　冯奕嘉）

我们的大学

November 十一月

11月1日　外国语学院“五室一站”“两学一做”微党课开讲

为认真落实党内“三会一课”制度，创新学习方式，深入有效地开展“两学一做”学习教育活动，11月1日下午，外国语学院2014级学生党支部在B10党团活动室开展“党员微党课”活动。活动由党支部书记李黎老师主讲。

李黎老师传达了十八届六中全会精神和广州大学学习贯彻大会的主要精神，要求学生党员进一步增强政治意识、大局意识、核心意识、看齐意识，始终在思想、政治和行动上和以习近平同志为核心的党中央保持高度一致。同时，她鼓励学生党员在广州大学全面推进高水平大学建设过程中，要充分认识高水平大学建设给学生带来的影响和机遇，强化“我与广大共奋进”的主人翁意识和责任担当，发挥学生党员和学生骨干的“自我管理、自我教育、自我服务”的积极作用，强化服务意识和奉献精神，为营造良好校风和学风尽自己的一分力。

李黎老师围绕10月中旬至11月中旬以“讲奉献、有作为”为主要内容的学习要求，引导学生党员理论联系实际，在“学”的同时走出学院、走出校门去“做”，积极参加社会实践和志愿服务，在实践中锻炼，以培养社会责任感和实践能力。支部党员结合学生实际和自身情况，各抒已见，纷纷分享了他们在校内外的志愿服务经历和感悟。

党课结束后，党支部联合B10楼栋党建办和舍区办开展了“五室一站”功能室内的大扫除活动。

（外国语学院　李黎）

11月2日　多项作品获全国及省高校校报好新闻奖

2015年度全国高校校报好新闻以及广东高校校报好新闻评选结果揭晓，广州大学选送作品在全国获一个二等奖、四个三等奖；在全省获四个一等奖、七个二等奖、九个三等奖。

在广州大学选送作品中，部分作品同时获得全国以及省级好新闻奖项，如言论作品《诺奖非“鸡血”对待诺奖应理性》、消息作品《我校整体进入一本招生全面迈进全国重点高校行列》、通讯作品《林玉（88岁）：一生曲折为家》、版面作品校报第309—310期第3版《“玩转”微信公众号，大学生也行》、摄影作品《我校艺考招生持续火爆》。

中国高校校报好新闻奖评选工作是中国高校校报领域最权威与最高级别的评选活动，代表着全国高校校报的办报水平，每年举办一次。2016年共有来自28个省、市、自治区的600所高校报送2 877件作品参评。广东省高校校报好新闻奖由广东省高校校报研究会组织评选，每年评选一次。

（新闻中心）

11月3日　人文学院“五室一站”举办新生职业生涯规划培训会

11月3日晚，人文学院新生职业生涯规划培训在B8“五室一站”举行，人文学院团委书记张立以及上届职业生涯规划大赛二等奖得主李宇楠同学出席，并与同学们就职业生涯规划进行了经验交流。

培训一开始由李宇楠同学对职业生涯规划策划书的编写提出了建议，她指出：策划书应先构思好大致框架，然后再细化目标。职业生涯规划应体现出自己的专业特色，尽量使用学科术语。在PPT的制作方面，李宇楠同学建议尽量浓缩并提炼出关键字，并在比赛前多加练习以做到不怯场。

培训会的最后，张立书记上台解答了在座同学提出的问题。她指出，职业生涯规划大赛准备阶段最重要的就是想好“毕业之后要做什么”这个问题，从而确定自己的目标，并将重点放在如何实现目标上。本次培训会在热烈的掌声中圆满结束。

（人文学院　韩奖奖）

11 月 3 日　“一塔湖图”获评广州大学城八景之一

11 月 3 日上午，《南方都市报》、番禺区委宣传部、大学城管委会、番禺区科工商信局联合推出的大学城八景评选结果揭晓，广州大学由校训塔、图书馆、中心湖等标志性建筑和景点组成的“一塔湖图”获评大学城八景之一“学府星辉”。

本次评选中围绕“一塔湖图”介绍了广州大学图书馆作为广州大学城五大标志性建筑之一，是目前全国最大的校园单体图书馆，其与校训塔、中心湖交相辉映，风景怡人。之所以给这道风景起名为“一塔湖图”，因为这里的风景真是美得“一塌糊涂”：湖畔金柳摇曳，博雅桥上、德馨亭里书声琅琅，图书馆、校训塔倒映于碧波荡漾的湖面，好一片书香湖影，充满了浓郁的人文气息。“一塔湖图”已成为广州大学城一道独特的人文景观。

广州大学城逐渐成为广州市民、广大创业者、外来旅游者热衷的去处之一，随着交通越来越便利，这里也成为广州市的热门景点。本次活动按照景观性、公共性、标志性等标准评选出八个最值得参观游览的景点：心湖春满、科普大观、岭南印象、蝶化青蓝、南亭古渡、玉带环珠、国馆藏珍、学府星辉。此次评选有助于宣传大学城的美丽风光、校园文化，拉动地方经济发展。

（新闻中心）

11 月 3 日　外国语学院举行第四届班级愿景规划设计大赛

11 月 3 日，外国语学院第四届班级愿景规划设计大赛在讲学厅举行。2016 级新生踊跃参加，通过不同的表演形式，以精美的 PPT、动听的音乐、有趣的视频，配合台上台下的互动，展示不同班级和专业的特色与风采。

班级愿景规划设计大赛是外国语学院特色品牌活动，曾被评为广东省学生事务管理精品项目。班级愿景规划设计大赛鼓励广大同学把个人大学生涯规划、班级愿景规划和学校高水平大学建设的发展规划有机结合，通过个人的大学生涯规划促进班级的建设，通过班级愿景的实现促进个人的发展，从而形成良好的学习氛围，促进班级全体同学共同进步，努力使自己“成为德才兼备，兼具家国情怀，并且具有创意、创造、创业这三种创新能力，有心气、有志气、有勇气”的优秀人才。

通过这次比赛，2016 级新生对班级和自身的发展有了更清楚的认识和初步规划，纷纷表示要朝着既定的目标不断前进，不忘初心，以梦为马，绽放梦想。

（外国语学院　逄淑军）

11 月 3 日　化学化工学院“五室一站”举办师生考研主题座谈会

为了更好地促进师生间的沟通交流，营造良好的学习风气，11 月 3 日晚，化学化工学院陈国术老师在 B19“五室一站”六楼专业辅导室组织同学们开展了一场师生座谈会。

座谈会上，陈老师就考研这一话题与在座同学们展开交流。陈老师讲到，不管在以前还是现在，老师都一直鼓励同学们考研，往更高水平的学校进修。他还重点强调，现在就业形势严峻，考研竞争也越来越大，因此同学们不仅要学好专业课，也要突破英语这一考研最大的难关，平时应多阅读一些英语文章，这对提高自身的英语水平会大有帮助。

同时，陈老师鼓励同学们积极参与科研，并建议大一新生有空可以多去不同老师的实验室看看，向师兄师姐们学习，多问几个为什么，为以后投身科学研究做准备。

通过本次座谈会，同学们对考研、科研有了一定的了解，并且在与老师的沟通中进一步拉近了师生距离，更加有利于营造师生互动交流学习的良好学风。

（化学化工学院　林珂涵）

11月3日　体育学院召开“我与广大共奋进”主题学习会

11月3日中午，体育学院在何世杰体育馆召开“我与广大共奋进”主题学习会。出席本次大会的有体育学院党委副书记蔡琼生、学工办主任钟日来、辅导员孟伟婷和任佳妮老师，以及学院2014—2016级全体学生。本次学习会由钟日来主任主持。

体育学院学生会主席郑焙匀以引用“天行健，君子以自强不息；地势坤，君子以厚德载物”的发言拉开学习会的帷幕。郑焙匀同学提到广州大学正在进行高水平大学建设，作为学生，既是参与者也是最大的受益者，并号召全体学生一同投入高水平大学建设工作当中，为学校发展献计献策，要像魏明海校长所说的那样，“做一个有心气、有志气、有勇气的广大人”。

蔡琼生副书记提出，广州大学能否成为知名高水平大学，未来十年至关重要。现在广州大学发展建设成为高水平大学的冲锋号已经响起，老师和同学们应斗志昂扬、全力以赴，为把广州大学建设成为高水平大学做好准备，未来学校将会引进900名高水平教师，提升师资力量，努力将全部专业再提升一个层次。针对体育学院，学校未来也将扩大教学场馆以及完善相关器械。他鼓励学生们再接再厉，一同为把广州大学建设成为高水平大学奉献力量。

（体育学院　欧家铃　梁荣六）

11月3日　杨智威等学生在第五届全国大学生GIS应用技能大赛获奖

由中国地理信息产业协会教育与科普工作委员会、教育部高等学校地理科学专业教学指导委员会组织的第五届全国大学生GIS应用技能大赛于11月3日在中国石油大学（华东）举行。本届赛事盛况空前，共有来自全国63所高校的110支代表队、480名师生参赛，参赛队伍规模较去年增加了近一倍，并首次吸纳了台湾地区的2支参赛队伍。

广州大学地理科学学院派出2支队伍参赛。在蔡砥和崔海山副教授的带领下，由地理信息科学专业2014级本科生杨智威、辛咏诗、李娟娟三人组成的队伍经过紧张激烈的角逐勇夺大赛一等奖。

（地理科学学院　学工办）

11月4日　四院举行粤语课堂活动

11月4日，由土木青协、旅院青协主办，人文青协、建院青协协办的粤语课堂在文新楼213室成功开课。本次粤语课堂的主题为“粤语表白”，主要通过观看粤语视频和听粤语歌曲的形式来辅助教学，将讲解台词延伸进教学，通过提问和游戏的方式来测试，以达到加深记忆的目的。

首先是土木青协的两位主讲人上台讲课。她们采取交替播放视频和PPT的方式来教学。视频或搞笑或深情，都紧扣主题“粤语表白”，传递出了主人公的深情。约35分钟后，旅院青协的主讲人通过播放视频与粤语歌曲的方式，进行了另一种风格的分享，氛围轻松。

游戏环节中抽取了四位幸运观众，让他们分别和一个同伴用粤语来进行角色扮演，即使他们不太懂粤语，但都勇敢地去尝试、挑战。游戏结束时，主持人给他们颁发了礼品，而在场的所有人都分到了一颗甜美的糖，标志着课程圆满结束。

（土木工程学院　詹格亮）

11 月 4 日　研究生网报突破八千

11 月 4 日，全国 2017 年硕士研究生网报工作结束。据统计，报考广州大学的考生总数为 8 263 人，相比 2016 年网报的 5 990 人，增长 37.9%。

广州大学报名情况增长贡献主要来自于教育硕士、会计硕士、工程硕士等专业学位点和部分学术专业点。报考生源中，来自中山大学、华南理工大学、暨南大学、华南师范大学、湖南师范大学、郑州大学、西南大学等“985”“211”高校的约占 10%。

为保证生源质量，学校采取了多项切实措施：一是组织各学院对重点生源高校进行了 60 多场次的实地招生宣传和交流；二是响应省教育厅要求，积极推进“山区教师学历提升计划”，分别与肇庆市、韶关市教育局签订教育硕士合作培养协议，使教育硕士考生人数快速增长；三是出台优厚的奖励办法，对生源质量好的新生进行奖励，即对推免生，来自“985”“211”高校的第一志愿及调剂考生发放高额奖励金，吸引优质生源报考广州大学。

（研究生处）

11 月 4 日　广大学子获全国大学生广告艺术大赛广东分赛区一等奖

11 月 4 日，“2016 第八届全国大学生广告艺术大赛广东分赛区成果交流会暨颁奖典礼”落幕，广州大学广告学专业学生斩获一等奖、二等奖各一项，三等奖和优秀奖各两项，唐若寻老师被评为“优秀指导教师”。

全国大学生广告艺术大赛是教育部高教司组织的权威性赛事，广东分赛区赛事由广东省教育厅组织举办。本次获奖作品中，兰菲、冯莉的参赛作品《大学科目》荣获一等奖，黎颖思的参赛作品《Hi！High!》获得二等奖，何冬卉、黄倩娜的参赛作品《三九胃泰，给胃定制温暖》和邓维贤的参赛作品《第三只眼》获得三等奖，张莫娟的参赛作品《吃货总动员》和彭秀颖的参赛作品《向美致敬》获得优秀奖。

（新闻与传播学院　邹演枚）

11 月 5 日　经济与统计学院开展易班工作培训

11 月 5 日，经济与统计学院易班工作培训在五号楼北楼 606 室热烈开场。经济与统计学院易班工作站工作人员与各班易班管理员共坐一室，一起学习学院易班平台的运用。

易班学生工作站站长邓郭城以幽默风趣的讲解方式，带领大家初步了解易班的特色。会议渐入正题后，易班学生工作站副站长陈淑雯为大家详细讲解了易班的基本功能、易班的使用方法等内容，让在座的易班管理员们受益颇多，从而加深了他们对共同打造团结、便捷、阳光、互助的易班的责任感的认识。最后，陈淑雯副站长现场进行了答疑解惑。

通过这次易班培训，班级易班管理员们不仅认真学习了培训知识，而且加深了对易班的理解，从而能够立足学院工作实际，发挥专业优势，将日常班级教育管理工作与易班平台有机结合，提升科学管理能力，提高服务质量，真正实现班级工作“互联网 +”。

（经济与统计学院　萧晓琪）

11 月 6 日　非遗传承人培训班学员参观广东美术馆、陈家祠

11 月 6 日，“中国非物质文化遗产传承人群——青海河湟刺绣非遗传承人培训班”50 名传承人在广州大学美术与设计学院王志杰、黄健聪两位老师的带领下，前往广东美术馆和陈家祠参观学习。

由广东省文化厅主办、广东美术馆承办的“交剪对金针——潮绣与生活”作品展在广东美术馆展出。展出的近百件不同样式的潮绣作品，重现了潮汕地区民间的生活风貌和民俗文化。本次青海河湟刺绣非遗传承人培训班学员也借此机会走进广东美术馆，近距离欣赏岭南地区潮州刺绣艺术品，了解其独特的风格特点。通过此次参观学习，学员们对潮绣及岭南的“三雕两塑”技艺惊叹不已。大家纷纷表示，广州大学组织的此次活动，让大家直观地感受到了岭南地区优秀的文化传统，有利于他们开阔视野、提升审美能力，更加坚定传承民族传统文化的决心。

（美术与设计学院　罗兵　王志杰）

11 月 6 日　学生记者团连续六年获评广东高校“十佳校媒”

11 月 6 日，中国（广东）高校传媒联盟第六届“十佳校媒”评选活动在暨南大学举行。经过网络巡展、作品汇评、现场展示等环节，广州大学学生记者团获评第六届广东省“十佳校媒”。此次入选，是校学生记者团连续第六次获“十佳校媒”殊荣。

广州大学学生记者团成立于 2003 年 9 月，隶属于校党委宣传部，依托广大新闻网、《广州大学报》、广大记者团微博微信等平台，现已成为广州大学新闻宣传工作的主要采编力量，拥有了完善的运作机制和培养体系，并形成了及时、严谨、客观、深入的新闻热点报道特色，至今有超过 200 件作品获评国家、省市“好新闻奖”，为广东乃至全国媒体培养了一批又一批优秀人才。广州大学学生记者团作为中国（广东）高校传媒联盟理事单位之一，2015 年 5 月成功入选中国高校传媒联盟主席团单位。

（新闻中心　陈雅帅）

11 月 6 日　旅游学院“五室一站”开设高尔夫兴趣班

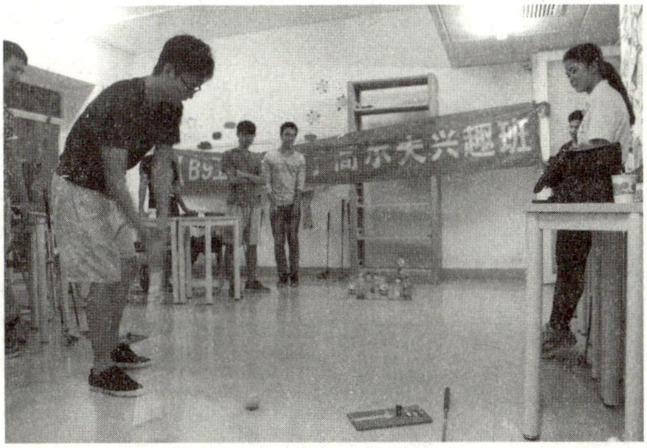

11 月 6 日晚，由旅游学院 B9“五室一站”舍区办主办，高尔夫协会承办的高尔夫兴趣班在 B9 三楼的心情驿站开班。本次活动旨在通过趣味的高尔夫游戏让参与人员感受高尔夫球的乐趣，改变同学们对高尔夫球不亲民的固有认知，从而进一步在高校推广高尔夫运动。

活动一开始是进行高尔夫球的视频分享，紧接着是主讲人——广州大学高尔夫协会副会长李国莲同学简单介绍高尔夫的历史，让大家对高尔夫有了初步的认识。在游戏环节，旅院、体院、土木的同学分别组队进行比拼。颠球、击球进框、“保龄球式”高尔夫球，生动的游戏形式与生活化的道具相结合，激发了同学们的参与热情。最后，参与活动的同学拿走了精美的礼品，留下一张张充满笑意的留影。

（旅游学院　李慧玲　刘莉　邓定宪）

11 月 7 日　旅游学院“五室一站”举办新疆少数民族风情展

11 月 7 日下午，旅游学院 B9 舍区办在“五室一站”五楼学习辅导室组织举办了独具特色的新疆少数民族风情展。此次风情展邀请了来自新疆的维吾尔族姑娘凯丽同学作为主讲人。凯丽同学变身成一个穿着美丽民族服装的导游，非常热情地向参加活动的同学介绍新疆的美景、美食以及特色民俗活动。整个介绍的过程中你问我答，气氛十分融洽。在提问环节，参加活动的同学就自己想要了解的内容向凯丽同学提问，比如“切糕如何制作”“新疆少数民族节日有哪些”“新疆最好玩的地方是哪里”等。凯丽同学非常耐心地对提问的同学进行解答，使大家更加细致地了解到新疆的风土人情。最后，凯丽同学给参加此次新疆少数民族风情展的同学送了一份小福利——教大家用维文写出自己的名字。

（旅游学院　梁嘉燕　刘莉　邓定宪）

11月7日　“华文杯”全国师范生教学技能大赛喜获佳绩

11月7日，第六届“华文杯”全国师范院校师范生教学技能大赛在贵州铜仁学院落下帷幕，广州大学生命科学学院五名学生在陈健辉、陈学梅、潘顺波三位老师的带领下参加比赛。由于赛前的精心准备，赛中发挥平稳，经过激烈角逐，参赛队伍收获颇丰，其中两人获教学技能比赛特等奖，一人获一等奖，两人获二等奖；同时五人全部获得教学设计比赛一等奖。

“华文杯”全国师范院校师范生教学技能大赛由中国教育技术协会微格教学专业委员会主办，是目前国内最大型且最有影响力的师范院校生物学科和政治学科教学技能比赛。本次大赛有来自全国近80所高校500余名选手、200名专家学者参加。生命科学学院历来重视学生的师范技能培养，积极指导学生参加全国、省、校各类教师技能竞赛，已连续四年在全国师范院校师范生教学技能大赛中获得佳绩。

（生命科学学院　陈学梅）

11 月 7 日　广州大学研究生在 *Scientific Reports* 发表研究成果

广州大学化学化工学院化学学科硕士研究生苗宇的研究成果“In-situ nano-crystal-to-crystal transformation synthesis of energetic materials based on three 5，5’-azotetrazolate Cr（Ⅲ）salts”被 Nature 出版集团旗下期刊 *Scientific Reports* 在线发表。

该研究成果首次实现了无机—有机杂化的高氮含能材料纳米晶体到晶体转换合成。这些不同形状和大小的新型纳米晶体表现出大小和形态相关的热稳定性和含能性能，同时在高温下降解又提供了一种新的纳米氧化物的制备方法。这一发现，为无机—有机杂化的纳米含能材料及其他相关材料的合成和应用提供了重要的参考。

（化学化工学院　谢兆旗）

11 月 7 日　校学生团队获广东省工科大学生综合实验技能大赛一等奖

由广东省教育厅主办的 2016 年广东省工科大学生综合实验技能大赛在广东工业大学举行，广东省内 29 所学校的 75 支队伍参加了本次比赛，涵盖了省内大部分的理工科院校。广州大学机械与电气工程学院学生陈明龙、梁柱业、黄嘉民组成的“广大 1 队”获得“惯性小车的设计与制作项目”一等奖。

（机械与电气工程学院　邓亮明）

11月8日　经济与统计学院和工商管理学院联合举办班服设计大赛

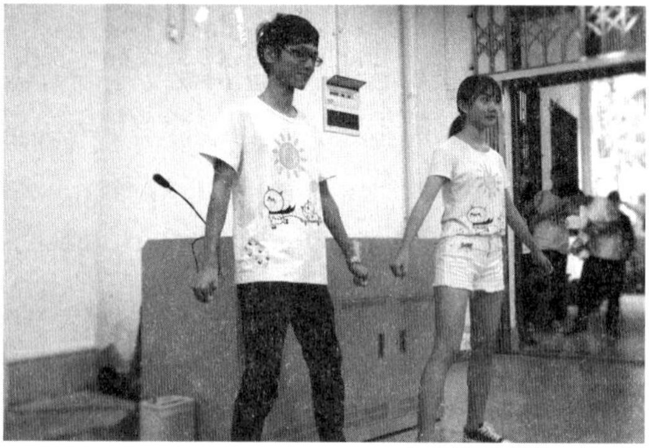

11月8日，由经济与统计学院外联部和工商管理学院外联部联合举办的班服设计大赛于桂花岗校区北11阶三教室正式举行。经济与统计学院团委书记赵梅岳、团委副书记李文、副主席林思涛以及工商管理学院和经济与统计学院外联部各部长担任评委。

参赛队员们用纤维展示潮流元素，用步伐展现异样青春。两院班服新奇各异，或简洁淳朴，或清新靓丽，或极致奢华，或青春飞扬，或时尚性感……模特们在演讲者的精彩解说和音乐的烘托下，给观众带来了一场视觉盛宴。

激扬青春不止，奋斗灵魂不息。设计者们在设计班服时勇于创新，结合专业特点，突出时尚潮流，将青春铭刻在班服上，诠释了班服设计创新理念，也诠释着集体团结的力量。

（经济与统计学院　欧永美　石红梅）

11月8日　全国高校商业精英挑战赛商务会奖旅游策划竞赛中取得佳绩

11月8日，2016年全国高校商业精英挑战赛商务会奖旅游策划竞赛决赛于厦门举行。本次大赛共有38所院校的89组队伍参加，其中广州大学旅游学院共有17组队伍。经过激烈且精彩的角逐，广州大学参赛队伍荣获五项一等奖、五项二等奖和四项三等奖，此外，还荣获“最佳院校组织奖”。

本届比赛以演讲答辩和展洽会的形式举行，各参赛队伍创意不断，从精心设计的策划书到精致的手工制作纪念品，厦门特色被巧妙地融入作品当中，比赛现场的各个展位给大家呈现了一场视觉盛宴。比赛最终在参赛队伍的精彩表现中完美落幕。

（旅游学院　吴彤　王玉珏）

11月8日　生命科学学院“五室一站”开设学习党的十八届六中全会专题党课

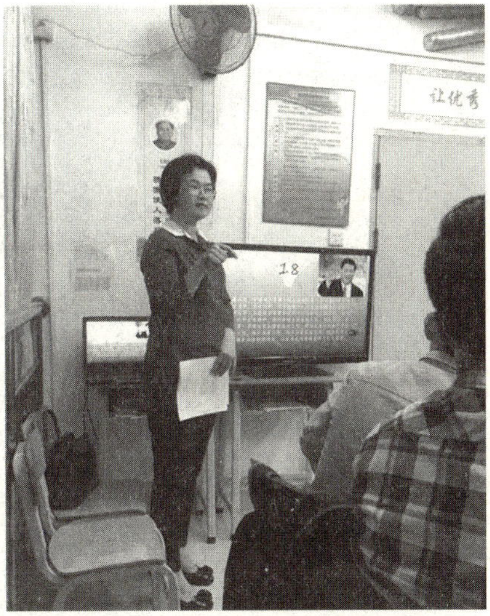

为了全面学习贯彻党的十八届六中全会精神，引导学生党员为全面推进高水平大学建设而努力奋斗，生命科学学院党委副书记肖杏烟于11月8日晚在B17“五室一站”二楼党团活动室开设了主题为“认真学习贯彻党的十八届六中全会精神，全面推进高水平大学建设”的党课。参加党课的有B17楼栋的学生党员及学院的学生党员。

肖杏烟副书记对十八届六中全会提出的各项内容进行了全面阐述。同时，就“党内民主是党的生命，是党内政治生活健康发展的重要基础，是党内政治生活正常开展的重要制度保障”等内容做了详细的讲解。肖杏烟副书记还结合学校当前建设高水平大学的形势进行了讲述，她指出：学校以“德才兼备、家国情怀、通达睿智”，具有“创意、创造和创业”三种创新能力作为人才培养目标，把思想政治教育和创新创业教育融入人才培养全过程，大家应把握契机，努力学习，为建设高水平大学出一把力。

此次党课将当前时政与学校形势有机结合，利用重大事件的时间节点，进行党员思想教育，让他们感受到党员责任的重大，从而增强责任意识，强化服务精神，实现党性意识的全面提升。

（生命科学学院　张绪庆）

11月8日　专任教师走进互助学习室

继外国语学院叶青老师走进B10“五室一站”，通过“Brooklyn电影鉴赏”活动的形式开展专任教师值班工作后，11月8日晚，陈丽虹老师与2013级李瑶同学也一同走进了互助学习室，开展“准老师，多的是你不知道的事”分享交流会，与同学们一起畅聊，为大家带来师范方向的第一手信息。

活动正式开始前，就有同学已经迫不及待地去与陈老师交流。活动伊始，陈老师介绍了师范方向的三大比赛：语音测试、双笔一画和技能达标测试，并说明备赛的注意事项。随后，陈老师分析了师范生见习、实习与支教的区别，解答了大家的疑惑。在互动提问环节，同学们提出了有关师范专业就业情况、教师资格证等方面问题，陈老师都一一为大家认真解答。接下来，陈老师邀请李瑶同学给大家分享学习经验。李瑶同学从专业学习、备战专四、平衡学习与实践及是否读研等方面分析了大家在学习中可能会遇到的问题。活动在不知不觉中进行了两个小时，分享结束后大家仍意犹未尽，久久不愿离开。

（外国语学院　季美含）

11 月 9 日　物理与电子工程学院召开易班工作推进会

为了提高各班级易班工作团队的平台操作能力，物理与电子工程学院于 11 月 9 日晚在行政西楼前座 210 会议室召开了易班工作推进会。

在本次会上，符庭老师介绍了学院使用易班平台的现状，找出与优秀兄弟学院和班级的差距，并据此给大家点明了使用易班平台的优点，希望各班级充分利用易班平台，搭建起具有本班特色的班级网络，方便同学们了解班级的情况。会议公布了学院易班工作考核办法，鼓励大家争当先进。之后，2016 级导生组长马浩同学进行了上机实操演示，对同学们提出的问题进行了现场答疑。最后，符庭老师表示，易班是面向师生的新型平台，与学生的生活息息相关，各班级应当逐步推广易班，加大易班平台的使用力度。各班班干部应起到带动作用，将班级活动与易班平台联系在一起，加快各班级易班建设速度，凸显班级特色，真正实现乐在易班。

（物理与电子工程学院　符庭）

11 月 9 日　化学化工学院“五室一站”开展“两学一做”专题教育活动

化学化工学院学生党支部于 11 月 9 日在 B19“五室一站”党团活动室开展“两学一做”专题教育活动。化学化工学院党委书记何蕴华、党委副书记谭启亮、学生党支部书记、四个支部党员和入党积极分子都参加了会议。

会上，谭启亮副书记结合国际形势和国家大局解读了习近平总书记关于“切实维护国家安全和社会安定”的讲话，强调指出党员应当立场坚定，自觉维护国家安全和社会稳定。接着，谭书记根据发展党员细则要求党员和入党积极分子严格按照党员的标准要求自己，起好模范带头作用。

何蕴华书记就党员在近期学习“两学一做”时遇到的问题，包括学生党员在高水平大学建设中如何发挥作用，如何深入学习党的理论知识等问题进行了辅导。最后，何蕴华书记鼓励大家认真学习党章和习近平总书记的讲话原文，履行党员的义务，做“四讲四有”党员，为建设高水平大学贡献力量。

（化学化工学院　陈少丽）

11 月 9 日　举办 2016 年研究生迎新晚会

11 月 9 日，由广州大学研究生会主办的“梦想远航，广研飞扬”迎新晚会在“小巨蛋”舞台拉开帷幕。校党委书记屈哨兵、副校长徐俊忠、相关部门负责人、各学院师生以及各大兄弟院校的嘉宾到场观看了晚会。

屈哨兵书记为晚会致辞，他表示很愿意和在座的研究生新生们一起见证学校未来的辉煌发展，也展望在三年后，能看见在座的研究生们有更多的人能念博士、有更多同学创业、有更多同学完成梦想。屈哨兵书记还说道："不论大家在广州大学待多久，都希望大家抹不掉这段记忆。"同时，表示"世界高等教育发展的规律，表明凡是以城市为名的大学都是很好的大学"。

本场迎新晚会不仅有校合唱团、话剧团、龙狮队、健美操队等带来的视觉听觉盛宴，更有各学院的积极参与和大力支持。由八个学院新生联合朗诵的《烽火中的呐喊》带着在场的观众回顾了战争岁月里的硝烟与磨难，西洋乐合奏《新疆之春》《梁祝》以独特的方式展示了音乐的魅力，现场气氛非常热烈。晚会在校研会代表与音乐舞蹈学院的歌伴舞节目《梦想的旗帜》中落下帷幕。

（研究生会）

11月9日　曾芸老师应邀到人文学院开展讲座

11月9日，广州大学人文社科高端论坛第六十四期在文清楼210室隆重举行，本次讲座由华人记者、作家曾芸老师主讲。人文学院院长刘晓明教授主持，人文学院本科生和部分研究生参加了此次讲座。

曾芸老师曾任美国亚特兰大华人写作协会会长、文心社亚特兰大分社社长，具有丰富的文学研究与创作经验，在中国艺术研究院从事当代文艺理论研究多年。在对华文文学的具体作家和作品介绍中，她从美国华裔文学先驱 Sui Sin Far 讲到当代的华裔女作家谭恩美、任璧莲、伍慧明等人，使同学们获得了一次生动的文学体验。曾芸老师在讲解华文文学的过程中也提及了不少华人故事，同学们由此对华人在美国的生活和精神状态有了更深的了解。

（人文学院　黎彦彤）

11 月 10 日　美术与设计学院“创新·创业”项目研讨会圆满结束

11 月 10 日，以“创新·创业”为主题的项目研讨会在美术与设计学院 B2“五室一站”党团活动室举办。学院助理辅导员吴可敏以及学院的两支创业队伍，就目前的就业形势和创业动向进行了探讨，并和同学们分享了自身经历。

首先，吴可敏言简意赅地分析了当前大学生就业及创业形势。她指出，目前我国大学生就业形势严峻，以创业带动就业早已成为从中央到地方应对大学生就业难题的重大战略。想要理想就业，就要懂得创造价值，提升素质修养。随后，谢佳雯同学提到：创新创业是国家对新时期大学生的要求，也是大学生创造个人价值需要培养的能力。同时，她鼓励在座的同学们身体力行，要敢于创业、勇于试错，这也是提升个人的好机会。王嘉乐同学指出：创业最初的企划是非常重要的，要有整体筹划，不能脑子一热就去创业。同学们各抒己见，提出了各自的疑问与对就业、创业利弊的不同看法。

（美术与设计学院　王志杰）

11 月 10 日　年度十佳学生评选

11 月 10 日下午，广州大学 2016 学年度“十佳学生”评审会在行政西楼二楼会议厅举行。来自各学院的 25 位候选人分别进行了时长为三分钟的精彩演讲，接受来自现场评委和观众的评选投票。学生处、教务处、校团委等相关部门负责人出席并担任评委。

评审会现场氛围热烈，25位候选人依次登台演讲，向大家展示自己丰富多彩的大学生活、学习研究上的经验成就。有着优秀学习基础的他们，并没有因此止步，仍然目向前方，积极参加各类活动比赛并取得优异成绩，乐于投身到志愿活动中为社会贡献自己的青春力量。品学兼优的他们正是全校学生学习的榜样。

与往年不同的是，本次评选首次在广州大学易班平台进行宣传，并取得了良好的宣传效果，同学们积极参与网络投票，各候选人共计获得31 720票。

“十佳学生”评选活动已经延续了十四年，共计评出140位“十佳学生”，他们正以榜样的力量引领全校同学奋发进取，积极开拓，传递着勇于创新的正能量，践行着“博学笃行，与时俱进”的校训。

（学生处　王培　邹君波）

附：2015—2016学年度广州大学“十佳学生”称号名单

（以姓氏拼音为序）

学　院	人　名
教育学院	陈俊芳
人文学院	方　畅
机械与电气工程学院	符俊岭
体育学院（研究生）	胡宏东
新闻与传播学院	李　苑
外国语学院	梁嘉齐
数学与信息科学学院	石　飞
旅游学院	吴燕云
化学化工学院	钟绮穗
生命科学学院	朱思颖

11月11日　法学院举办法律“趣”游园活动

11月11日早上，广州大学第十二届学术科技节之法律“趣”游园活动，在法学院学生会学术部的组织下成功开幕。

活动当天恰逢“双十一”购物狂欢节，而本次活动的主题也与“双十一”密切相关，那就是普及网络信贷知识。当下许多大学生会一时兴起，为了买到自己喜欢的东西，不顾任何风险，随意地签下网络上的贷款，最终导致悲剧发生。针对这一情况，法学院在红棉路开展了一系列相关的游戏活动，让同学们在玩游戏之余，可以咨询相关的法律问题，更加深入地了解网络信贷，以防在冲动之下“剁手”。整场活动中，来摊位前咨询的同学络绎不绝，气氛热烈。

（法学院　梁嘉作）

11月11日　数学与信息科学学院中华经典诵读比赛完美落幕

11月11日晚，数学与信息科学学院中华经典诵读比赛在文新楼119室举行。参加本次活动的嘉宾有团委书记胡畝岚、何燕惠，团委副书记康子浩、庄婷婷，学生会主席陈丹敏、秘书长何菊珍。本次比赛的评委为肖俊婷和于景任老师。

诗歌朗诵的主要作品有《春江花月夜》《将进酒》《雨霖铃》《沁园春·

十一月

长沙》《相信未来》等。评委肖俊婷对大二和大三的参赛队伍进行了点评，表扬了153班一队和157班。评委于景任则对大一的参赛队伍进行了点评。通过多轮知识问答，本次比赛结果出炉：数学153班获一等奖，数学142班获二等奖，三等奖则由信安151班和应数164班并列摘得，最佳人气奖的得主是应数162班。最后，由胡啟岚老师做总结讲话，她表示中华传统文化是珍贵的文化财富，宣扬中华传统文化的活动一定要继续开展下去。

（数学与信息科学学院　李健杨）

11月11日　数学与信息科学学院中华经典训练营之书法比赛圆满结束

11月11日晚，数学与信息科学学院中华经典训练营之书法比赛在B20“五室一站”顺利举行，钢笔、毛笔、粉笔书法比赛分别在三楼、五楼、六楼进行。此次比赛的评委是学院彭长春老师与苗家永老师。

三楼举办的是钢笔比赛，不同于毛笔的墨香，这里的墨是完全内敛的，写出的字纤细、优雅，极具现代文人墨客之美。五楼举办的是毛笔比赛，比赛现场弥漫着一股独特的气息，那是中华几千年积淀的独特韵味，墨香弥漫在空气中，沁人心脾。六楼举办的是粉笔比赛，参赛选手下笔铿锵有力，一笔一画间书写出中华文化的博大精深。

这次比赛增加了同学们对中华文化的了解。文字书写着一个民族的过去，也必将书写民族的未来。传承中华文化，从提笔开始。

（数学与信息科学学院　李宇鹏）

11 月 11 日　广州大学卫斯理安学院出镜央视纪录片

为纪念孙中山先生诞辰一百五十周年，三集大型文献纪录片《精诚笃爱——孙中山与宋庆龄》从 11 月 11 日开始在中央电视台播出。该片从孙中山与宋庆龄的爱情入手，立足于史实，前后延伸，最终以两人的革命思想和奉献精神为落脚点，展现了孙中山与宋庆龄为了改变和拯救当时的中国付出的努力，体现了两人在动荡年代对革命的崇高追求以及认为革命高于爱情甚至高于生命的伟大精神。片中特别提到的“广州大学卫斯理安学院”，正是宋庆龄的母校美国卫斯理安学院的分校。

2014 年 3 月，在中美双方的共同努力下，广州大学和美国卫斯理安学院（Wesleyan College）签署了双学位项目合作办学协议，合作创办广州大学卫斯理安学院。广州大学卫斯理安学院引进美国文理教育理念，坚持“精英教育”“女性教育”和“国际化教育”三位一体的办学方向，传承“宋氏三姐妹”的求学精神，追求卓越，培养国际化精英女性人才。学院开设经济学、工商管理、应用心理学三个专业，学制四年。通过中美两校学分互认、学位互授的协议，学生可获得广州大学的毕业证书、学士学位和美国卫斯理安学院的学士学位。

（宣传部广州大学微信公众号）

11 月 11 日　广州大学学子获“2016 全国高等院校（本科组）工程造价技能及创新竞赛”一等奖

11 月 11 日，由中国建设工程造价管理协会、住房和城乡建设部高等学校工程管理和工程造价学科专业教学指导委员会主办的 2016 全国高等院校（本科组）工程造价技能及创新竞赛在山东城市建设职业学院举行。广州大学学生李海霞、彭志超、黄思伟组成的广大代表队荣获创新思维一等奖、软件建筑水电安装算量一等奖与团体二等奖。

本届竞赛以“政府指导，行业主办，学赛结合，面向未来”为宗旨，是推动工程造价行业产学研相结合的社会公益性技能、理论与实际相结合的以实操技能为主的综合比赛活动。广州大学三名本科学生凭借扎实的专业功底和良好的团队合作精神历经380分钟赛程，从来自全国90所高校的102支队伍中脱颖而出，取得创新思维一等奖、软件建筑水电安装算量一等奖与团体二等奖，李军红老师和陈德义老师分获“优秀指导教师奖”。

（工商管理学院　何青）

11月12日　广州大学举办第六届两岸教育政策学术研讨会

11月12日，由广州大学和屏东大学联合主办的第六届两岸教育政策学术研讨会在广州大学召开。来自全国各地的70多位专家学者参会，广州大学副校长徐俊忠、屏东大学副校长刘英伟出席研讨会并致辞。

在一天的会期里，台湾前屏东教育大学校长刘庆中教授、华中科技大学教育科学学院院长张应强教授、香港大学教育学院副院长白杰瑞教授、澳门科技大学协理副校长孙建荣教授、台湾高教评鉴中心执行长侯永琪教授、华南师范大学教育科学学院院长卢晓中教授、广州大学教育学院刘晖教授等23位代表围绕会议主题“社会变迁与教育政策热点”做了发言，从不同的视角对当前国内教育政策热点问题进行阐述，涉及高等教育、基础教育、学前教育等多个领域。

广州大学与台湾地区大学、教育研究机构的合作交流历史悠久，取得了丰硕的成果。2011 年成立的“广州大学—屏东大学教育政策研究中心”是中国大陆第一所两岸教育政策研究机构，并在 2014 年获批为广东省普通高校国际暨港澳台合作创新平台。两岸教育政策学术研讨会作为广州大学与屏东大学教育合作研究的重要途径，至此已成功举办六届，会议论文集已出版两辑，对两岸教育政策研究产生较大的影响。

（宣传部广州大学微信公众号）

11 月 12 日　广大学子在第 41 届 ACM 国际大学生程序设计竞赛亚洲区域赛中获银奖

第 41 届 ACM 国际大学生程序设计竞赛亚洲区域赛（青岛）现场赛于 11 月 12 日在山东青岛中国石油大学举行，广州大学计算机学院派出的参赛队伍在竞赛中获得了银奖。

本次比赛共有来自中国内地和香港等地区的 188 所高校 327 支队伍参与，清华大学、北京大学、中山大学、华南理工大学、香港中文大学等众多高校均派出队伍参赛。广州大学计算机科学与教育软件学院计算机软件设计创新实践基地派出了两支队伍参加了比赛，由基地负责人张为老师任教练并带队。参赛队伍均由学院 2015 级学生组成，其中“Knight of Honor”队由陈新、余涵、黄绍峰三名男生组成，“Wuyou”队由余惠雅、江思贤、熊珮雯三名女生组成。虽然陈新同学所在队伍的参赛人员在赛前有所调整，但这支新的队伍组合在赛场上面对各高校强劲的对手时并没有放弃拼搏与努力。经过五个小时的激烈竞争，“Knight of Honor”队最终为广州大学赢得了银奖，这也是继 2012 年获得该项赛事银奖以来再次获得此奖。

（计算机科学与教育软件学院　李洪波　郭梅芳　胡颖　胡鉴源）

11 月 14 日　人文学院举行第十一届“青葵杯”辩论赛总决赛

11 月 14 日，人文学院第十一届“青葵杯”辩论赛总决赛于讲学厅举行，院党委副书记李小华、工会主席冯健生、团委书记张立老师出席了辩论赛。进入决赛的班级是历史 161 班和中文 162 班。

本场辩论赛以“网络舆论让我们思考更多元”和“网络舆论让我们思考

更单一”为辩题。双方就“网络舆论受众是否有思维惰性”“网络舆论虽然数量很多，但是否真的更多元”“人们处理海量信息时是否能深入思考”等问题展开了激烈的辩论。

最终中文162班获冠军，历史161班获亚军，中文161班和中文165班获季军，历史161班的张泽琳同学获选最佳辩手。本届辩论赛圆满结束。

（人文学院　于虹）

11月14日　校辩论队获高校辩论会亚军

11月14日，广东省大学生网络空间治理辩论邀请赛暨腾讯微信视界第一届高校辩论会总决赛在广州大学举行。团省委副书记梁均达，广州大学党委副书记、纪委书记张强，腾讯公司信息安全执行委员会主任杨鹏等相关领导出席活动。校辩论队荣获本届比赛亚军，校二辩朱子馨成为最佳人气辩手和本场最佳辩手。

梁均达副书记为比赛致辞，他强调大学生要用辩证的思维去看待事物，并且要做一个有理想、有追求、有担当、有修养的青年。本场辩论赛辩题为：加强网络文明建设，主要靠网民自律还是制度约束。广州大学为正方，观点为主要靠网民自律；华南农业大学为反方，观点为主要靠制度约束。在比赛中，辩手们妙语连珠，正反双方都以沉稳的姿态和翔实的数据对自己的观点进行论述。

此次辩论赛是由共青团广东省委员会和腾讯公司联合举办，旨在引起更多大学生对网络安全的重视，号召更多的大学生推动网络安全的建设，引发大学生对网络空间治理的思考。

（校团委）

11 月 14 日　“五室一站”举办“现代生活美学·陶器艺术”主题讲座

11 月 14 日晚上，美术与设计学院在 B2“五室一站”五楼学习辅导室举行了“现代生活美学·陶器艺术”主题讲座。讲座邀请到黄健聪老师作为主讲人，为大家讲解陶器设计知识。

本次主题讲座分成三部分内容：陶器制作方法、装饰手法及优秀陶艺鉴赏。黄老师首先介绍了中国陶器的发展史，让同学们充分了解这项中华经典艺术。随后播放了许多精彩的陶艺视频，里面各种装饰手法十分吸引眼球，各种茶器、花器、餐具的设计，也让大家大开眼界。说到当代陶艺，黄老师鼓励同学们要多了解、多尝试，更多地表达自己的观点和想法，而不单单强调实用性。同学们也非常积极地和黄老师交流自己对陶艺的看法。

（美术与设计学院　王志杰　黄健聪）

11 月 14 日　广州大学参加广东高校“易班”建设试点工作总结推广会

11 月 14 日上午，广东高校“易班”建设试点工作总结推广会在佛山科学技术学院隆重举行。会议由广东省教育厅思想政治教育处袁本新处长主持，省委教育工委副书记、省教育厅党组副书记景李虎、广东省“易班”建设试点高校代表参加了会议。广州大学学生处处长郑美玲代表学校做了易班建设交流发言。学校易班网建设得到教育厅的肯定。

广州大学于2016年4月份印发了《广州大学易班建设方案》，全面启动易班建设，6月份与广东省教育厅签署了共建协议，成为广东省高校第一批易班工作试点工作单位。

郑美玲处长指出，广州大学高度重视易班建设，经过充分调研，做了科学规划，通过全面努力，取得了明显成效。下一步，广州大学将把易班平台与学生事务工作高度结合，为师生们打造一个专属的校园服务、社交与共享平台，全面推进学生思想政治教育、学生管理服务、就业创业指导、心理健康教育、校园文化及教学教育平台建设。

会上，景李虎副书记代表广东省教育厅与广东省“易班”建设第二批试点高校签署了共建协议，并做了总结讲话。据了解广东省易班建设第二批试点高校有27所。广州大学将与各兄弟院校共同努力把易班平台建设好，切实提升我省高校师生网络文明素养，提升思想政治教育的针对性和实效性。

（学生处　冯荣光）

11月15日　广州大学举行第十一届英语演讲比赛

11月15日，广州大学第十一届英语演讲比赛决赛在行政西二楼的会议厅顺利举行。此次决赛的评委专家组由徐歆玉、刘真延、徐俊仪、叶青、胡安奇五位老师组成，而Question Master则由Jim和Keith两位外教担任。比赛内容包括定题演讲、即兴演讲和评委提问三个环节。舞台上的选手们精神饱满、自信十足，围绕“Communication is Wonderful”这一主题尽情演讲，不仅给评委老师们留下深刻的印象，而且让观众们充分感受到了演讲的魅力。最后由胡焯凌夺得第一名的桂冠，郑绮琪、叶芷琪、郑家芸获得第二名，高银糠、张书艳、温建红、欧阳乐意则获得第三名。

（外国语学院　黄顺婷）

11 月 15 日　台湾学者刘庆中教授做客人文社科高端论坛

11 月 15 日，广州大学举行第六十六期人文社科高端论坛，原台湾屏东大学校长、广州大学客座教授刘庆中为同学做题为“台湾多元族群文化与社会发展”的讲座。徐俊忠副校长主持本次讲座。

刘庆中教授从“人之所以存在，是因为有其他的人”的问题出发，诠释了“全球在地化”与“在地全球化”的概念，进而提出了应通过整合语言、文化、科技、通路四大关键元素来建立“全球在地化”与“在地全球化”的平衡机制的观点。他表示，台湾人应采取开放、学习、尊重、同理心的方式来对待异族的文化，建构多元文化。因此，他认为多元文化主义有助于内部整合，我们应该“同中存异”“异中求同”，以“存异”来达成“求同”的大目标。此外，他强调文化的“多样性”需要借由文化政策来维护，并对当今台湾的社会发展进行了反省思考。

会后，徐俊忠副校长表示，广大学子应抱着客观、实事求是的态度来认识台湾，在欣赏其文化的基础上，分析多元文化给民族甚至国家的长远发展所带来的影响。

（新闻中心　钟柳洁　陈仲光　刘婧妤）

11 月 15 日　物理与电子工程学院举办 3D 全息投影制作大赛

物理与电子工程学院团委学生会实践部联合光信息协会在 11 月 15 日主办了物理电子节之 3D 全息投影制作大赛。本次大赛紧扣物理电子节的主题，让参赛选手在比赛中体验光的魅力。比赛前由技术人员向参赛选手介绍比赛规则并简单讲解了制作方法——利用亚克力板根据一定的计算搭成一个金字塔状的投影仪，再将伪全息视频的中心置于塔顶即可成像。听完介绍后比赛正式开始，选手们都兴致勃勃地动起手来，因意识到了投影效果取决于材料的精确度而一丝不苟。选手们陆续完成作品，真正享受的时刻正是检测作品的时候。看着一个个动漫人物在自己的作品中翩翩起舞，选手们收获了满满的成就感。接着，由评委根据检测时的投影状态和作品的外观及完成时间等方面综合评出一等奖一名、二等奖两名、三等奖三名。

（物理与电子工程学院　曾芝　廖家裕　陈伟健）

11月15日　旅游学院开展“团聚官洲岛，携手建党团”党团交流活动

为传达学习十八届六中全会的精神，推进高水平大学建设以及促进党团间的交流，让团组织向党组织靠拢，旅游学院于11月15日下午在广州国际生物岛举行了以“团聚官洲岛，携手建党团”为主题的党团交流会。

本次党团交流会的参加人员有2015级、2016级团支书，入党积极分子及部分党支部成员代表。在交流活动中，党支部成员代表为大家讲解入党流程、党员职责以及如何在日常生活中贯彻落实十八届六中全会精神，如何在大学中获得成长并为学校建设做贡献。

活动形式为组织参与人员通过一系列游戏进行交流，由党支部成员代表向参与人员分享工作经验，增进互相的了解，明确党员职责，规范自我。

活动增强了大家对党团的了解，坚定对党的信念，促进彼此间的交流，增强内部凝聚力，有利于日后工作的顺利开展。

（旅游学院　梁铭棋　陈志明　王玉珏）

11 月 16 日　广州大学 2016 年“第二校园访学团”访学顺利开展

教育学院“第二校园访学团”成员

近日，由广州大学何世杰教育发展基金会支持的 2016 年“第二校园访学团”访学活动圆满结束。公共管理学院、教育学院等 10 个学院分赴南京大学、南京师范大学、北京舞蹈学院、云南大学、东北大学、武汉大学、华中科技大学、南开大学、重庆大学等“985”“211”高校，开展了为期一周左右的访学。

为加强校际沟通交流、帮助学生开阔视野，2016 年，在何世杰教育发展基金会的经费支持下，学校于 2016 年继续开展“第二校园访学团”项目，共有 19 个学院结合本院实际进行了访学院校前期联系并申报访学方案。经评审，公共管理学院、教育学院、外国语学院、音乐舞蹈学院、数学与信息科学学院、物理与电子工程学院、机械与电气工程学院、生命科学学院、化学化工学院、土木工程学院这 10 个学院方案入选，各学院分别选拔了 10 名左右品学兼优的本科学生，并配备一名专业教师和一名学生工作老师赴相应高校访学。

访学期间，师生们在访学院校旁听课程、参加座谈会，并积极参与各类学术讲座与校园文化活动，充分体验了访学院校优良的校风学风，领略了各具特色的大学文化。其中，教育学院“第二校园访学团”赴南京师范大学访学，并于孙中山先生诞辰 150 周年纪念日参观南京中山陵祭堂、瞻仰孙中山先生像，现场接受了中央电视台 CCTV News“China 24 小时”节目的记者采访。

访学项目结束后，各学院组织了“第二校园访学团”分享交流会，参与访学的师生结合广州大学高水平大学建设，畅谈访学经历、体会，进一步充实和拓展了“第二校园访学团”项目的辐射面和受益面。

（学生处　何倩怡）

11 月 18 日　广州大学学生作品获“2016 优秀网络视听作品”二等奖

国家新闻出版广电总局在官方网站发布《关于公布 2016 年度网络视听节目内容建设专项资金扶持项目评审结果的通知》，在“2016 优秀网络视听作品”推选活动中，广州大学新闻与传播学院夏清泉副教授指导广播电视编导专业学生创作的《U-Show：当世界黑暗》节目获大学生纪录片类二等奖，并获总局 2 万元资金扶持。

“2016 年度网络视听节目内容建设扶持项目名单”是根据《网络视听节目内容建设专项经费使用管理暂行办法》和《网络视听节目内容建设扶持项目评审章程》，经各省级新闻出版广电行政部门、中央三台等单位推荐，总局网络视听节目内容建设专项资金评审委员会审核而最终确定的。

《U-Show》节目是由新闻与传播学院与广东电台校企协同培养的创作团队 TVU 创作推出的体验类真人秀，其中，《当世界黑暗》这期节目由广播电视编导专业 2012 级学生曾德安、孙泽健担任导演，为其毕业设计作品，制作团队成员全部为广播电视编导专业 2013 级、2014 级学生。该节目记录了一位大学生体验一整天盲人生活的全过程，呼吁社会共同关注盲人等弱势群体的处境。该片在腾讯视频播出后，获得 190 万点击量，并被多家媒体报道、转载，社会反响强烈。

（新闻与传播学院　吕志强）

11 月 18 日　工商管理学院举办大学生朋辈心理咨询精英训练营

11 月 18 日，由工商管理学院主办的大学生朋辈心理咨询精英训练营在桂花岗校区隆重开营。作为学生工作精品项目之一的训练营，自 2015 年 6 月落地实践以来，一直致力于在大学校园里搭建积极快乐的心理健康教育平台，构建大学生朋辈群体互助成长的主体系统，培养优秀的朋辈心理咨询员，帮助大学生树立积极信念，学会接纳自我、助人自助等。本项目由工商管理学院辅导员邹婷老师主持，学生助理团队共同协助，经过前期的认真筹备，于 2016 年 11 月 18—20 日顺利开展。参加本次训练营的学生为来自桂花岗校区四个学院 75 名大一新生，此外，往届参营的学生也积极加入活动当中，充当小组长，带领着小团队一起度过快乐的两天三夜。活动通过“舒心亭”微信公众号进行推广，老师精心挑选同学们的参营心得体会，通过公众号进行分享，让更多人了解训练营，通过朋辈的述说形成一种潜在的影响力，让积极的能量在训练营内外延续。

（工商管理学院　朋辈训练营助理团）

11 月 19 日　化学化工学院学生党员参观黄花岗七十二烈士墓园

为进一步培养学生党员、入党积极分子的爱国主义情怀，提升政治觉悟素养，在学习生活中充分发挥模范带头作用，增强党性觉悟，构筑精神支柱，树立正确的人生观、价值观、世界观，2016 年 11 月 19 日，化学化工学院学生党支部组织学生党员、入党积极分子前往黄花岗七十二烈士墓园，开展了以“参观革命圣地，踏寻先辈足迹”为主题的党日活动。

到达目的地后，全体师生在七十二烈士墓碑前瞻仰、静默，以表达心中的敬仰与哀思。随后，队伍途经潘达微、冯如之、邓仲元等革命先烈墓碑及碑廊、龙柱、浮雕等园内纪念景点。行程中，化工系学生党支部书记王雅丽分享了自己的参观感受，与大家共同追思了那段可歌可泣的激情岁月，感受革命先烈奉献自我、大无畏的革命精神。

（化学化工学院　张振强）

11 月 19 日　环境科学与工程学院举行金沙洲环保公益健走活动

11 月 19 日下午，环境科学与工程学院红十字会及学生资助部共同举办了以“携手共筑绿色家园”为主题的金沙洲环保公益健走活动。本次活动的目的是提倡环保意识，鼓励年轻人走出家门，贴近大自然，宣传环保概念。在世界环境问题日益凸显，环境问题受到了越来越多人重视和关注的今天，本次的活动吸引了大批

志愿者报名参加。活动中，同学们沿着金沙洲珠江边2.5公里的环保线路往返健走、拾捡沿途垃圾，同时向社会人士宣传爱护环境、不随地乱扔垃圾的环保理念，共创美丽广州。

（环境科学与工程学院　吴涛）

11月19日　学生创业团队捧回“创青春”全国大学生创业大赛金奖

11月19日，经过激烈角逐，广州大学学生创业实践赛项目——广州五六点教育咨询有限责任公司从全国11万余件参赛作品中脱颖而出，获得金奖，为我校参加“创青春”国赛的历史最好成绩。另一项学生公益创业赛项目——益旅光芒公益发展中心荣获铜奖。团广东省委副书记梁均达在比赛现场与参赛师生亲切交谈，校党委副书记、纪委书记张强及学校相关部门、学院负责人到场指导学生比赛。

广州大学创业团队项目、金奖作品——广州五六点教育咨询有限责任公司，是一家专注于解决小学生课后托管的教育公司。公司整合专业的教育资源，打造丰富的适应小学生课后学习的特色课程，并将其放入公司旗下网络平台“五六点”App中；同时整合学校附近开设有托管服务的教育机构入驻平台，或通过众筹的方式开设“五六点”特色托管店。

在此前结束的“创青春”全国大学生创业大赛MBA专项赛/电子商务专项赛中，广州大学“100个农夫”品牌创业项目喜获银奖。至此，广州大学在历届“创青春”创业大赛中，共获全国级奖项11项、省级奖项69项，彰显了创新创业教育的丰硕成果，并为学校优化“三创”教育、提升人才培养质量奠定了坚实基础。

（校团委）

11月19日　人文学院赴北京师范大学开展第二校园访学活动

11月19日，人文学院师生赴北京师范大学文学院开展第二校园访学活动——“广大人文　北上求师”正式启动。访学团师生一行共12人，由学院学工办主任刘军军和团委副书记韩宝玉两位老师带队。其间，访学团分别参观了北京师范大学校园、形象陈列馆、图书馆等，观摹了“宇一艺术研究院”作品汇报展出等。

11月21—25日，访学团成员旁听了北京师范大学知名专家学者开设的专业课程，还参加了由该校文学院承办的北京高校“诵吟经典　品味书香”中华经典诵读吟唱比赛，观看了北京十多所高校代表的表演。

11月25日下午，广州大学人文学院访学团还与北京师范大学文学院进行了学生工作交流会。北京师范大学文学院党委副书记周云磊，广州大学人文学院学工办主任刘军军、团委副书记韩宝玉，以及两院学生代表出席了会议。

（人文学院　何春桃　温明锐）

11月20日　学生研发主持机器人“阿达”亮相电视节目

11月20日，由广州大学创新创业学院创客精英班学生研发的主持机器人“阿达”在第三届广州市科技小达人电视大赛中担任出题人。

机器人“阿达”的外壳用工业级3D打印机制造。它身高一米八，拥有24个自由度，是创客精英班大二和大三同学花费6个月时间共同完成的。该机器人“掌握”了机械、电子、计算机、自动控制、人工智能等诸多学科的知识，不仅能在现场和主持人互动，还能对每个选手的答案给予公正的评判。

创客精英班由创新创业学院创客教研团队组建，以创新工程项目（或产品）实训为主线，以科技产品规划、设计和制造为导向制订教学计划，以涵

盖电子、机械、软件等综合性创意型工程产品设计作为教学实训对象，以创意电子设计（含嵌入式）、创意自动化机电设计、机器人、智能车、物联网、云计算及其综合作为载体，培养具有多元化知识结构的技术应用、科研创新和自主创业方面的复合型人才。

（创新创业学院）

11 月 20 日　“青春中国梦·2016 南粤大学生语言艺术节”总决赛在广州大学举行

11 月 20 日，由省委宣传部、省教育厅、省语委主办，广州大学承办的“青春中国梦·2016 南粤大学生语言艺术节”总决赛正式拉开序幕，包括方言组、普语非专业组、普语专业组在内的 112 部总决赛作品先后展开激烈角逐。王绮璇、常楚燕、周文婷用粤语表演的作品《金陵十三钗》情感真挚，精彩的演讲令人印象深刻。

“青春中国梦·2016 南粤大学生语言艺术节”是广东省高校首次举办的大型大学生语言艺术活动，旨在培养和激发当代大学生的爱国情怀和强烈的社会责任感，激发高校语言文化教育的创造力和活力，提高大学生语言艺术素养。比赛期间，大赛组委会共收到广东省内 51 所高校各类语言艺术作品 938 件。

（新闻与传播学院　肖斌）

11 月 20 日　机械与电气工程学院举行第九届电路板技能应用大赛

由机械与电气工程学院团委承办的第九届电路板技能应用大赛决赛于 11 月 20 日下午在红棉路举行。经过初赛的筛选，一共有 22 位同学进入最后的决赛阶段。由于场地的限制，电路板技能应用大赛决赛分两组进行，每组十一人。各组有一个半小时的时间完成给定电路图的焊接，最后的评判标准是能否实现电路的功能以及电路板的美观程度。选手们都很重视本次比赛，早早来到比赛场地。虽然红棉路上人来人往，但选手们丝毫不受影响，全神贯注地组装着手中的电路板。

此次比赛历时一个多月，从报名、培训、初赛到决赛，不论是选手还是工作人员，都收获良多。比赛给了选手们一个展示自己的平台，也给了工作人员一个锻炼的平台，经过这次比赛，同学们对于学术科技有了切身的体会，在动手能力上也有了一定的进步。

（机械与电气工程学院　邓亮明）

11 月 21 日　旅游学院雅室大赛完美落幕

11 月 21 日，旅游学院 B9 五室一站雅室大赛颁奖大会在心情驿站举行，为期 25 天的“斯是雅室·修吾德馨”旅游学院雅室大赛完美落幕。经过激烈的角逐，比赛结果公布，共有 8 间宿舍获得大赛奖项。

此次大赛由旅游学院团委学生会生活部负责，面向旅院全体学生。在生活部的紧张筹备下，雅室大赛于 2016 年 10 月 25 日至 11 月 20 日顺利举办。大赛目的是强化学生宿舍管理，优化生活学习环境，创造整洁、和谐、文明、积极向上的生活和学习氛围，同时丰富同学们的课余文化生活，促进舍友之间相互了解沟通。因此，此次雅室大赛得到了学院领导的高度重视和同学们的充分肯定。

在比赛期间，同学们积极参与，与舍友共同装点宿舍，营造出良好的宿舍氛围。此次大赛共有两轮比拼。第一轮为实地评分，评出10个参赛宿舍，然后进入第二轮比赛。第二轮评比为网上投票，最终决出获奖宿舍。两轮激烈的比拼过后，共有8间宿舍获奖。雅室大赛的举办，为同学们营造良好的宿舍环境提供了舞台。同学们共同装点宿舍，不仅美化了宿舍环境，更增进了舍友之间的感情。

（旅游学院　赖牡红　王玉珏）

11月21日　张玲莅临音乐舞蹈学院开讲座

11月21日下午，张玲编导在演艺中心101室做了题为“广东本土音乐剧的创作与发展”的讲座，音乐舞蹈学院舞蹈系本科生与研究生出席了本次讲座。

作为国家一级导演，张玲编导现任职于广州歌舞剧院，代表作品有音乐剧《星》《西关小姐》，舞蹈作品《陪伴》《阳光总在风雨后》等，获得文化部第十二届文华奖——文华大奖，全国歌剧、舞剧、音乐剧目展演一等奖，全国第十三届戏剧节最高戏剧奖等。讲座以广东本土音乐剧与舞蹈编创为主题，对国内外的音乐剧、舞蹈的编创模式进行了详细的介绍与分析。

在讲座中，张玲编导还播放了大量的音乐剧视频与图片，使同学们对音乐剧的概念有了一个深刻的认识。通过张玲编导的介绍，同学们获得了许多关于舞蹈编创的宝贵经验，不仅开阔了视野，还深刻认识到舞蹈编导肩上的责任与使命。

（音乐舞蹈学院　罗洁妍）

11 月 22 日　生命科学学院举办第四届中学生物教具模具设计大赛

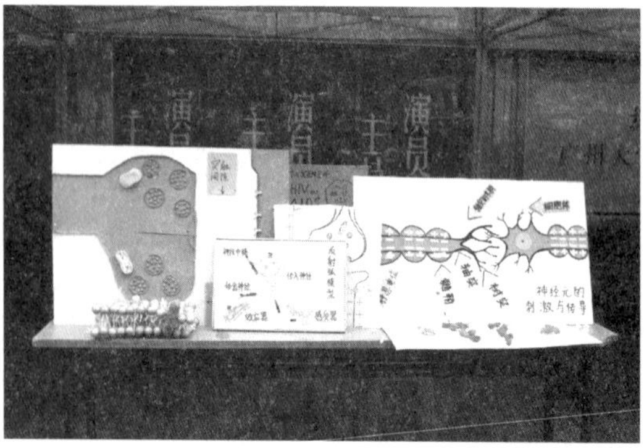

11 月 22 日下午，生命科学学院第四届中学生物教具模具设计大赛于生化楼 402 室举行。本次比赛的评委老师为生命科学学院的陈学梅老师和潘顺波老师，共 26 个小组参加了此次比赛。

选手们依次对设计的教具进行“教具的设计”“可解决的教学问题”以及“创新性”等的解说。本届比赛还新增了选手互投“最具创意奖”的环节，形式公正而新颖。最后，评委老师对参赛作品的正确性以及授课的有效性进行了点评。

此次比赛的目的是鼓励同学们在以后的学习生活中勇于创新，开拓思维，动手创作出更多优秀的作品，以丰富大学生活。

（生命科学学院　杨敏）

11月22日　年度“优良学风标兵班”评审会

11月22日，广州大学举行2015—2016学年度“优良学风标兵班”评审会，17个参评班级代表以演讲的方式竞相评优。广州大学相关部门负责人和各学院师生代表出席此次评审会并参与投票评选。

评审会上，各班级代表“各出奇招”，以“学风PC”模型、船长引领观众游览、讲述童话故事以及宣读判决意见书等形式，形象生动地从班级概况、学风建设、科研成果和党建工作等方面全方位地展现班级风貌。从各班级代表的展示可以看到，参评班级在日常学习生活中，通过开展读书交流、学术研究、早读晚修以及学习互助等多种特色活动，提高了班级凝聚力，营造了优良的学习氛围，取得许多优秀成果。

从2012年开始，广州大学全面开展“优良学风班集体”创建和评审活动，受到师生的欢迎和好评。创建评选优良学风班集体活动，充分调动了学生的学习积极性，进一步强化了学风建设，促进了学生的德智体美等全面发展。经过班级报名、学院推荐、学生处审核公示等流程，2016年广州大学共有97个创建班级各项指标达到优良学风班的条件，其中17个创建班级取得优秀成绩并获得参与本次“优良学风标兵班”评选的资格。

（学生处　李永煜）

11月22日　法学院在桂花岗开展心理学讲座

11月22日，由法学院心理卫生协会、经济与统计学院心理卫生协会共同主办的积极心理学讲座在桂花岗校区综合楼阶梯教室518室举行。

本次积极心理学讲座邀请到王鹰教授为主讲师。讲座共有两个环节，第一环节为王鹰教授讲授积极心理学相关知识，第二环节为共同讨论环节。通过具体讲解积极心理学的概念，分析朴槿惠闺蜜门、谷开来杀人案、里根总统被刺案、余佳文案等案例，王鹰教授的演讲引发了在场同学的深思。讨论环节中，同学们积极提问、发表自己的看法，现场氛围十分活跃。

各位工作人员的辛勤付出、王鹰教授的倾情讲解、同学们的积极参与，使本次讲座取得了圆满的成功。

（法学院　江凯彦）

11 月 22 日　地理科学学院 20 名学子获颁 2016 年“创彬奖学金”

11 月 22 日下午，广州大学 2016 年创彬奖学金颁奖典礼在天象馆顺利举行。1998 届地理专业毕业、湖南贵之步科教股份有限公司执行董事林创彬，校友会、地理科学学院相关负责人以及 60 多位学生代表出席了颁奖仪式。

林创彬校友表示，设立“创彬奖学金”是为了回报母校，激励品学兼优的师弟师妹，帮助他们全面成长成才，同时希望传承感恩奉献精神，弘扬社会正能量，做爱心传递的接力者。他说，在母校设立奖学金，既包含了对母校教育事业发展的殷切希望，也包含了对师弟师妹的悉心关爱。

校友办负责人代表学校对林创彬校友表示衷心的感谢，希望同学们以创彬学长为榜样，珍惜大学生活，立志成才，学会感恩，在有能力的时候，把爱心的接力棒传递下去，主动去帮助身边有需要的人。

（校友会）

11 月 23 日　旅游学院举办“新媒互动·再续旅程”校友交流会

11 月 23 日，由旅游学院学生党总支主办、团委学生会就创部协办的“新媒互动·再续旅程”校友交流会在图书馆一楼讲学厅顺利举行。交流会邀请到来自广东卫视的知名主持人刘芯怡以及“混际 RemixLab”公司创业合伙人马瑞回到母校与师弟师妹们进行交流与分享。

借此次校友交流会的机会，旅游学院特聘两位校友为学院创新创业职业导师以及易班中心校外指导老师。不仅如此，旅游学院还与“混际 RemixLab”公司签订了共建创新创业实践基地协议。

在分享环节，马瑞校友说：“运营任何事物，都要以用户体验为第一标准。”他向同学们介绍：“混际 RemixLab”公司作为城市空间运营商的混际，能重新激活城市现有的存量空间，以内容带动运营。

（旅游学院　秦嘉荣　陈志明）

11 月 23 日　周福霖院士与学生畅谈“做人，做事，做学问”

11 月 23 日晚，“与信仰对话·飞 Young 中国梦”主题教育活动暨博学讲坛在图书馆副楼报告厅举行，中国工程院院士、广州大学工程抗震中心主任周福霖教授为同学们做了题为“做人，做事，做学问”的主题讲座。

周福霖院士指出，大学是人生的一个关键节点，是界定人生事业方向，形成人生观、价值观的关键阶段。他从自身的人生经历出发，通过多年的经验见闻以小见大，用平实的语言诠释了颠扑不破的真理，深化了同学们对“做人，做事，做学问”的理解。在“做人”方面，他用“诚信、厚道、宽容”六字言简意赅地说明何谓“做人”，并举例阐述了人生有得必有失的观点，提出人生得失平衡定律，鼓励广大学子要争做“好人”；在“做事”方面，他希望同学们要坚定自己的目标和理想，夯实专业基础，抵制不正之风，坚守信念，不要在社会的洪流中迷失自我，努力成为精神上的“富翁”；在“做学问”上，他劝勉同学们搞学术不仅要兼具勤奋与方法，还要有锲而不舍的精神，能“钻”进自己的专业里，并多次强调了教育、知识与文明的重要性，深刻诠释了学问的定义。最后，他寄语广大学子，做人做事做学问，都不要忘记仰望星空、脚踏实地，同时鼓励广大学子要积极进取、努力拼搏，为学校建设高水平大学贡献自己的一分力量。

（新闻中心　陈雅帅　熊雅智　李艳）

11 月 24 日　汪涵做客南粤大学生语言艺术节　畅谈语言艺术

11 月 24 日，“汪涵与大学生谈语言艺术”讲座在图书馆副楼报告厅举行。校党委副书记、纪委书记张强出席了活动。

谈及语言的艺术，汪涵仍是从他的“老本行”出发，首先分享了如何做一个好的主持人。汪涵认为，“主持人”这三个字中，“主”代表的是头脑，“持”代表的是技巧，而“人”代表的是情怀。头脑与技巧十分重要，但最关键的是不要忘记自己是一个人。真正打动观众的不是聪明的头脑和规范的技巧，只有情怀能从真正意义上感染每一个观众。

汪涵担任《天天向上》制片人三年，对于导演这个职业有了自己独到的见解："导演的'导'字的繁体字上面是一个'道'，下面是一个'寸'。道也者，不可须臾离也，可离非道也。每个人在自己心中都应该有自己的道，道是一个行为准则，是一个看待事物的视角，人生三观的集中体现。寸呢，方寸之间，寸为心也，所以你的心中要有属于你的道。在做节目的时候要知道取舍、知道长短、知道节奏，这是个人修养的集中体现。演是推演，就是在还没做节目之前进行精准的推演，这是导演要做的最好的功课。"汪涵认为对于一个导演来说，他的"道"应当是关心关怀普罗大众，因为只有少说官话，多说人话，才能说出大家最喜欢听的东西。

汪涵还认为对于网络的过分依赖容易使年轻人的记忆力下降。网络传递的大多是碎片化的知识，习惯于接受这些信息之后，如果有一天失去了手机与网络，人的头脑就会变得一片空白。因此他鼓励广大学生应该放下手机，走进图书馆，去学习更多的知识，获得更多的经验。

（新闻中心　唐莉棠　郭颖晞）

11 月 24 日　化学化工学院举办南开访学分享会

11 月 24 日，化学化工学院南开访学团的 10 名成员在 B19"五室一站"六楼专业辅导室为同学们开展了五期访学分享会。

分享会分五个主题，分别为"南开班级管理、人才培养""科研实验""团学工作""南开生活"以及"党建工作"。会上，访学团的成员们向在座同学分享了一周以来在南开大学访学的所见所闻所感，并热情地为同学们解答学习、生活上的疑惑。对于这次访学之行的感受与启发，访学团成员之一的张卓维同学说："这次访学，感受最深的是我认清了自己的定位，认清了自己与南开人的距离。南开人很自主、很刻苦、很有目标。只有加倍用功，我们与他们的距离才能缩小。"

（化学化工学院　陈俐利）

11 月 25 日　《中国教育报》刊发李敏老师专访报道

11 月 25 日，《中国教育报（新闻·要闻版）》刊发了《广州大学新疆籍少数民族学生都叫她“李妈妈”——李敏：亦师亦友　亦姐亦母》一文，内容为《中国教育报》记者刘盾对“李敏工作室”负责人、校少数民族学生工作办公室副主任李敏老师的采访报道。

2006 年，广州大学开始招收新疆籍学生。2014 年 3 月，“李敏工作室”成立，这是广东首个以个人名字命名的辅导员工作室。依托工作室，李敏老师将自己探索出的新疆籍少数民族学生管理服务方法，在工作室的 23 所成员高校推广，进而辐射到国内更多学校。

《广州大学新疆籍少数民族学生都叫她“李妈妈”——李敏：亦师亦友　亦姐亦母》一文从李敏老师与新疆籍少数民族学生建立的真挚感情切入，以点带面，通过介绍李敏老师关爱学生、坚持不懈服务学生，不遗余力地指导“李敏工作室”成员高校以及全国相关高校开展少数民族学生教育管理服务工作的经历，形象阐述了李敏老师“爱严相济、平等融合、德才兼备、全面发展”的教育理念。

（新闻中心）

11 月 25 日　高校毕业生联合招聘大会在广州大学举行

11 月 25 日，2016 年全国人力资源市场高校毕业生就业服务周（广州）人才招聘大会暨珠三角城市群高校毕业生联合招聘大会在广州大学举行。广州市人力资源和社会保障局领导、校长助理李毅等赴招聘会现场指导工作。

本次大型供需见面会共有 575 家用人企业参会，提供 2 425 个高质量就业岗位，招聘人数 13 755 人，约 1.3 万名高校毕业生进场。其中不乏知名企事业单位参会，如广州医药集团及下属单位、广州市政集团及下属单位、广州珠江钢琴集团股份有限公司、广汽本田有限公司等，此外，云南省人社厅还组织了云南省第一人民医院、云南省气象局、云南财经大学等30多家国有企事业单位前来设摊招聘。参会企业中，国有企事业单位占16%，外资企业占6%。本科学历薪酬起点在3 500～5 000元，研究生以上学历薪酬起点在5 000～7 500元。

（招生就业处）

11月25日　土木工程学院举办研究生第一作者讲坛

11月25日，在土木工程学院研究生会的组织下，广州大学第一作者讲坛第107期在理科南104室如期举行。本期第一作者讲坛邀请到来自该学院的博士研究生杨智诚、硕士研究生李艳敏。

首先发言的是杨智诚，他有条理地介绍了自己在桥梁研究领域中所做的工作以及取得的研究成果。在讲到高性能计算与分析软件的结合应用时，他通过对软件的操作和分析以及对软件的优化设计的各项参数的分析，严谨地说明了计算软件和分析软件的不同以及相关性。杨智诚还列举了拱的平面稳定以及缺陷在计算软件和分析软件中的熟练运用，不仅让在座同学学到丰富的专业知识，还大大激发了他们的创新思维。另外，杨智诚还分享了自己对科研的认识，对同学们启发很大。

李艳敏随后发言。她讲述了自己的科研经历，并和同学们分享了自己对于国内外科研的认识。之后她就怎样阅读文献与如何撰写小论文，给同学们做了详细的分析和指导，拓宽了同学们的视野。接着，她就自己的读研心得，从学习和生活两个方面，讲述了如何合理安排和利用三年宝贵的时光。最后，李艳敏就研三后大家所关心的就业还是读博的问题给在座同学做了透彻和全面的分析，使在座同学受益匪浅。

（土木工程学院　房雅萍）

11月25日　香港浸会大学师生到广州大学地理科学学院交流访问

11月25日，香港浸会大学社会科学院副院长、地理系周启鸣教授一行17

人到广州大学地理科学学院交流访问，并实地考察广州市及周边城市的自然地理。11 月 26 日上午，地理科学学院为香港浸会大学师生举办欢迎仪式。周启鸣教授、副院长林彰平教授和随行学生参加了本次欢迎仪式。

欢迎仪式后，周教授为地理科学学院师生开展了以“国际化之路——从中外地理学本科专业与课程设置谈起”为主题的讲座。香港浸会大学学生参观了天象馆、植物标本室及土壤实验室。天象馆讲解员王玉芳为大家讲解了四季星空，丰富了同学们的天文知识。

（地理科学学院　学工办）

11 月 27 日　余嘉盈在大学生日语演讲大赛中总分第一名

11 月 27 日，由中国日语教学研究会主办的全国首届“以纯杯”大学生日语演讲大赛在广东外语外贸大学隆重举行。本次比赛分为演讲和知识竞赛环节、才艺表演环节，共有来自 26 所高校日语系的 26 名选手参加。在激烈的角逐中，由山中泉老师、魏育芳老师悉心指导的外国语学院日语系 2013 级余嘉盈同学获得了总分第一名、知识竞赛二等奖、才艺表演三等奖的优异成绩。山中泉老师获得“优秀指导老师”称号。

（外国语学院　黄顺婷）

11 月 28 日　广州大学学子获全国大学生数学建模竞赛一等奖

2016 年高教社杯全国大学生数学建模竞赛结果日前揭晓，广州大学共派出 41 支参赛队伍，有 38 支队伍获奖，其中张卓敏、池琳清、林龙章获全国一等奖。这是广州大学继 2014 年后，再次在全国大学生数学建模竞赛中斩获全国一等奖，也是在历次参赛中获得奖项最多的一次。

本次竞赛，广州大学派出钟育彬、傅荣林、冯永平、李进、秦剑、梁达宏、彭俊好、陈蓉西、赵红星、邵任翔、麦红、杨洁霞等老师组成指导团队，组织41支参赛队参加竞赛，参赛学生分别来自数学与信息科学学院、土木工程学院、经济与统计学院、物理与电子工程学院、机械与电气工程学院、计算机科学与教育软件学院和生命科学学院等。

比赛过程中，广州大学有12支队伍获得广东赛区一等奖，其中5支队伍送评国家一等奖，5支队伍送评国家二等奖，达到同一年每校只能送评10支队伍参评国家奖的上限。最后有1支队伍获全国一等奖、广东赛区一等奖，8支队伍同时获全国二等奖、广东赛区一等奖。

全国大学生数学建模竞赛创办于1992年，每年一届，目前已成为全国高校规模最大的基础性学科竞赛，也是世界上规模最大的数学建模竞赛。广州大学本次取得的佳绩，不仅激发了学生开拓进取、积极投身科技事业的热情，还增强了学生的创新意识和团队精神，培养了学生的创造能力和应用能力。

（数学建模创新实践基地　吕子锋）

11月28日　工商管理学院开设“高数朋辈互助课堂”活动

11月28日，工商管理学院“高数朋辈互助课堂”在桂花岗校区综合楼503室开启第一课。本课堂由学院负责大一新生的辅导员老师带头，组建朋辈指导团队，由1个组长和6个指导员组成，每周一和周四晚七点至九点各开展一次。本课堂采取指导员坐班制，通过线上和线下平台，对前来求教的同学进行学习指导。组长负责排班、记录与跟进指导情况。本课堂线上微信平台成员超过200人，线下每次陆续前来求教的同学有50人左右。开设本课堂的初衷是为了营造良好的高数学习氛围，让学习高数有困难的同学找到一个共同进步的平台，通过朋辈指导员的耐心指导，获得有效的学习方法，尤其是帮助文科生找到适合自己的高数学习方法，排解课堂听不懂的尴尬，从而提高学习高数的信心。同时，互助课堂也是一个人际交往的平台，能引导更多的学生走出宿舍，走下网络，走进课堂，与朋辈一起探索高数奥妙，交流学习心得，分享学习经验，在交流中学习知识，发展友情，激励前行。

（工商管理学院　桂花岗校区高数朋辈互助小组）

11 月 28 日　举办“一次性餐具失宠记”活动

绿色动力协会在红棉路和饭堂开展了系列“一次性餐具失宠记”环保主题活动。11 月 28 日，该协会在红棉路通过摆摊的形式向同学们科普了各种一次性餐具的优缺点，还号召同学们在横幅上签名，并通过在留言板上写下自己对环保的看法，来呼吁和倡导大家拒绝使用一次性餐具。11 月 29 日晚上，梅、兰、菊苑饭堂均不提供一次性餐具给同学们打包，用实际行动来表达学校支持环保的决心。

（绿色动力协会　吴卓镇）

11 月 29 日　生命科学学院举办科技文化节

11 月 29 日下午，以“厉害了，word 科技”为主题的 2016 年生命科学学院科技文化节在红棉路举行。

此次科技文化节有三大看点：迪恹司果冻设计大赛、变废为宝大赛、中学生物教具作品展。在迪恹司果冻设计大赛中，各个参赛小组的果冻都有着独具创意的卖相和独特的口味。评委在试吃点评时，也对各个参赛小组的创意果冻赞不绝口。在变废为宝大赛中，各小组参赛作品也同样吸引人眼球，参赛选手们运用他们的聪明才智，对生活中的废弃品进行了大改造，让人耳目一新。中学生物教具作品展中的获奖作品，形象又具创意，吸引了不少观众驻足参观。下午五点，学院院长田长恩在闭幕式上发表讲话，对同学们的创新意识表示赞赏。

此次活动不仅丰富了学生的大学生活，而且为学校营造了发展创新、崇尚科学的浓郁氛围。

（生命科学学院　杨敏）

11月29日　教育学院举办“心理进校园”活动

11月29日，由教育学院团委学生会心辅部举办的“心理进校园”活动拉开了序幕，本次活动旨在宣传和普及日常心理学知识、提升大学生专业能力以及寓教于乐，提高小学生的心理素质。

本次活动共有三个部分，分别是心理体验区、心理仪器区和心理游园区。心理体验区以“眼睛的谎言”为主题，让小朋友们通过体验不同的视错觉图片，并进行验证，以达到引导他们了解实践才会出真知，眼睛也会说谎的目的。心理仪器区共有三个摊位，分别是两点阈量规、河内塔和动作方位辨别仪。小朋友通过动手操作仪器和听志愿者生动有趣的讲解以获取新鲜的知识，激发其对学习知识的兴趣。心理游园区准备了三个游戏，分别是众里寻他、蒙眼画家和心情连连看。三个游戏都高度融合了心理学浅显的知识，并有志愿者进行耐心的讲解。

本次活动提升了心理学专业学生对知识的理解和在实际中应用的能力，具有较强的实践性，使他们在增强了专业认同感的同时，加深了对所学知识的理解。

（教育学院　程钰丹）

11月29日　广州大学召开2015—2016学年度学生表彰大会

11月29日，广州大学召开2015—2016学年度学生表彰大会，校党委书记屈哨兵，党委副书记、纪委书记张强，副校长董皞、于欣伟、傅继阳，以及

十二月

广东中华民族文化促进会副秘书长卢子辉，香港镇泰慈善基金会主席李治元，众人拾柴火焰高基金华茂达投资股份有限公司董事会主席陈庆南等领导嘉宾出席本次表彰大会并为获奖者颁奖。

会上，屈哨兵书记代表校党委和行政办向受表彰的先进集体与个人表示祝贺，向广大师生以及社会各界朋友表示感谢。他说，在过去的一学年里，广州大学切实按照广东省、广州市建设高水平大学工作部署，全面推进高水平大学建设，各项事业快速发展并取得优异成绩，特别是在校风学风建设、促进大学生成长成才方面的工作取得显著成效。他表示，近年来，广州大学扎实推进校园文化建设，加强网络文化建设，积极培育和践行社会主义核心价值观，在优良校风学风建设方面不断取得新的进展；同时，积极开展各种有价值、有意义的校园品牌活动，取得可喜成绩。

在本次表彰大会上，广州大学对2015—2016学年度“优良学风标兵班”“十佳学生”“优秀学生”，2016年度学生公寓“五室一站”工作先进单位，2016年度学生公寓“文明标兵宿舍”，获2016年国家奖学金、国家励志奖学金、国家助学金、广东文化基金助学金、众人拾柴火焰高助学金、镇泰助学金的学生代表，以及2016年“创青春”国赛、2016年“挑战杯·创青春”省赛获奖师生代表等先进个人和集体进行了表彰通报并颁发奖项。

（学生处　廖勇　杜亚辉）

11 月 29 日　校宿舍门禁工程完工　筑牢安全防护墙

本学期，学校从菊苑开始到梅苑结束，对宿舍门禁进行了大改造。11 月末，整个工程改造完毕。自 11 月 29 日开始，宿舍区实行刷卡进门的门禁制度。晚上超过 11 点半回宿舍的同学，要登记个人信息方可进门。

技术中心高级工程师蔡志华副主任介绍道，新门禁安全耐用，产生噪音少。按照消防要求，出现火灾时，大楼紧急断电，门会全部打开，保证大家的通行安全。宿管处备有应急开关，在人流高峰期也可能会启动应急开关。门禁的闭门器则是进口产品，质量过关。只有住在该宿舍楼的同学才是授权人员，住在其他宿舍楼的学生是无法刷卡进出的。

上下课高峰期时，宿舍出口容易造成拥堵，刷卡进出的话会加剧拥堵状况。因此在人流量特别大的情况下，学校会打开门方便大家进入，保证通行速度。即在白天人流量大的时候可以不刷卡进出，在非高峰期时才需要刷卡，方便同学们进出，也保证宿舍安全。

（学生处　张嘉怡）

我们的大学

December 十二月

12 月 2 日　第十三届田径运动会隆重举行

12 月 2 日，广州大学举行 2016 年体育节暨第十三届田径运动会。校党委书记屈哨兵，校长魏明海，党委副书记、纪委书记张强，副校长董皞，相关部门负责人和师生代表出席了运动会开幕式，开幕式由副校长董皞主持。本届运动会共有 25 支代表队近千名运动员参加竞技，校运会期间同时举行全民健身舞表演赛、教职工趣味运动会和第十一届教职工羽毛球赛。

开幕式上，魏明海代表学校对运动会的顺利召开表示热烈祝贺，并对积极参与运动会的所有人员表示亲切的慰问。他认为，体育运动是最干净、最丰富、最有用的，体育爱好对人的品性的塑造、丰富充实人的生活很有帮助。在运动员、裁判员代表宣誓后，屈哨兵书记宣布广州大学 2016 年体育节暨第十三届田径运动会正式开幕。

在运动会中，土木工程学院蝉联甲组团体总分第一，体育学院 2016 级体育教育专业获乙组团体总分第一，人文学院、公共管理学院等 17 个学院获得体育道德风尚奖。新闻与传播学院、外国语学院、教育学院和音乐舞蹈学院荣获全民健身舞表演赛一等奖。本届校运会共 7 人 1 队 9 次打破校运会 8 项历史纪录，破纪录次数创历史新高，项目包括：男子铁饼、女子 100 米、女子铅球、男子标枪、女子 4×100 米接力、女子三级跳远、女子标枪、男子 110 米跨栏。

（新闻中心　赵毅鹏　陈雅帅　林泳淇）

12 月 4 日 “一带一路”国家战略背景下翻译研究与语言服务高端论坛在广州大学举行

12 月 4 日，由中国翻译协会语言服务能力培训与评估中心和广州大学外国语学院联合主办的“一带一路”国家战略背景下翻译研究与语言服务高端论坛隆重举行。副校长于欣伟、广州市人民政府外事办曾庆椿副主任等领导嘉宾与会致辞。广州市人民政府外事办、中国翻译协会、广东省外国语言学会、广州外国语协会相关负责人，四十余所高校的专家学者，以及翻译机构代表等共计 150 余人出席了会议。

本次论坛以“助力‘一带一路’战略、服务国家长远发展”为主题，旨在立足“一带一路”国家战略，促进服务国家战略的语言服务水平的提升，推动翻译学术研究和翻译人才培养。

论坛共收到论文近 60 篇。论坛举行期间，中山大学王东风教授、广东外语外贸大学王华树教授、广东外语外贸大学翻译学中心主任莫爱屏教授、广州大学外国语学院院长肖坤学教授等十位国内知名专家，分别就翻译研究的前沿成果、中国语言服务的现状和人才培养等内容做了主旨发言。与会代表就如何实现翻译研究、语言文字事业服务国家战略进行了积极而广泛的互动交流，并围绕“翻译在‘一带一路’战略背景下国家语言规划和语言政策”“语言服务行业人才培养与政产学研协同创新机制的建立”“翻译研究的多维视角”“专业学科翻译人才培养”四个议题展开了学术专题研讨。

（外国语学院 李莹莹）

12 月 4 日 “圆梦”志愿服务队入围广州交流会精品项目

12 月 4 日，第六届志愿服务广州交流会在太古仓 3 号仓举行，现场设有 60 个入围项目展示区、21 个精品项目体验区和沙龙区。其中，广州大学音乐舞蹈学院“圆梦”志愿服务队的“梦留黄沙·伴你成长”艺术帮扶夏令营支教活动成功入选本次志交会的精品项目展示，取得与各界志愿人士交流的机会，得到团市委领导与参展人员的好评。

“圆梦”志愿服务队通过志愿活动，与黄沙村结下不解之缘，帮助当地留守儿童得到艺术教育启蒙，走上艺术学习之路，如黄沙村 11 岁金凌在 2015 年通过广东汉剧院选拔，成为小小汉剧传承人。

（音乐舞蹈学院　何怡雯）

12 月 5 日 “扶创杯”广州大学首届商业模式设计大赛决赛顺利举行

12 月 5 日，由广州大学创新创业学院、教务处、研究生处、团委联合主办的“扶创杯”广州大学首届商业模式设计大赛顺利举行。

“扶创杯”广州大学首届商业模式设计大赛从 9 月初开始进行，以跨境电商产品的高校市场营销方案设计、驰客（CHIC）品牌潮表的高校营销方案设计、冷热智能 MINI 冰箱的商业计划设计、“田园绿居”乡村旅游的商业模式设计、高校新生代礼仪商业模式设计、“绿色环保么么哒”App 高校市场营销方案设计、智能无叶电风扇研发及培训商业模式设计、跨境（国内）电商服饰产品的高校市场营销方案等 10 个不同类型的选题进行比拼，9 个项目团队从 60 余支参赛队伍中脱颖而出，进入决赛。在决赛中，各团队先后进行了精彩路演，由校内相关部门负责人、知名企业家组成的评审团相继进行了点评，经过打分、评议，最终评选出本次大赛一等奖 1 名、二等奖 2 名、三等奖 6

名、优秀奖10名。

本次大赛是广东省双创周活动、广州市属高校创新创业教育成果展的重要组成部分和活动延续，充分展现了大学生创新创业热情，同时也展示了创新创业教育成果。

（创新创业学院）

12月6日　“123木头人”艺术团会演完美落幕

数学与信息科学学院和土木工程学院“123木头人”艺术团会演于12月6日晚在“小巨蛋”举行。晚会在四位主持人的引领下拉开帷幕。随着吉他和钢琴声响起，绚丽的灯光亮起，深情对唱的《你不知道的事》瞬间带动了全场气氛，观众们都情不自禁地跟着轻声哼唱。随后，灯光突然熄灭，土木工程学院女生表演的 *Girls and Ladies* 让台下观众尖叫声不断。紧接着，六位魅力男生带着他们的女伴闪亮登场，每位候选人都想给观众留下深刻印象，希望能够在决赛上脱颖而出。会演最后是模特队的走秀。

艺术团会演释放着如火的热情，驱散了冬日的严寒。最后在观众热情的欢呼中，本次会演落下帷幕。

（数学与信息科学学院　林锦涛）

12 月 6 日　何晓兵教授畅谈音乐类纪录片

12 月 6 日，2016 年度广州大学人文学院学术讲座在行政西二楼多功能会议厅隆重举行。本次演讲由中国传媒大学戏剧影视学院何晓兵教授主讲，人文学院院长刘晓明教授主持，王晓通老师以及人文学院本科生、研究生聆听了本次演讲。

演讲伊始，何晓兵教授讲述了音乐类纪录片的发展历史及重要地位，分析了纪录片和剧情片的区别，虽然二者都讲述故事，表达对客观世界的看法，但纪录片更注重真实性。最后，何教授提出了音乐类纪录片的三种视角与结构方式。何晓兵教授的演讲题材新颖，内容丰富有趣，让同学们开阔视野的同时，也对音乐纪录片有了更深的认识。最后，刘晓明教授为本次讲座做了简短的总结，并对何晓兵教授的精彩演讲表示衷心的感谢，讲座在热烈的掌声中圆满结束。

（人文学院　张俊业）

12 月 6 日　小燕访谈室

12 月 6 日，音乐舞蹈学院在演艺中心举办了第一期“小燕访谈室”——“师兄有话对你说”优秀校友分享交流会。活动邀请了许楚真、李康养校友回母校传经送宝，给师弟师妹拨开层层职场迷雾。“小燕访谈室”是音乐舞蹈学院着力打造的品牌活动，主要通过邀请同学们感兴趣、喜欢的，以及老师们推荐的优秀校友、身边的名师和社会名人，以分享会的形式和学生面对面交流、互动，逐步打造一个校友给力、师生喜欢、学子关注的实用学生工作新平台。

（音乐舞蹈学院　廖争荣）

12 月 6 日 “读法”读书报告竞赛

12 月 6 日下午，法学院“读法”读书报告竞赛于桂花岗校区小礼堂开展。王鹰、张纯、钟才君、李倩等老师亲临现场参加活动。

本次活动共有 12 位选手参加，整场比赛下来，12 位选手都展示了各自的风采，虽然其中不免有个别选手紧张怯场，但其勇气值得大家点赞。除了选手们的精彩演讲外，现场三位老师风趣幽默的点评也让同学们获益良多。活动接近尾声时，评委老师对这次活动进行了总体的点评，最后由主持人宣布最终成绩与获奖班级。班级集体奖由法学 162 班、164 班获得，个人一等奖则由法学 162 班昂慧同学、法学 166 班刘韦材同学获得。竞赛结束后，老师及参赛同学合影留念。

本次竞赛旨在通过同学们分享自己的读书心得来鼓励大家多看书、多思考，不仅仅是从书中获取知识，更应该体会作者的思想和精神。

（法学院　覃嘉瑜）

12 月 6 日 屈哨兵参加学生党支部组织生活会

12 月 6 日下午，教育学院教育系学生党支部在 B3“五室一站”党团活动室召开专题组织生活会，就“如何贯彻落实全面从严治党向基层延伸”主题展开讨论。校党委屈哨兵书记、党办校办秦春主任、校党委组织部林仲英老师、教育学院党委陈宇红副书记等领导列席组织生活会。党支部书记、小教 141 班骆冰同学主持会议。

会上，党支部两位支委分别向支部党员传达了系列重要会议精神，并重点介绍了《关于新形势下党内政治生活的若干准则》《中国共产党党内监督条例》的内容，支部党员结合自身实际，分别从党员教育、身份认同、人际关系、支教经历等方面谈了个人的看法和学习心得。

屈哨兵书记在会上做了总结发言，就如何开展好支部工作谈了四点要求：一是要进一步提升学生党支部生活质量；二是学生党支部组织生活要坚持正常开展；三是要进一步注重学习效率；四是要更有针对性，注重目标。最后，屈哨兵书记用学校“德才兼备、家国情怀、眼界开阔、爱体育、懂艺术、能力发展性强，今后踏入社会能够成为栋梁”的培养目标，以及司徒梅芳、郑黎亚两位优秀党员的先进事迹，鼓励同学们珍惜在大学学习生活的机会，奋斗拼搏，通过“三会一课”、组织生活，为今后的学习工作打下坚实的思想、政治基础。

（教育学院　骆冰）

12 月 6 日　红十字会举办“与艾携手，让爱同行”艾滋病日宣传活动

12 月 6 日，机械与电气工程学院、化学化工学院、人文学院红十字会联合在红棉路举办了以“与艾携手，让爱同行”为主题的艾滋病日摆摊宣传活动。活动旨在宣传艾滋病知识，使广大学生了解如何预防艾滋病，增强自我保护意识和抵御艾滋病侵袭的能力，树立科学、健康的性观念。

活动主要以问答的形式向广大师生宣传有关艾滋病的知识，答对即可获得精美礼品，还有趣味游戏环节，边玩边学。现场人头攒动，气氛热烈，大家都在愉快的氛围中学到不少知识。

此次活动的目的是让更多的人了解艾滋病，正视艾滋病，理解、关爱和不

歧视艾滋病病毒感染者和艾滋病患者，为他们营造良好的生活环境。

（机械与电气工程学院　林卓良）

12 月 8 日　物理与电子工程学院召开易班工作表彰会

为了表彰先进，进一步推进物理与电子工程学院各班级易班建设工作，再创易班工作的新高度，12 月 8 日晚物理与电子工程学院在学校讲学厅召开了易班工作表彰暨全体新生再动员培训大会。

首先符庭老师总结了易班工作开展的情况及一个月以来所取得的成绩，并宣读了易班工作先进班集体和先进个人的名单。同时鼓励其他班级继续努力，再创新高。接着符庭老师和林海龙老师给先进班集体和先进个人颁奖。之后，全体同学观看了易班宣传片、易班网页端操作培训视频。最后，符庭老师对同学们寄语，希望同学们继续保持对易班的热情和兴趣，不断完善易班工作，让更多的人融入易班的建设中，通过易班互动来提高班级凝聚力，从而建设高品质的易班班级。

（物理与电子工程学院　符庭）

12 月 8 日　人文学院讲解队在广州市志愿者表彰活动中获多项奖励

12 月 8 日晚，广州市文化志愿者总队在广州蓓蕾剧院举办 2016 广州文化志愿者嘉许回馈专场公益演出。在活动中，对 2016 年度优秀志愿者及志愿团队进行表彰。其中，广州大学人文学院讲解队在本次表彰活动中收获颇丰，一举斩获多项个人及集体奖项。人文学院 2014 级学生于慧敏、罗小梅获得“广州市优秀文化志愿者”称号，人文学院学生参与的广州农讲所“星火”志愿讲解队、广东民间工艺博物馆文化志愿团队、辛亥革命纪念馆广州大学小分队被评为“2016 年度优秀文化志愿服务团队”。最后，颁奖仪式在一片热烈的掌声中圆满结束。到场嘉宾以及近千名志愿者、公益机构成员随后欣赏了精彩的芭蕾舞剧《吉赛尔》。

（人文学院　文锦锋）

12月9日　广州大学师生热议全国高校思想政治工作会议精神

12月7—8日，全国高校思想政治工作会议在北京召开，习近平总书记在会上发表重要讲话。

讲话内容在广大师生中引起了热烈反响。12月9日，广州大学师生纷纷通过微信朋友圈、微信群等新媒体平台转发、学习和热议习近平总书记重要讲话精神，许多师生还撰写学习心得体会来发表感想。大家纷纷表示，习近平总书记的讲话精神具有很强的政治性、思想性和针对性，是指导做好新形势下高校思想政治工作的纲领性文件。广州大学师生将深入学习领会习总书记重要讲话精神，用讲话精神指导工作，并结合学校实际不断改进思想政治教育工作方式方法，采取有效措施，切实做好思想政治工作，坚持立德树人，培养更多具有“家国情怀，德才兼备”的大学生，为推进高水平大学建设提供坚实的政治保障。

校党委书记屈哨兵教授：

习近平总书记在全国高校思想政治工作会议上发表的重要讲话高度凝练了中国特色社会主义高等教育事业的职责使命与功能定位，将高校思想政治工作提升到治国理政的新高度，具有深邃的历史眼光和深厚的历史责任感，振聋发聩，一锤定音，鼓舞人心！

马克思主义学院胡潇教授：

习近平主席在全国高校思想政治工作会议上发表重要讲话，对高校马克思主义理论教育和学科建设做出了最新指示，使我们领受到了一种殷切的使命托付。

马克思主义学院院长赵中源教授：

思想政治理论课教师作为大学生理想信念与道德规范的传播者与示范者，政治自觉应成为其必备的职业特质，必须要有正确的政治认知、坚定的政治态度和高度的政治责任感。

马克思主义学院2016级研究生曾馨蝉：

作为一名马克思主义学院的在校研究生，我们更需要紧跟党和学校的步伐，在思想上做到及时且深入地学习和吸收相关会议精神；铭记“两个一百年”的时代重任，时刻不忘理论知识学习与科学技术学习。

马克思主义学院2014级本科生许家怡：

作为一名思想政治教育师范专业的本科学生，深感思想政治教育的春天到来了，更加坚定了自己所热爱的专业与未来从事的教师事业的信心。

（宣传部广州大学微信公众号）

12月9日　读《人民日报》，扣好人生第一颗扣子

团中央在2007年启动了“青年马克思主义者培养工程”，旨在通过教育培训、实践锻炼和让学员阅读推荐的报刊书籍等方式来不断提高大学生的思想政治素质、政策理论水平。在广州大学，读《人民日报》帮助不少学子扣好了人生的第一颗扣子。

每个党支部每个月都要组织党员在党团活动室开展读书会，鼓励阅读党报，《人民日报》是其中热门的刊物。逐渐地，形成了学生党员引领读报、学生干部带动读报、青年学生参与读报的良好氛围。

新闻与传播学院2013级学生、校学生会主席李苑是第五期“青马工程”学员，她表示：“青年正在三观形成和确定的关键时期，人生的扣子一开始就要扣好。青马学员作为先进青年，更需要与党报打交道，这样能让学员更加深入地了解我们的党和国家。”

新闻与传播学院广播电视学2014级学生魏雄锋既是一名学生党员，也是学生记者团副团长。作为准传媒人，他认为：“读《人民日报》不仅让我了解国内外的新闻，也可以让我从它的稿件选择、版面、排版和文字表达方式等方面去了解其编辑思想与版面语言。抱着学习的心态读报也潜移默化地提升了我的专业水平。”

人文学院2015级研究生黄颖对此也深有体会。作为《广州大学报》的助理编辑，她通过阅读《人民日报》，促进了工作和学习的进步。“助理工作要求我关注和阅读《人民日报》，这可以帮助我做好助理工作。在写有关‘两学一做’会议新闻时，我需要对资料进行更全面的了解。权威的《人民日报》自然成为阅读与参考的首选。”

（宣传部广州大学微信公众号）

12月9日　马占明教授讲座

12月9日，人文学院历史系师生在文逸楼509室参加了宁夏大学副教授、阿拉伯文献研究所所长马占明主讲的“‘一带一路’区域内的阿拉伯—伊斯兰文化及其对西方文化的影响”学术讲座。

马教授全面、翔实地向大家介绍了“一带一路”区域内阿拉伯—伊斯兰文化地区的辉煌文明，指出穆斯林“在整个中世纪高举文明火炬”，创造了当时世界一流的学术和文明，并且对西方文化产生了深远的影响。

在提问环节，马教授与大家探讨了当今世界对阿拉伯—伊斯兰文化的误读以及现实当中民族、文化矛盾与宗教缠绕交织的深层历史原因，同时以资料说明穆斯林宗教活跃的现状与程度，并表示像《古兰经》这样的经典，以其教义的博大宽阔，是永远不会过时的。

本次讲座对于以岭南经济、社会、文化与海上丝绸之路作为关注重点的学者而言，无疑是一个拓展学术视域的宝贵机会。

（人文学院　王睿）

12月10日　肇庆学院到校交流易班建设工作经验

12月10日，广州大学和肇庆学院易班建设经验交流会在广州大学举行，广州大学学生处冯荣光、肇庆学院学生处巫燕娜、广大易班工作站站长林楷虹等参加会议。

广大易班学生工作站站长林楷虹对工作站的服务理念、建设历程、管理经验、广大易班吉祥物“易小羊”形象以及广大易班主持的“易起来抓羊”“红军长征纪念”“网薪兑换”等特色活动进行介绍。双方就易班在服务师生需要、信息传达、资源共享、丰富校园生活等功能方面进行了深入交流，广大学工新闻部部长就“选题”“时效”“深度”三方面分享了广大学工微信团队的建设经验，并强调了学工微信与易班两大平台亲密合作的重要性。肇庆学院学生处巫燕娜老师表示：“肇庆学院作为广东省第二批易班试点高校，正在易班建设的积极起步阶段，此次广州之行，正是两校易班共同探究易班建设之路的一次好机会。欢迎广大的同学们来到肇庆，希望两个团队以后能保持交流。”

交流结束后，肇庆学院代表热情地参观了广大易班工作室，双方互相交换纪念品。

（学生处　何倩怡）

12 月 10 日　力争一级学科博士点翻两三番

在学校新一届领导班子的带领下，广大人对于未来定位和发展有了更加清晰的认识和明确的目标。“逆水行舟，不进则退”，在高水平大学建设新航程中，只有不断涉险滩、过暗礁、闯激流，只有快速航行超常规发展，广大才能跻身高水平大学行列。

为实现建设高水平大学的目标，广大将采取“三步走”战略：2020 年，跻身省内地方高校第一方阵；2025 年，综合实力比肩苏州大学、上海大学等国内知名城市大学；2050 年，建成有国际影响力的高水平大学。

“2000 年学校由专科向本科过渡；2006 年获得博士学位授予权，学术一级硕士学位授权点 1 个，学术二级硕士学位授权点 20 多个，专业硕士学位授权点 1 个；2011 年一级学科博士学位授权点 3 个，学术一级硕士学位授权点由 1 个增加到 27 个，专业硕士学位授权点由 2006 年的 1 个增加到 9 个；研究生规模由最初 70 多人发展到如今 3 800 多人。从人才培养规模来说，发展很快。”研究生处处长吴开俊如是说。

“十二五”期间，广州大学的学位点发展增量在全国地方高校中名列前茅，主干学科均获得博士或硕士一级学科学位授予权，为学校高水平大学建设奠定了坚实基础。到 2020 年，学校将建设适应需求、结构合理、特色鲜明的研究生培养体系和质量保障体系，实现一级博士授权点增加 2 ~ 3 倍的“倍增计划”，人文、社科、理科、工科、交叉性学科都将有 1 个以上新增博士授权点，为学校高水平大学建设提供有力支撑。为此，研究生处将牢牢抓住 2017 年和 2020 年学位点申报的机会，全力准备 2017 年学位点申报以及中期谋划 2020 年学位点申报。

（宣传部广州大学微信公众号）

12 月 10 日　全员参与，冲击国内一流

土木工程学院2016年共获得十五项国家级项目基金，约占学校国家级科研项目基金的三分之一。作为广州大学学科实力强劲的重点学院，土木工程学院的高水平大学建设规划备受瞩目。对此，崔杰院长表示，尽管已有较好的发展基础，但土木工程一级学科与国内一些高水平院校相比，学科水平仍存在一定差距，在整个学科发展方面也面临着发展不平衡的情况。如何更好地激励老师们广泛参与到高水平大学建设工作中，以及如何更好地打造人才团队，是学院着力思考的战略方向。

在进入广东省高水平大学建设重点学科群之初，土木工程学院就提出了一系列高层次人才建设计划。对内，鼓励教师们通过科研、教学，参与到学院的高水平建设工作中来；对外，学院将延续开展已久的，在优势学科和重点平台上引进杰青、长江学者、“千人计划”等一流高层次人才的工作，同时挖掘具有发展潜力的青年学术骨干，有针对性地实施重点培养，确保其有更多精力开展学术研究，培养学术造诣高、创新能力强的高层次青年学术骨干。

随着抗震实验大楼建设的启动，土木工程一级学科中实力最强的防灾减灾学科科研环境将得到极大的改善，势必更好地支撑土木工程学院的整体发展。土木工程学院和抗震中心的相关教师、科技人员也将积极参与到地方的防灾减灾工程建设工作中，以创造更大的社会效益，服务好广东省地方经济社会发展。

（宣传部广州大学微信公众号）

12 月 10 日　“三大计划”助推高水平大学建设

“我们计划实施国家自然科学基金项目‘倍增计划’、科技平台‘提升计划’、科技成果‘飞跃计划’，通过‘三大计划’助推高水平大学建设。”科技处处长罗交晚说，“学科建设是推进高水平大学建设的重要一环，必须分层分类进行，全面稳步培养高峰、优势和特色学科。”

对于自然科学重点项目培育工作，罗交晚有着明确的方向和目标。他表示，国家自然科学基金方面，预计三年内逐年实现1、3、5倍的增长，2018年开始实现ESI学科突破；科技平台上，力争2018年将国家重点实验室培育基地提升为国家重点实验室，2020年新增国家工程中心1个、省工程中心

20~35 个、省重点实验室 3~6 个；科技成果方面，实现国家科技奖平均每年 1 项，SCI 收录论文年增长 50%……

罗交晚认为，为服务学校高水平大学建设的大局，科研管理部门应尽快转变观念，努力做好“三个服务”，即竭诚为师生的科研活动服务、为学校的管理决策服务、为广州的经济和社会发展服务。

（宣传部广州大学微信公众号）

12 月 10 日　广州大学承办广东省第一届新疆籍少数民族大学生骨干培训

12 月 10 日，由广东省教育厅主办，广州大学“李敏工作室”承办的广东省第一届新疆籍少数民族大学生骨干培训顺利举行。校党委副书记、纪委书记张强，省教育厅思政处处长袁本新出席了培训会。培训会由工作室负责人李敏主持，工作室省内 21 所成员高校的辅导员代表、新疆籍少数民族大学生骨干以及省外兄弟院校湖北民族学院的师生代表参加了培训。

培训会上，李敏老师与新疆内派教师广东工作站站长、新疆驻粤工作队副领队古丽娜尔·吾甫力老师分别从当前新疆籍少数民族大学生所面临的学业、就业压力，稳疆兴疆的重要战略意义入手，鼓励当代大学生继承民族文化的精髓，提高文化自觉、理论自觉，担当起建设大美新疆的重任，树立好行动目标和努力方向。在相关领域起到模范带头作用的八个优秀学生代表发表了成长历程演讲，他们中包括学习标兵、自强之星、公益之星、创业之星以及入职广州市公安局的优秀大学毕业生等。参训的骨干学生还就进一步加强学习交流、提升新疆籍少数民族大学生的社会责任感进行了讨论，听取了人力资源专家王红刚总监所做的职业规划和就业面试讲座，同学们普遍表示获益匪浅。

（李敏工作室）

12 月 10 日　历史系师生参加“广州十三行遗产活化与提升”主题活动

12 月 10 日，“广州十三行遗产活化与提升”论坛在广州荔湾区粤剧艺术博物馆举行，本次论坛由广东省社科院、中共广州市荔湾区委宣传部主办，广州大学十三行研究中心等单位承办。人文学院副院长王丽英教授、十三行研究

中心主任冷东教授及人文学院历史系本科生、研究生100人参加了活动。论坛首先由中共荔湾区常委、区委宣传部部长李黎女士致辞；随后六位学者分别从宏观、影视、经贸、媒体、规划和历史等角度就大会主题做精彩发言。最后，王丽英副院长感谢主办单位为广州大学学生提供了一个难得的学习机会，同时提出与荔湾区相关部门开展科研、教学和实习等方面合作的愿望。

下午，在王丽英副院长的带领下，同学们参观了十三行博物馆，近距离感受艺术的熏陶。通过一天的活动，同学们表示收获颇多，并希望学院能提供更多类似的学习机会。

（人文学院　罗章鑫）

12月10日　举办中华经典系列活动之诗“YI”广大明信片大赛

12月10日，学校开展中华经典系列活动之诗“YI”广大明信片大赛。本次大赛由共青团广州大学委员会主办，人文学院团委、学生会承办。大赛作品要求以广州大学校园内风景或人文景观为素材，进行摄影或绘画创作，并为之配上中华经典诗词。

本次活动一经开展，便得到了同学们的积极响应，共收到了来自人文学院、美术与设计学院、经济与统计学院等学院的117份作品。同学们通过相机、画笔等展现广州大学美景，并引用经典诗词、语句为图片配上诗意的文字，表达出同学们对学校由衷的热爱和赞美。

（人文学院　周艳红　张伊绵）

12 月 12 日　听，心的声音

12 月 12 日晚，广州大学人文学院心理协会联合新闻与传播学院、美术与设计学院的心理协会在文新楼 106 阶梯课室举行了“心理文化月”三院联合颁奖典礼。本次心理文化月的活动主题是“听，心的声音”，三个学院的同学分别以摄影、漫画、文字的形式，发挥各自的专业优势，为本次心理文化月增添色彩。仇妙芹、韩宝玉老师，广州大学心理协会总会会长以及新闻与传播学院、美术与设计学院、人文学院心理协会的会长、副会长出席了本次颁奖典礼。

绘画 141 班王昶彤同学和动画 143 班谢楷同学的作品《我的小幸运》勇夺一等奖。在场的观众也有幸欣赏了美设艺术团带来的“阿卡贝拉表演”。本次颁奖典礼在三个学院的共同协作下完美谢幕。这次活动让同学们从摄影、漫画、文字三个角度更形象地“聆听”来自心的声音，也体会到心理感受的表现形式可以是多种多样的。

（人文学院　何嘉慧　陈冬梅）

12 月 12 日　高校毕业生大学城专场供需见面会

12 月 12 日，由广东省教育厅主办、广州大学承办的广东省 2017 届高校毕业生大学城专场供需见面会在东区篮球场举行。近 350 家单位到会开展招聘工作，提供了近万个岗位，涵盖化工、经济、工程、新闻广告、机电、计算机、设计等岗位，吸引了近 9 000 名毕业生参加。

不少招聘单位均表示会注重考察求职者的综合素质，特别是综合表述能力和实习经历。他们看重毕业生的专业知识、实践操作能力和实际经验等，并将在面试过程中对应聘者的沟通交流能力、灵活变通能力、实习经历以及对未来的职业发展规划等方面进行考量。

十二月

此次参会单位中来自广州地区的有 200 多家，其他珠三角地区有 80 多家，还有部分外省企业。其中不乏戴尔（中国）有限公司、索尼（中国）有限公司、广东省九江酒厂有限公司、内蒙古伊利实业集团股份有限公司等知名企业。

（招生就业工作处　陈雅帅　钟柳洁　蔡锦姿　陈仲光）

12 月 13 日　绿色动力协会讲授环保教育课

12 月 13 日，为响应国家建设社会主义生态文明的号召，绿色动力协会环教部到卫国尧小学开设环保课堂。本次课堂的主题是“生活垃圾及其处理”。本次活动向小学生们介绍了垃圾分类的知识和目前广州市垃圾处理的情况，讲解了日常生活的垃圾分类，致力于提高他们变废为宝的环保意识。

课堂上同学们积极与“小老师”互动，踊跃地举手发表意见，课堂氛围良好。同学们认真地学习环保知识，并且与“小老师”产生了深厚的情谊。

（环境科学与工程学院　张伴）

12 月 13 日　首届绿色环保创意创业大赛暨大宗废旧物品再利用创意设计大赛

12 月 13 日下午两点，首届绿色环保创意创业大赛暨大宗废旧物品再利用创意设计大赛决赛在理北楼 305 室举行，出席此次大赛的嘉宾评委有来自建筑与城市规划学院的赵阳副院长、王雪霏老师、魏筱丽老师、江颖桥老师，华南师范大学的康园老师，

还有本次大赛的赞助商东莞微筑住宅科技有限公司的周长江先生、黄强先生和高海婷女士。

在赵阳副院长和周长江先生致开场词后，大赛开始。进入决赛的每个小组派出代表，借助 PPT，分别从设计思路、整体构想以及方案可行性对其方案进行讲解。面对评委的提问和建议，选手们都从容作答并虚心接受。

经过激烈的角逐，最终的比赛结果评出一等奖一组、二等奖两组、三等奖三组、优胜奖四组。

首届绿色环保创意创业大赛暨大宗废旧物品再利用创意设计大赛由东莞微筑住宅科技有限公司联合广州大学建筑与城市规划学院团委学生会共同举办，大赛宗旨是以“保护环境，节约能源”为背景，将“变废为宝”的创意产品运用到住宅小区的各个方面，以实现商业、环境和社会效益的最大化。

（建筑与城市规划学院　江颖桥）

12 月 14 日　当好“加油站”“助推器”，推动学科建设跑起来

“社科处不仅仅是上下级的‘传达室’，更应该成为高水平大学建设中学科建设的‘加油站’和‘助推器’，推动学科建设上水平。”时任社科处处长张其学说，“其他高校同样在不断地发展，因此我们更需要弯道超车，超常规地快速发展。”

对于学校人文社科学科发展目标，社科处计划分两步走：五年内，文科主要指标和综合实力要进入省内前 4、全国前 80，部分学科进入省内前 2 ~ 3、全国前 30 ~ 50，积极培育社会科学总论进入 ESI 全球前 1%；十年内，文科主要指标和综合实力进入省内前 3、全国前 50，部分学科进入省内前 1 ~ 2、全国前 20 ~ 30，社会科学总论进入 ESI 全球前 1%。

张其学认为，我们要扎实建设文史哲等基础学科和心理学等应用学科，打造教育学等优势学科与艺术类学科等特色学科，推动交叉学科或学科群建设；整合法学学科、艺术类学科、经管类学科等相关学术资源，促进“学术共同体”的发展；优化相关学科的学科方向，如推动新闻传播与数字技术、公共管理与大数据、工商管理与互联网的结合，使我们的学科内容更好地适应和满足经济社会发展的需要。“对以往的粗放型学科建设要进行精细化管理，不同的学科应建立不同的要求、建设标准和考核标准，如基础学科的研究更多地看

重原创性，应用学科要考量其多大程度上呼应社会的需求。”

（宣传部广州大学微信公众号）

12月14日　瞄准学科发展前沿，“地理+”行动

地理科学学院吴志峰院长对高水平大学建设信心满怀。他胸有成竹地道出未来十年地理科学学院的学科发展目标——瞄准国内外地理学学科发展前沿，立足以广州为核心的华南区域，不断提升人才培养、科研创新与社会服务能力，着力打造学科体系建设完备、优势突出、特色鲜明的地理科学科研、教学创新团队，跻身国内一流的地理学学科方阵。

以博士点申报为抓手，全力推进高水平学科建设是学院的主要规划思路之一。吴志峰院长表示，要抓好学科方向凝练、人才队伍建设、硕士研究生培养质量等博士点申报的关键环节。学院将优化学科专业设置，加强精品课程建设，强化原有省级精品课程，在“地理国情监测”“土地资源管理”“服务业与城市更新”“城市生态与人居环境”等领域培育新的精品课程。与此同时，提升国际科技合作创新水平，积极承办高水平国际学术会议，扩大广州大学地理学科的学术影响。积极参与政府之间的合作项目，加入国际科技交流与学术组织，也是未来努力的方向之一。

在学校的统一部署下，地理科学学院还计划在校内开展“地理+”行动，例如与公管学院、工商学院在“土地资源管理”领域加强合作，与建筑学院在“城乡规划”方面加强合作等。此外，地理学作为骨干学科之一，参与“区域水环境安全与水生态保护”重点学科群建设，也将通过交叉、协同创新为地理学科发展增添新动力，为学校高水平大学建设做出贡献。

（宣传部广州大学微信公众号）

12月14日　借力“百人计划”，狠抓学科建设

新闻与传播学院纪德君院长表示，为把高水平大学建设落实到行动中，学院紧锣密鼓、有条不紊地推进各项工作。当下，“人才引进”是学院最重要也是首要的工作。借力于学校实施的“百人计划”，学院在国内广泛摸查学科发展所急需的优秀人才，并主动去联络引进。相关负责人分头北上，为学院发展招兵买马，目前已物色十几位高层次人才和优秀青年博士，人才引进初见

成效。

新闻与传播学一级学科博士点申报是学院另一重点工作。根据学院的战略设计，在急需人才到位后，学院会根据一级学科硕士点的建设以及博士点的申报要求，争取在较短的时间内搭建好学术团队，形成至少包括新闻生产、网络传播、影视传播、舆情研究四个方向的精英团队，用来支撑博士点的申报。

更具匠心的是，为培养“三创”学生，提升学生的创新创业素质，学院计划打造“华南未来传播创意中心”，作为服务经济社会发展的实践性创业平台，为师生们介入项目研发、参加实践、培养创新意识、贴近传媒业的发展而服务。纪德君院长说：“对新闻与传播学院来说，培养‘三创’学生并非是一个孤立的事情，而一定要根据传媒业界的发展态势来实现。目前，学院在对学生的培养方面也相应做出了调整，致力于培养具有‘互联网+’思维的学生。”

（宣传部广州大学微信公众号）

12 月 14 日　“电影鉴赏”主题学术讲座

12 月 14 日，珠江电影集团党委书记兼董事长蔡伏青在图书馆副楼五楼报告厅为人文学院学生做“电影鉴赏”主题学术讲座。人文学院院长刘晓明和院党委书记李芬出席此次讲座。

讲座开始时，蔡伏青告诉同学们：“现在的电影是用来体验的。”他从好电影的标准、观众的喜好和将卖点变亮点等方面向同学们讲述如何制作好电影。

此次“电影鉴赏”主题学术讲座圆满结束，同学们收获甚多。

（人文学院　吴佳滢）

12 月 15 日　“秋然”摄影大赛

10 月 22 日，法学院外联小组开始策划“秋然”摄影大赛这一大型宣传活动，并邀请了多名老师、团委学生会网宣部部长、团委学生会宣传部部长，以及一名校外专业人员作为评委。经过紧锣密鼓的策划，“秋然”摄影大赛项目于 11 月 9 日正式发布第一篇推文。

“秋然”摄影大赛以丰厚的奖品鼓励学生们走出宿舍、走出课堂，用心去

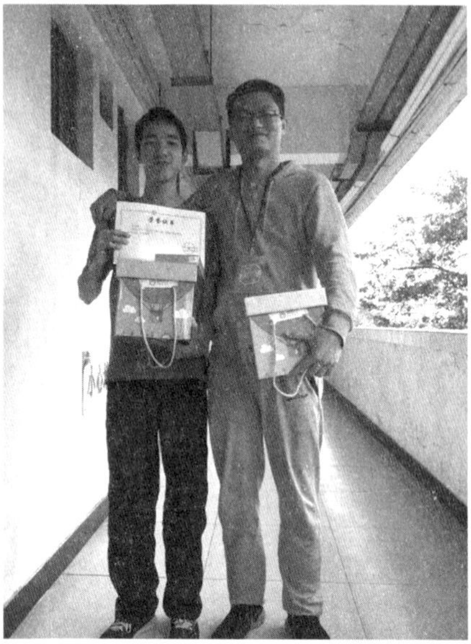

挖掘独属于广州、别有一番趣味的南方特有的“秋”意，去探索运动会中的拼搏精神与“燃”起的青春热血，去寻找校园食堂之外、桂花岗街道之外的美味与飘“香”的特色食物。该项目成功开阔了学生的视野、激发了学生的思维、锻炼了学生发掘日常生活中的美与趣味的能力。学生长期以来忙于低头学习，鲜有时间抬头看窗外世界，本次活动提供了一个让学生放下书本，探索另一个世界的机会，同时，也宣传了美丽而有趣味的广州本地的景色、人文以及美食。

法学院学生，乃至校内外学生对“秋然”摄影大赛产生极大兴趣，多名学生积极报名参加比赛，上交了十分优秀的作品。整个摄影大赛项目于12月15日圆满落下帷幕，并获得了参赛者以及观赛者们的一致赞赏与好评。

（法学院　马家愉）

12月16日　屈哨兵赴中兰村调研广州大学精准扶贫工作

12月16日，校党委书记屈哨兵及相关职能部门负责人一行赴梅州市大埔县大麻镇中兰村实地调研广州大学对口帮扶中兰村的相关工作。大埔县县委副书记李宏、扶贫局副局长连军强，大麻镇党委书记肖建文、镇长陈亿岳等陪同调研。

针对中兰村交通不便、信息相对滞后等实际情况，广州大学调研工作组随行的学校门诊部医务人员团队开展了医疗下乡服务。当天，约200位村民到场咨询或接受义诊。医务人员热情解答村民们的疑惑，为他们发放常备药品，受到了村民们的热烈欢迎。

校党委书记屈哨兵对大埔县、大麻镇在对口帮扶工作中给予的信任支持表示感谢，对县、镇、村各相关方与广州大学就中兰村精准扶贫开发形成的“以农为主、生态保护”的工作共识表示赞同。他指出，在落实国家“四个全面”战略布局和省“两个率先”工作目标的大背景下，加快推进精准扶贫，是广州大学应尽的责任。中兰村对口帮扶工作目标明确、措施得当，得到了村民的拥护支持。接下来应在综合调研的基础上注重创新，以扎实的作风、良好的沟通推进帮扶工作的深入开展。

座谈会结束后，大埔县县长朱汉东在大麻镇政府会见了屈书记一行，双方就广州大学帮扶中兰村精准扶贫工作交换了意见。屈书记一行还前往中兰村主村口、青子黄塘水库等处实地了解农田水利水圳疏导工程、主村路口道路拓宽工程及环村公路的建设情况。

（新闻中心）

12 月 16 日　旅游学院举行 2017 届毕业晚会暨年度表彰大会

12 月 16 日，旅游学院 2017 届“齐闻驿事”毕业晚会暨年度表彰大会在学校“小巨蛋”隆重举行。虽然寒风刺骨，但是表演者呈现出来的别具风格、精彩绝伦的视听盛宴，温暖了到场的每一位观众。学院党委书记胡幸福教授、学院党委副书记刘绍东老师、学院副院长何向副教授、学工办老师以及毕业班各班班主任参加了本次晚会。

合唱团一曲欢快、洒脱、充满动力的 *When We Sing Sing* 作为开场迅速点燃了全场的气氛。接下来是学院表彰环节，学院党委副书记刘绍东老师宣读 2015—2016 年部分先进集体与个人表彰决定，表彰学院在“挑战杯”、易班、优良学风班中表现优秀的集体和个人。学院党委书记胡幸福教授与学院副院长何向副教授为获奖集体和个人颁奖。

隆重的颁奖仪式后举行了毕业生代表为学院捐赠物资仪式，学院毕业生为学院捐赠价值2 000元的学生活动用品。

随后，晚会正式开始，伴随着悠扬而又柔和的小提琴伴奏，中法131班给大家带来了一首感心动耳的合唱《思念是一种病》；2016年恰逢中国工农红军长征胜利80周年，在那首怀念红军、深情动听的《映山红》的伴奏下，老干部艺术团用优雅的舞蹈与情景表演向我们诠释了红军的信念与精神；在可爱诙谐的“天使”的带领下，在场的观众一同重温了国旅班大学四年里四段“奇妙”的经历。

（旅游学院　李海雯　王玉珏）

12月18日　环保企业专场招聘会

12月18日，由广东省环境保护产业协会、广州大学招生就业处主办，广州大学环境科学与工程学院承办，中山大学、华南理工大学、华南师范大学、华南农业大学、广东工业大学联合协办的“2017届毕业生广东省环保企业招聘专场”于广州大学图书馆广场顺利举行。广东省环境保护产业协会区军副秘书长、易颂辉副秘书长，广州大学招生就业处陆财深处长、罗福先副处长，环境科学与工程学院刘文波书记、朱晓军副书记等领导来到现场指导。

来自全国各地的178家环保企业为应聘者提供了739个岗位与2 742个职位，吸引了省内外各地区高校数千名本硕应届毕业生前来应聘。

此次招聘会是环境科学与工程学院连续第八次承办的环保企业招聘专场，这些举措成为学院开展学生思想政治教育工作的一个强有力支撑。广东省环保企业专场招聘会作为广州大学促进大学生就业工作的特色传统项目，已在各大高校、企事业单位及社会中产生了广泛且良好的影响。

（环境科学与工程学院　王静）

12月18日 “我的大学”新生成长论坛

12月18日晚，教育学院在图书馆副楼一楼讲学厅成功举办了以“我的大学”为主题的2016级新生成长论坛。此次论坛旨在通过邀请学院历届优秀毕业生及在校生，与新生分享自己的大学经历，树榜样，立典范，为2016级师弟师妹答疑解惑，指引大学生成长成才。

大四在读生赖鹏津讲述了自己是如何从一个迷茫的新生变成拥有自己独立摄影工作室的CEO；“十佳学生”张洁铃为大家讲述在成长为“学霸”的道路上如何找到自我的价值；2012级创业达人蔡瑞麟（香港籍）分享其大学期间的创业之路；“歌神”白冰结合自身人力资源岗位工作经验，为2016级新生的大学生涯规划提出了很多极具实用价值的建议；从英国莱斯特大学留学归来并任教于北师大珠海校区的康蔓莹压轴登场，其精彩的大学生活和留学经历激起了台下同学的浓厚兴趣。

来自不同领域的五位优秀教院人，通过不同的精彩故事，让2016级新生对大学生涯有了更感性的认识，也有了更实际的人生目标。

（教育学院　蔡冰）

12月18日 面向全球，广发英雄帖

12月18日，首届广州大学国际中青年学者论坛在广州大学大学城校区隆重举行。广州市副市长王东出席开幕式并致辞。魏明海校长做了题为“共同参与广州大学高水平大学建设”的主旨宣讲。广州大学系统流变学研究所所长袁学锋教授、英国格拉斯哥大学人文地理专业安宁博士在开幕式上作为特邀学者代表发言。广州市教育局副局长吴强，市人社局副巡视员张胜年，广州大学党委副书记、纪委书记张强，副校长徐俊忠、于欣伟、傅继阳出席了开幕式。开幕式由党委书记屈哨兵主持。

论坛以促进中青年学者交流、引进海内外优秀人才为初衷，着力搭建引才平台，特别是为有意向加盟广州大学的、现有各学科领域和重点发展研究领域

人才提供人才引进的快捷通道，使其通过与会发表专题报告、参加学术研讨和人才洽谈等形式，广泛了解和深入接触广州大学。论坛参会学者分别来自牛津大学、耶鲁大学、剑桥大学、斯坦福大学、北京大学、清华大学、香港大学等国内外知名高校和科研机构，论坛涵盖美、英、加、德、法等多个国家及中国港澳台地区的学者。参会学者围绕大学人才引进培养、学科发展前沿走向等高校发展的关键性、根本性问题进行交流探讨。

屈哨兵书记、魏明海校长在论坛上发出邀请："作为广东省委、省政府和广州市委、市政府重点建设的综合性大学，现在和未来几年，是广州大学全面建设高水平大学的关键时期，亟待更多强有力的智力支撑。以有竞争力的薪酬待遇吸引人，以广阔的发展平台留住人，以优越的治学环境感染人，广州大学敞开大门，热情期待全球优秀人才共襄盛举、共商发展！"

面向全球，广发英雄帖；招聘院长，以开阔胸怀集纳英才。广州大学正全力落实广州市人才工作举措，鼎力打造宜学宜业宜居的人才高地。群贤毕至，群英荟萃，筑梦高水平大学，新进人才与现有人才将形成强大的人才合力，在个人学术事业提升与学校高水平建设的融合之路上走得更远、发展得更好！

（宣传部广州大学微信公众号）

12月19日　2017年新年音乐会

12月19日，广州大学2017年新年音乐会在演艺中心拉开帷幕。出席此次音乐会的有党委书记屈哨兵，党委副书记、纪委书记张强，副校长于欣伟等领导，部分师生以及广州大学首届国际中青年论坛的嘉宾们。屈哨兵书记在音乐会正式开始前致辞，他说："音乐是不分学科、不分国界、不分年纪，也不分性别的，只要你愿意使你的生活变得更加丰富，那么你就会喜欢音乐。"

本场音乐会由党委宣传部、校工会及校团委共同主办，由学生艺术团管弦乐团、合唱团，音乐舞蹈学院及老干合唱团联袂演出。

当本次音乐会以表演校歌作完美谢幕后，表演者们又以一曲五月天串烧作为本次新年音乐会的 encore 环节表演，将全场的气氛又一次推向高潮，展现出广大人的专业水准和对演出的驾驭能力。现场观众也毫不吝惜他们的掌声和欢呼声，为演出者们献上赞美之语。新年音乐会最终圆满落下帷幕。

（宣传部广州大学微信公众号）

12 月 19 日　举行经典阅读读书交流会

12 月 19 日，马克思主义学院于 B6“五室一站”学习辅导室举行了一次经典阅读读书交流会。本次活动邀请了青年教师吴阳松博士来分享他的读书经验和体会。

吴阳松老师认为，仓廪实、衣食足后，我们就开始了对精神文化的追求。但当今社会功利浮躁，我们要看到这种现象背后“安静的东西”，要通过读书来提升自己。“越往后走，人与人的区别就体现在思想方面了。”吴阳松老师如是说。

吴阳松老师针对同学们的疑惑给出了具有指导性意义的建议：大一、大二的同学在选择书目的时候，要结合专业特点和自身水平；读书的时候，要理出书中脉络，关注当中逻辑，汲取优秀观点；遇到难题的时候，要钻研，要琢磨。

吴阳松老师在交流会过程中多次提到应把读书作为兴趣，不能抱有功利的心态。应不狂傲、不急躁，记不住章节也不强求，要把读书当做一件赏心乐事。

（马克思主义学院　何佩珩）

12 月 19 日　人文学院研究生沙龙

12 月 19 日，人文学院研究生沙龙第一期“罗纨绮素入文章，便识乡野与庙堂”于文俊东楼 602 室举办，2015 级中国古代文学研究生罗春菊身着传统汉服主持了这次学术沙龙。

沙龙活动以服饰类代称作为切入点，结合当时的社会文化背景进行解读，梳理了这类服饰类代称的本义以及引申义，并由此拓展开去，采用了图文并茂、问答互动的形式，与到场的师生探讨了服饰类代称所蕴含的社会文化内涵。人文学院曾大兴教授对本次沙龙表示了鼓励和认可，还现场给同学们补充了与之相关的拓展知识，并给出了专业的指导意见。

本次沙龙活动给师生提供了一个分享交流的机会，调动了师生的参与积极性，增强了不同学科学生之间的沟通交流，启发学生进行多角度、全方面的学术研究，同学们都表示获益良多。

（人文学院　黎彦彤）

12 月 20 日　生命科学学院举行易班建设座谈会

12 月 20 日晚，生命科学学院于文新楼 314 室举办了易班座谈会。学工办张绪庆老师、学院易班工作站各成员及各班的信息委员参加本次座谈会。

张绪庆老师以谈心为主，以会议为辅，努力营造轻松的氛围，力求与会代表们能更自然地表明观点，从而提出有效建议来促进易班建设。

鉴于目前存在的问题，通过交流讨论，大家达成共识：要大力宣传易班的诸多功能，普及易班的实用性，并在班会上进行推广。鉴于易班是十分优秀的学习资源库，鼓励大家多浏览易班。学院通知及大型活动的有关内容可放在易班，吸引同学们关注交流。各班各部门都需齐心协力，在易班这一新型平台上展现更好的学院风采。

（生命科学学院　赖淑燕）

12 月 21 日　屈哨兵为“千千”工程团课开讲

12 月 21 日下午，党委书记屈哨兵教授给人文学院汉语国际教育 151 班团支部全体团员进行了一场精彩的团课授课，这也是“千名教工党员联系千个团支部”工程（简称“千千”工程）团课活动的第一讲。

团课主要采取互动的形式。面对同学们提出的问题，屈书记都耐心地做出了解答。对于“当代青年人应如何实现自身价值”这个问题，屈书记剖析了当前世界和国内的社会发展变化，展开讨论了青年人如何实现成长发展这一话题。接着，屈书记回溯了青年人尤其是中国共产党党员在历史上为国家所做的贡献，提出当代青年要主动承担构建人类命运共同体的责任。最后，屈书记对汉语国际教育 151 班团支部的全体团员寄予厚望，期待他们设计好自己的人生，成就自己，成就国家。

通过这次团课，团员们充分认识到自身的价值，获得了对未来发展的方向性指导。团员们纷纷表示要积极上进，与国家建设、时代发展同行！

（人文学院　李仁杰）

12 月 21 日　旅游学院举办意美交流会

李灏南分享赴美带薪实习经历

暖暖冬至日，由旅游学院就创部举办的“意大利交换生和美国暑期带薪实习交换项目分享会”在文俊东楼 205 室举行。从意大利交换学习归来的汤仪同学和从美国带薪实习四个月归来的李灏南同学作为嘉宾，到场分享了自己的留学经历和经验。

首先是汤仪分享自己在意大利的留学经历。听了汤仪的分享，在场观众心潮澎湃，纷纷提出自己的问题。

接下来是李灏南分享美国打工之旅，以及与外国友人同游的故事。他表示，穿越美国的旅行，不仅提高了自己的英语口语水平，更充实了自己的人生经历，扩展了眼界。同时，两位同学都提到了在外留学的另一面，那就是异国他乡，有时会感到孤独。两位同学勉励大家，交换生名额竞争激烈，如果想出国交换，一定要学好语言和专业基础知识。

（旅游学院　赵梓璇　王玉珏）

12 月 21 日　广大易班易小羊陪你过冬至

为了增进同学们对我国传统文化的了解，丰富同学们的校园生活，易班学生工作站于 12 月 21 日晚在梅苑餐厅二楼举行了“感受传统文化　领略经典风俗——易班与您共度冬至佳节”团体活动。广州大学党委副书记、纪委书记张强，学生处处长郑美玲等领导，以及易班学生工作站全体成员、各学院易班学生工作站指导老师、各学院易班工作站代表及成功通过易班线上抢票的同学等近 200 人参加了此次活动。

广州大学党委副书记、纪委书记张强发表讲话，他认为冬至是我国具有悠久历史文化传统的重要节日，俗话说“冬至大过年”，可见人们对冬至的重视程度。他代表学校领导和老师向同学们表达了冬至节日的慰问和关心，对易班工作站全体成员在工作中的付出和努力表示感谢。同时，他表示能够和同学们共度佳节是一种荣幸，希望同学们能够在这个活动中收获快乐，收获一份离家在外的温暖。

领导老师们的祝福让同学们感受到来自学校的关爱和温暖，现场气氛十分热烈。活动正式开始后，全体人员分成三个小组入座，一起动手包饺子。同学们各显神通，包出了各式各样的饺子。同时，易班大屏幕也播放着与二十四节气知识相关的视频。在这个过程中，各组组员之间的关系更加密切。通过亲自动手包饺子，同学们对冬至吃饺子的习俗有了更直观的感受，对灿烂的中华传统文化有了更深入的认识。

（学生处　肖俊容）

12 月 22 日　地理学子在《一站到底》荣获佳绩

柯金钊在比赛现场

2016 年 12 月，地理科学学院学子积极参加了在江苏省南京市举办的“美丽中国”第三届全国国家版图知识竞赛电视赛暨江苏卫视《一站到底》特别节目。经过层层选拔，地理 141 班柯金钊同学作为广东省入围半决赛的五名选手之一，最终荣获“美丽中国”第三届全国国家版图知识竞赛电视赛二等奖。

地理科学学院共有十一位同学报名参加本次活动，其中进入半决赛的柯金钊同学荣获二等奖，进入省赛的温牡玉同学荣获三等奖，地理科学学院也荣获优秀组织奖。此次竞赛拓宽了参赛者的视野，实现了将地理知识理论应用于实践的目的。

（地理科学学院　学工办）

12 月 22 日　第九届筑纸大赛

12 月 22 日下午两点，由建筑与城市规划学院科技实践部举办的广州大学第十二届学术科技节之第九届筑纸大赛在理北楼一楼“玻璃盒子”举行。

此次筑纸大赛以“和”为主题，由陈立新副书记出题。比赛分为新生组与高年级组，两组选手轮流介绍自己的作品后，由评委老师点评并提出建议，最后通过评委老师的评选和观众投票，分别选出两组一、二、三等奖以及最佳人气奖。

此次筑纸大赛对于学生来说，不仅是一场精彩纷呈的视觉盛宴，更是一次学习的契机。

（建筑与城市规划学院　江颖桥）

12 月 23 日　校歌民谣版重磅发布

锅碗瓢盆噌噌响
梅兰竹菊苑飘出醉人的饭香
南五路铺着淡粉色的紫荆
美事多堆着新鲜多汁的鲜橙橘子
昏黄的路灯下红棉路还未收摊
手绘海报和七彩气球在冬日摇曳
图书馆还燃着你灵魂的余温
离家的日子一日比一日远
我们终究会告别毕业的夏天
你含笑带泪说我们还要继续相见

12 月 23 日，校歌民谣版重磅发布。校歌是校园文化的重要组成部分，是一个学校对内的号召和激励，也是对外的形象展示和宣言，是学校办学理念、校园精神和学校特色的集中体现。

作曲家柳进军老师认为，这个民谣版更贴近大学生，拉近了大家心与心的距离。民谣版更轻松，易懂易唱，更接近大学生的心理状态，传播性更强。

（宣传部广州大学微信公众号）

12 月 23 日　23 项成果参展“2016 广州大学城创新创业成果交流会”

“2016 广州大学城创新创业成果交流会”于 12 月 23 日在广州大学城广东科学中心隆重举行。校长助理周云教授和人事处、科研处、服务经济社会工作处负责人参加了本次交流会。

广州大学有 23 项成果参展本次交流会，与街镇对接单位石楼镇签署了项目合作协议并互换了合作协议文本。

本次交流会旨在为大学城高校师生创新创业成果转化搭建平台，推动大众创业、万众创新，推动企业、镇街与高校开展精准对接，为创业师生提供完善的创业孵化加速、风投基金、园区落户及人才等服务。

（宣传部广州大学微信公众号）

12 月 24 日　“五室一站”为学生营造良好学习、生活、娱乐环境

“五室一站”建设是学校按照突出功能、统一规划、统一配置、节俭实用的原则，从 2015 年下半年开始按照 B12 栋“五室一站”的建设标准在其他 23 栋学生宿舍中分期分批推进的。每栋宿舍楼都设有党团活动室、综合阅览室、学习辅导室、互助学习室、休闲康体室、心情驿站等功能室，为同学们在宿舍区营造一个良好的学习、生活、娱乐的综合环境。

作为学校为同学们精心准备的福利项目，这一年来“五室一站”项目为同学们带来了很多便利。每栋楼的活动室都有专门的负责人管理，而且都经过一番精心的布置，环境温馨舒适，另外还有免费的 WiFi 供同学们上网查阅资料。

二楼党团活动室定位为“两办”办公室，是专任教师进社区值班处；三楼心情驿站定位为可外借用于开展心理咨询、部门例会等活动的功能室。与二、三楼不同的是，四、五、六楼的“五室一站”更侧重于提供一个学习与讨论的场所。四楼综合阅览室和五楼学习辅导室均为自习室，六楼互助学习室则为学科竞赛团队讨论的头脑风暴基地。根据不同功能室的功能以及自身需要，社团组织代表可提前两天按相关申请程序向相关学院部长或兼职辅导员申请使用。

“五室一站”除了给同学们提供一个安静学习的地方外，还会经常组织各种有趣的活动。

广州大学的“五室一站”项目将一部分学生活动转移至学生宿舍，并将宿舍内的功能室有规划地充分利用起来，在方便同学们学习的同时，也丰富了同学们的宿舍生活。

（宣传部广州大学微信公众号）

12月24日　《站在云朵上的人》喜获佳绩

2016年12月24日晚，广东省第五届岭南舞蹈大赛颁奖典礼在江门落下帷幕。音乐舞蹈学院选送的小舞剧《站在云朵上的人》脱颖而出，一举获得表演金奖、创作银奖、作品银奖、舞美设计银奖、音乐制作银奖“一金四银”的好成绩。这是该剧获得2016年国家艺术基金后的又一佳绩，充分体现出学院师生面对挑战的团队精神，也展示出学院专业教师的导演、编导能力及教学水平。

（音乐舞蹈学院　简碧滢）

12 月 25 日　走进雅村——声乐艺术讲座暨学生音乐会

12 月 25 日，音乐舞蹈学院在广州图书馆举行“走进雅村——声乐艺术讲座暨学生音乐会”。院长罗洪教授带领“东山少爷”等目前活跃在广东乐坛的青年歌唱家及青年钢琴家罗菲，为观众献上了一场精彩纷呈的音乐盛宴。音乐会的曲目丰富多彩，既有原创作品、经典民歌，也有音乐剧《歌剧魅影》《猫》《雪狼湖》等选曲，还有《暗香》《我是真的爱你》等流行金曲。

会后，罗院长接受《广州日报》《新快报》等媒体采访时表示：“两团一校”对他来说有很大的“诱惑”，学生可以有很好的实践舞台和对口出路，学院和院团的合作必定会擦出非常亮眼的火花。另外，学院于 2017 年将成立流行音乐与音乐剧和粤剧粤曲两个表演艺术中心，而流行音乐演唱、演奏及音乐剧表演等专业也计划于 2017 年开始招生，为广州文化储备推出更多作品和人才。“我们希望每年推出一首以广州为主题的歌曲，每一两年打造一部广州原创的音乐剧。”罗院长如是说。

（音乐舞蹈学院　周艳）

12 月 27 日　中印新闻学院交流座谈会

12 月 27 日，印度访学团带队老师与学生代表来到新闻与传播学院会议室与学院师生进行了一次中印新闻学院交流座谈会。

座谈会伊始，印度访学团学生代表进行了团队的自我介绍后，国际交流处杨海斌处长致辞，对客人的到来表示热烈的欢迎。新闻与传播学院尹杭老师介绍了学院的专业设置、学院培养人才方案。随后，德里大学的老师 Dr. Tarjeet Sabharwal 和 Dr. Shikha Gupta 先后介绍了学校情况，印度访学团学生代表 Priya Keswanl 和 Sanjana Kataria 分享了她们的学习成果。

在杨海斌处长与孙凌书记的带领下，印度访学团参观了文逸楼 639 虚拟广播室。在虚拟广播室中，中印师生展开了热情的交谈，互相交流学习心得及在校生活经历。印度学生代表 Vinita 在接受采访时表示对中国学生代表的热情与礼貌印象深刻，并认为自己在此次交流活动中，不仅学到知识，而且收获了友谊。

（新闻与传播学院　向奕柯）

12 月 27 日　工商管理学院博士讲坛开讲

12 月 27 日，由工商管理学院主办的"交流思想，探索学术——广州大学工商管理学院博士讲坛"第一讲在桂花岗校区综合楼南 606 室拉开帷幕。本期主题是"我和我的大学老师"，主讲嘉宾是工商管理学院企业管理系青年博士刘鹏老师。

该讲坛的宗旨是拉近学生和青年博士老师之间的距离，给大学生提供一个与青年博士老师近距离接触的机会，深入了解青年博士老师们的生活、学习和科研，让更多的学生走进青年博士老师们的日常，看到努力奋斗的榜样，感受成长力量的推动，明白科研的方式、方法和价值，激发个体学习与成长的欲望，从而明确未来的发展方向和目标。

（工商管理学院　桂花岗校区 2016 级级委）

刘鹏老师主讲"我和我的大学老师"

12 月 27 日　学生代表座谈会

为了更好地服务学生，为校级党员领导干部召开 2016 年度民主生活会征求学生意见，12 月 27 日下午，广州大学在图书馆副楼 108 会议室召开了广州大学“校级党员领导干部 2016 年度民主生活会会前征求意见学生代表座谈会”。来自全校 24 个学院及校学生会、校红十字会、校自律会等组织的 38 位学生干部参加了会议。学生处处长郑美玲、副处长陈泽龙等与同学们在会上展开了互动。

会上，多名学生干部开启“抢麦模式”，就学生关心的热点问题，向学校提出意见和建议。经济与统计学院团委副书记李文同学反映，学生活动过于频繁，个别活动甚至影响了学习，建议减少活动数量，提高活动质量，走精品活动路线；广大商业中心娱乐活动多，而且活动产生的噪音大，影响学生休息。校研究生学生会主席杜明铭同学建议学校在生活上多关注研究生创业就业问题，在学术学习方面多举办学术论坛，以增强学生的学术科研能力。其他同学也踊跃发言，会场气氛热烈。郑美玲处长、陈泽龙副处长记录了学生代表们提出的问题并做了相关回应。

校领导民主生活会会前征求学生代表意见，是为校领导以学生为本、以问题为导向召开民主生活会提供决策材料的重要环节，也是学生们参与学校管理、治理，做广大主人翁的有效渠道。

（学生处　葛泽胜）

12 月 27 日　2016 年中国植物遗传与分子育种高峰论坛

12 月 27 日，由中国遗传学会植物遗传与基因组委员会主办、广州大学生命科学学院和中国科学院大豆分子设计育种重点实验室承办的“2016 年中国植物遗传与分子育种高峰论坛”在广州大学大学城校区隆重举行。

植物遗传与分子育种学科领域的学术专家齐聚广州大学，共同探讨植物遗传与分子育种领域的学术前沿课题，加强交流与合作。这是植物遗传与分子育种学科领域的学术盛会，也是生命科学学科发展的大事，更是广州大学基于“三个面向”，全面深度实施广州发展“三个对接”原则，积极谋划布局新的学科发展平台，谋求新的学科增长点。

此次学术高峰论坛，对生命科学学院生物学学科发展前沿和走向，以及未来健康产业的构建，具有重大引领意义和促进作用。

（生命科学学院　张绪庆）

12 月 28 日　国家三级心理咨询师培训考证班开班

12 月 28 日上午，广州大学国家三级心理咨询师培训考证班开班培训动员大会在图书馆讲学厅举行，培训对象为报名参加的各学院党委副书记及辅导员。学校党委副书记、纪委书记张强，学生处处长郑美玲，王国华书记，人事处副处长李增祥，上馨心理学院项目总监执行董事涂敏、中山大学公共卫生学院郭丽老师出席动员大会。大会由郑美玲处长主持。

郭丽老师在图书馆讲学厅主讲第一堂课

学校党委副书记、纪委书记张强作开班动员讲话，他指出：“广州大学学生工作队伍是一支优秀的队伍，在广东省高校中走在前列，部分学生工作品牌在全国都有一定的影响力。但在大学生心理问题越来越突出的今天，辅导员在心理健康教育方面的职业素养需要进一步提高，工作热情和工作经验不能取代心理咨询方面的知识和技能。学校领导一直高度重视学生工作干部的成长，不断加大培训力度。作为一名学生工作干部，在个人品质、知识结构和工作经验之中尤其要注重个人品质的完善和提升，明确职责和定位，充分利用此次培训机会，加强学习和交流，提高素养，完善自我，努力为学校高水平大学建设贡献力量。”

此次动员大会的举行，拉开了国家三级心理咨询师培训课程的帷幕。本次心理咨询师培训是广州大学认真贯彻落实习近平总书记在全国高校思想政治工作会议上重要讲话精神的重要举措，旨在进一步提高学生工作队伍的专业化、职业化水平，切实加强对学生的人文关怀和心理疏导，增强学生心理健康教育工作的科学性、有效性和针对性，促进学生健康成长成才，为高水平大学建设提供强有力的人才保证和智力支持。

动员大会结束后，第一堂课由郭丽老师在图书馆讲学厅主讲。

（学生处　廖勇　杜亚辉）

12 月 30 日　屈哨兵书记、魏明海校长发表新年贺词

12 月 30 日，学校党委书记屈哨兵、校长魏明海面向全校师生发表新年贺词。贺词全文如下：

各位广大人，时间过得真快，2016 年即将过去，2017 年即将到来。在这辞旧迎新的美好时刻，我们谨代表学校党委和行政，向辛勤耕耘、孜孜以求的全体师生员工，向离退休老同志、海内外校友以及关心支持广州大学发展的社会各界人士，致以诚挚的谢意和新年的祝福！

2016 年，在省委省政府、市委市政府和上级教育主管部门的正确领导和关心支持下，全校师生员工认真学习贯彻党的十八大和十八届三中、四中、五中、六中全会精神以及习近平总书记系列重要讲话精神，发扬“与时俱进、克难求进”的广大精神，切实按照广东省、广州市建设高水平大学工作部署，全面推进高水平大学建设，先后召开了全面推进高水平大学建设专题工作会议、全面推进高水平大学建设管理工作会议，学校站在高水平大学建设新的历史起点上。这一年我们在人才队伍建设、学科建设、人才培养、科研创新、国际合作与交流、党建与思想政治教育等各方面工作都取得了喜人的成绩，学校已经踏上了新的发展历程。

一年来，学校大力加强高层次人才队伍建设，出台了《高层次人才引进与管理若干规定》《“百人计划”人才引进办法》和《新近讲师聘用办法》，召开了首届国际中青年学者论坛，引进了包括中科院“百人计划”学者在内的教授、博士 126 人，特聘领军人才 4 人，新增“中青年科技创新领军人才”、国家万人计划教学名师、青年珠江学者等一批。切实加强人才培养工作，大力开展创业精英培训，创业团队总市值突破亿元，学生创业实践赛项目荣获“创青春”全国大学生创业大赛金奖；教学改革项目建设取得新进展，连续三届获得国家级教学成果奖；广大学生在省级以上学科竞赛中获得 218 项

奖励。学校大力推进科研创新，获得国家、省部级科研项目、奖励、平台一批。学校大力推进学科建设，坚持“三个面向”，深度实施与广州的“三个对接”，谋划推进在珠三角地下资源与城市地下空间开发等七个领域布局新的研究和学科发展平台，全面提升学科核心竞争力。学校大力推进服务社会工作，承担了中法海洋卫星散射计数据处理、前海合作区能源综合利用专题研究等社会服务项目近1 000项，服务经济社会发展能力和水平不断提升。学校扎实推进国际交流与合作，与16所国外高校新建立了合作关系，推进城市可持续发展国际联合研究中心等平台建设，加强与广州友好城市高水平大学的交流与合作，优化全球战略合作伙伴关系布局；在伊朗马赞德兰大学建立了第三所孔子学院，进一步拓展了与“一带一路”沿线国家的合作。

一年来，全校各级党组织深入开展“两学一做”学习教育，切实推动学习教育融入经常、融入日常；认真开展学校中层领导干部换届，努力打造一支“厚德、开拓、务实、奉献”的干部队伍；扎实推进党风廉政建设，认真落实“两个责任”，有关工作得到了市委检查考核组的充分肯定；不断推动全面从严治党向基层延伸，切实加强了基层党建工作，增强了基层党组织活力，为学校各项事业提供了坚强的政治保证和组织保障。切实开展“千名教工党员联系千个团支部”活动，大力培育打造中华经典诵读、少数民族学生教育管理、“挑战杯”、第二校园访学团、易班等品牌项目，校园文化建设和思想政治工作取得可喜成绩，形成了良好的协同育人氛围。统战、工会、离退休干部、共青团、学生会以及校友会工作不断呈现新气象，团结了广泛力量，调动了各方积极性，为学校全力推进高水平大学建设汇聚了强大的正能量。

回首过去，成绩可喜；立足今日，信心百倍；展望未来，重任在肩。2017年是落实“十三五”规划的推进之年，是学校全面推进高水平大学建设的关键之年。在新的一年里，希望全校师生员工始终同以习近平同志为核心的党中央保持高度一致，坚定信心，凝聚共识，汇聚合力，着力推进内涵建设、特色发展和创新引领，努力开创学校发展的新局面，为广州推动国家中心城市建设全面上水平做出更大贡献！期待离退休老同志、广大校友和社会各界人士继续关心支持学校的建设发展，共同为把学校建设成为与广州城市发展深度融合，与广州城市地位相得益彰，具有学科、城市区域和国际化特色的高水平大学而努力奋斗！

衷心祝愿大家新年快乐，身体健康，工作顺利，学习进步，阖家幸福！

衷心祝愿广州大学的明天更加美好！

（宣传部广州大学微信公众号）

附录：2016年日志（未收录部分）

1月

1月2日　第五届广东省县域旅游竞争力评价研究新闻发布会在广州大学举行

1月7日　广州大学积极推进宣传思想文化人才建设工作

1月8日　外国语学院与化学化工学院联合开展主题教育活动

1月18日　获批广东省普通高校哲学社会科学重点实验室项目

1月18日　澳门广大同学会、澳门广大中学一行来广州大学访问

1月18日　广州大学投资学会赴香港开展实习活动

1月19日　2015年广州大学十大新闻评选结果揭晓

1月22日　外国语学院慰问寒假期间留校的家庭经济困难学生

1月31日　参加大学生社会调查实践活动

2月

2月2日　外国语学院开展春运志愿者活动

2月8日　卫斯理安学院孔子学院再度合作美国公立特许学校

2月14日　帕多瓦大学孔子学院举办综合文化活动

2月24日　卫斯理安学院孔子学院助力中美诗歌朗诵会

3月

3月1日　外国语学院召开专业流转及转专业学生新生见面会

3月1日　新闻与传播学院召开2015级转专业学生新生见面会

3月5日　举办“相”由心生女生节摄影比赛活动

3月5日　环境学院举行“两会学习”的活动

3月8日　物理与电子工程学院开展海珠区百丈颐养中心志愿活动

3月11日　广州大学知行读书社举办微格课堂活动

3月15日　机械与电气工程学院举办班际篮球赛

3 月 15 日　土木工程学院举办第九届学术科技论坛
3 月 15 日　工商管理学院志愿者活动之雷锋月系列活动顺利举办
3 月 15 日　知行读书社举办龙潭小学义教活动
3 月 16 日　土木工程学院举办参观天象馆活动
3 月 18 日　公共管理学院举办戴大卫夫人纪念奖学金颁奖典礼
3 月 20 日　公共管理学院与法学院联合举办篮球赛
3 月 22 日　数学与信息科学学院举办团学大会
3 月 22 日　人文学院举办“两学一做”动员与学习会议
3 月 22 日　化学化工学院开展党支部推优活动
3 月 27 日　数学与信息科学学院举办师范技能大赛交流会
3 月 29 日　工商管理学院举办志愿者活动
3 月 29 日　广州大学第十三届校园辩论赛开赛

4 月

4 月 1 日　新闻与传播学院荣获“中国广告教育创新推动奖”
4 月 2 日　经济与统计学院开展图书馆志愿服务活动
4 月 5 日　生命科学学院开展心理嘉年华活动
4 月 5 日　地理科学学院入党积极分子党校培训班开班仪式
4 月 5 日　化学化工学院开展楼栋大扫除志愿服务活动
4 月 5 日　物理与电子工程学院足球院队参加校广超足球比赛
4 月 8 号　经济与统计学院开展急救技能大赛
4 月 11 日　机械与电气工程学院举办首届 LED 花样流水灯大赛
4 月 12 日　工商管理学院举办期中座谈会
4 月 12 日　化学化工学院举办 2016 届毕业生专场招聘会
4 月 14 日　“国培计划”示范性项目评估两连冠
4 月 15 日　第三届三院联合书法大赛完美落幕
4 月 15 日　举行广东省 2016 年大学生征兵工作启动仪式
4 月 15 日　与珠影集团共同培育青年电影创作人才
4 月 16 日　举行 2016 级在职研究生开学典礼
4 月 16 日　经济与统计学院第二届“致忆”班刊大赛开幕
4 月 16 日　我校创新创业学院承办国内最大规模的 3D 打印技术教师培训班
4 月 17 日　数学与信息科学学院举办第七届超级数学声决赛

4 月 17 日　广州市十七中学生家长来广州大学天象馆参观
4 月 19 日　“铁画银钩——詹忠效白描绘画精选展”在广州大学举办
4 月 20 日　举行第八届青年教师课堂教学竞赛
4 月 20 日　土耳其阿塔图尔克大学校领导访问广州大学
4 月 21 日　机械与电气工程学院举办首届数独大赛
4 月 24 日　环境科学与工程学院和生命科学学院联合举办党团知识竞赛
4 月 28 日　教育学院举行本科生党支部“两学一做”专题学习座谈会
4 月 29 日　旅游学院两项科研成果获国家旅游局优秀研究成果奖

5 月

5 月 3 日　经济与统计学院举行自强之星交流会
5 月 3 日　广州大学举行五四青年节游园活动
5 月 3 日　“易班网”学习圆满结束
5 月 4 日　帕多瓦大学孔子学院参与发起国际太极拳日活动
5 月 4 日　外语院与数院红十字会联合宣传世界红十字日
5 月 5 日　广东省教育厅副厅长邢锋来校调研高水平大学建设情况
5 月 6 日　生命科学学院举办 2016 年毕业生晚会
5 月 6 日　位列“人大复印报刊资料”转载指数高校排名 50 强
5 月 7 日　澳门法制研究中心成立
5 月 8 日　生命科学学院和计算机学院联合举办心理情景剧大赛
5 月 8 日　经济与统计学院和法学院举办红十字会宣传日活动
5 月 8 日　经济与统计学院举办书画艺术展
5 月 9 日　广州大学主办桥梁工程领域国际顶级会议
5 月 10 日　广州大学知行读书社举行义教活动
5 月 10 日　全国高校建筑专业教育评估委员会视察小组来校评估
5 月 11 日　卫斯理安学院孔子学院参与美国空军基地文化活动
5 月 11 日　文化部项兆伦副部长一行来校调研
5 月 13 日　广州大学再次荣获“中国物流学会产学研基地”称号
5 月 13 日　广州大学举办第二届平面创意设计大赛
5 月 14 日　新疆维吾尔自治区副主席田文一行来校调研
5 月 15 日　外国语学院参观辛亥革命纪念馆
5 月 17 日　数学与信息科学学院第五届“数联杯”圆满落幕

5月17日　国家发改委国际合作中心与广州大学共建创新创业学院、服务外包研究院
5月18日　学生社团联合会举办歌“具”魅影系列活动
5月18日　省教育厅授予广州大学“广东省节能型示范高校”称号
5月18日　转基因科普活动走进广州大学
5月20日　广州大学在“挑战杯·创青春”创业大赛省赛中再创佳绩
5月21日　数学与信息科学学院第三届“团学杯”羽毛球赛顺利开展
5月22日　美术与设计学院服装设计毕业作品展演圆满结束
5月22日　物理与电子工程学院举办社会志愿活动
5月24日　法学院举行2016届毕业生晚会
5月24日　化学化工学院举办三人篮球赛
5月24日　教育学院举办“正偲杯”心理情景剧大赛
5月26日　数学与信息科学学院2012级“流夏”毕业生晚会圆满落幕
5月31日　环境科学与工程学院举办大学生心理健康教育活动
5月31日　广州大学舞蹈大赛圆满结束
5月31日　澳大利亚悉尼市市长克劳馥·摩尔女士来访广州大学并发表演讲

6月

6月1日　音乐舞蹈学院举办成果展——“踏歌起舞校园行”
6月1日　广州大学5项目入选2016中国创新创业成果交易会
6月4日　天文爱好者协会开展参观天象馆活动
6月4日　经济与统计学院举办投资学会职业分享会
6月6日　土木工程学院举办2016届毕业生晚会
6月7日　化学化工学院第五次团员、学生代表大会圆满结束
6月12日　外国语学院开展端午节龙舟志愿活动
6月20日　广州大学参与创建“粤港澳高校创新创业联盟”
6月21日　马克思主义学院举行第十一期学术沙龙活动
6月22日　广东省中国特色社会主义理论体系研究中心广州大学研究基地揭牌
6月24日　广州大学“广东省哲学社会科学重点实验室”揭牌
6月27日　韩国全南地区大学校长代表团来校访问

7月

7月1日　广州大学2015级学生军训开营

7月1日　人文学院讲解队开展社会实践活动

7月1日　环境科学与工程学院开设绿色漂流图书角

7月2日　音乐舞蹈学院舞蹈系赴北京开展第二校园访学活动

7月4日　经济与统计学院开展暑期社会实践调研活动

7月13日　计算机学院四项App作品获广东省首届网络媒体展示节一、二、三等奖

7月14日　人文学院红会长洲心园关爱老人活动

7月14日　音乐舞蹈学院召开暑期支教活动动员大会

7月15日　法学院开展社会实践活动

7月15日　环境科学与工程学院学生到荔湾区环保局进行社会实践

7月16日　物理与电子工程学院开展三下乡活动

7月26日　外国语学院师生党员赴封开农村开展教育实践活动

7月26日　音乐舞蹈学院开展暑期支教夏令营活动

7月28日　数学与信息科学学院大塘义工实践活动完美落幕

7月31日　生命科学学院志愿者服务队寻访校友足迹

8月

8月13日　马里兰大学李梦学院长一行访问地理科学学院

8月27日　邹采荣校长应邀出席新疆哈密传统工艺工作站现场会并看望广州大学新疆籍少数民族学生

9月

9月10日　叶晓红、黄淑茵喜获第四届广东省地理科学专业师范生教学技能大赛三等奖

9月11日　化学化工学院开展新生素质拓展活动

9月11日　环境科学与工程学院召开新生年级大会

9月12日　生命科学学院召开2016级新生校规校纪教育大会

9月12日　环境科学与工程学院举办新生户外拓展活动

9月12日　美术与设计学院2016年入伍学生欢送大会顺利召开

9月14日　公共管理学院召开2016级研究生入学典礼

9 月 19 日　香港铜锣湾集团主席陈智来校为新生进行入学教育
9 月 20 日　人文学院学生作品亮相国际电影节
9 月 20 日　化学化工学院团委学生会举办室内干部培训
9 月 22 日　“与信仰对话，高举团旗跟党走”法学院举办团日活动
9 月 23 日　建筑与城市规划学院召开新学期党总支第一次全体会议
9 月 23 日　2016 年羊城宣传思想文化优秀创新团队、青年文化英才广州大学入选数居首位
9 月 27 日　化学化工学院学生党支部举办 2016 级新生入党动员大会
9 月 28 日　生命科学学院团委学生会举行干部座谈会
9 月 28 日　机械与电气工程学院举行 2016 级团委学生会新人见面会

10 月

10 月 4 日　机械与电气工程学院青协到蔡阿姨猫狗收容所进行志愿服务
10 月 5 日　美术与设计学院暑期优秀校友寻访活动圆满结束
10 月 8 日　美术与设计学院助学贷款培训会议圆满结束
10 月 9 日　公共管理学院举办“非同凡响”演讲比赛
10 月 9 日　公共管理学院第二校园访学团访问南京大学
10 月 9 日　广州大学首届商业模式设计大赛启动
10 月 10 日　环境科学与工程学院学生党支部开展“两学一做”专题学习会
10 月 11 日　经济与统计学院举行“优良学风班”评比活动
10 月 11 日　化学化工学院团学举行第一次户外干培
10 月 11 日　化学化工学院学生党支部开展“讲道德，有品行”组织生活会
10 月 11 日　化学化工学院举办团体辅导活动
10 月 11 日　广州大学开展“最美明天”微电影大赛导师分享交流会
10 月 13 日　生命科学学院召开 2016 年第二校园访学动员大会
10 月 15 日　经济与统计学院开展手抄党章和“两学一做”学习教育知识竞赛
10 月 15 日　人文学院开展长洲园探访老人志愿公益服务
10 月 15 日　机械与电气工程学院举行五大组织干事培训
10 月 16 日　机械与电气工程学院举行 2016 年新生篮球赛
10 月 16 日　人文学院开展彩虹计划之中山一院探访儿童患者公益服务
10 月 16 日　人文学院举行第十一届“青葵杯”辩论赛初赛
10 月 17 日　土木工程学院举办“新生杯”篮球赛

10 月 17 日　机械与电气工程学院青协到广交会进行志愿服务
10 月 18 日　教育学院举办“撷书影之彩，谱雅室之华”雅室大赛
10 月 19 日　化学化工学院举办“优良学风班”评审大会
10 月 19 日　物理与电子工程学院举办优秀党员交流会
10 月 20 日　旅游学院举办 2016 全国商务会奖旅游大赛赛前培训会
10 月 20 日　机械与电气工程学院青协到穗石小学义教
10 月 21 日　化学化工学院举办第十一届团学大 Party
10 月 21 日　生命科学学院开展第二校园访学活动
10 月 22 日　机械与电气工程学院举办学生会干培活动
10 月 22 日　美术与设计学院第九届团委学生会户外干部培训圆满结束
10 月 23 日　化学化工学院举办“发现广大之美”演讲比赛
10 月 23 日　化学化工学院举行“穿梭化妆品时空”科研讲座
10 月 23 日　化学化工学院召开 2016 级科研动员大会
10 月 24 日　环境科学与工程学院举办“静雅和”雅室大赛
10 月 24 日　土木学院与旅游学院举行迎新晚会
10 月 24 日　首届韩国企业“Y-Pump Up Batch”中国行广州站活动在广州大学举行
10 月 25 日　外国语学院开展纪念长征胜利 80 周年主题班会
10 月 25 日　机械与电气工程学院举办 2016 年师生交流会
10 月 25 日　化学化工学院举办“我与师兄师姐有约”实验研究专场
10 月 25 日　两学院联合举办 2016 年迎新晚会
10 月 25 日　物理与电子工程学院召开纪念红军长征胜利 80 周年主题班会
10 月 25 日　化学化工学院举办师生座谈会
10 月 25 日　机械与电气工程学院举办 2016 级新生辩论赛
10 月 25 日　计算机学院召开学生党员纪律学习会暨手抄党章表彰会
10 月 26 日　人文学院 2016 年“菁菁韶华，筑梦人文”迎新晚会完美收官
10 月 27 日　人文学院举办“发现广大之美”演讲比赛初赛
10 月 27 日　建筑与城市规划学院举行荧光夜跑活动
10 月 27 日　教育学院举办迎新晚会暨表彰大会
10 月 27 日　物理与电子工程学院总结“发现广大之美”演讲比赛活动
10 月 28 日　绿色动力协会组织白云山露营自然体验活动
10 月 29 日　经济与统计学院举行新生拔河比赛

10 月 29 日　物理与电子工程学院举行“云大之行”第二校园访学活动
10 月 30 日　环境科学与工程学院举办 2016 级新生大学生涯规划会
10 月 30 日　环境科学与工程学院举办 2016 级新生入党启蒙教育活动
10 月 30 日　生命科学学院举办团学干培活动
10 月 30 日　数学与信息科学学院举行 2016—2017 学年团学第一次干培
10 月 30 日　人文学院举办十一届“青葵杯”辩论赛复赛
10 月 30 日　土木工程学院与法学院联合举办班服设计大赛
10 月 31 日　环境科学与工程学院举行“弘扬长征精神，坚定理想信念”主题演讲
10 月 31 日　物理与电子工程学院举办单片机集中营活动

11 月

11 月 1 日　教育学院举办“我与广大共奋进”百科知识趣味竞赛
11 月 1 日　物理与电子工程学院举办“新球崛起”新生篮球赛
11 月 1 日　物理与电子工程学院举办物理天文知识竞赛
11 月 1 日　物理与电子工程学院举办新入团仪式
11 月 1 日　人文学院开展心情驿站张灯结彩手工活动
11 月 1 日　广州大学举行国际商务外语协会会员大会
11 月 2 日　芬兰坦佩雷应用科技大学教育专家应邀到广州大学讲学
11 月 2 日　2016 年暑期“寻访校友足迹”活动总结表彰大会
11 月 2 日　人文学院举行微电影大赛互评大会
11 月 3 日　音乐舞蹈学院开展宿舍文化节评比活动
11 月 3 日　物理与电子工程学院在“五室一站”为大家带来精彩演出
11 月 5 日　经济与统计学院参加“2016 阅动羊城大型公益徒步筹款活动”
11 月 5 日　物理与电子工程学院举办干部培训活动
11 月 6 日　数学与信息科学学院新生班际“言辩杯”院内冠军赛完美落幕
11 月 6 日　人文学院举行第十一届“青葵杯”辩论赛半决赛
11 月 6 日　机械与电气工程学院举办三人篮球赛
11 月 6 日　机械与电气工程学院红十字会举行干事培训
11 月 7 日　旅游学院摄影展落幕
11 月 7 日　化学化工学院与地理科学学院联合举办新生辩论赛
11 月 7 日　人文学院中文 155 班举行领导联系班级活动

11 月 8 日　张强带队赴新疆慰问援疆干部

11 月 8 日　新闻与传播学院举行学生干部系列培训

11 月 8 日　人文学院第二十二期入党积极分子培训第一次课成功举行

11 月 8 日　仑头小学义教——人文学院青年志愿者协会公益服务

11 月 8 日　人文学院举行“最美明天”微电影大赛暨第五届微电影创作大赛颁奖典礼

11 月 8 日　人文学院举行第十二届“雅饰深致，室营馨香”雅室大赛

11 月 8 日　经济与统计学院举行班级才艺大赛

11 月 8 日　物理与电子工程学院举办焊电路大赛

11 月 9 日　生命科学学院举办“小虫子，大乾坤”讲座

11 月 9 日　物理与电子工程学院召开楼栋全体舍长会议

11 月 10 日　广州大学学生在第六届“华文杯”全国师范院校师范生教学技能大赛中获特等奖

11 月 10 日　美术与设计学院新生辩论赛决赛圆满落幕

11 月 10 日　物理与电子工程学院举办英语歌唱比赛活动

11 月 11 日　化学化工学院举办“我与师兄师姐有约”考研专场交流活动

11 月 11 日　教育学院开展南京第二校园访学活动

11 月 12 日　经济与统计学院于广州南站进行志愿活动

11 月 12 日　数院、人文、物电三院联合举办 2016 年运动会

11 月 13 日　人文学院开展中山一院儿童患者公益服务

11 月 14 日　新传学子“第二校园访学团”北上访学师生见面会顺利举行

11 月 14 日　土木工程学院研会成功举办“党团知识竞赛”活动

11 月 15 日　土木工程学院研会开展羽毛球比赛活动

11 月 15 日　数学与信息科学学院数学嘉年华活动完美落幕

11 月 15 日　新生生活体验营素质拓展活动顺利举行

11 月 15 日　教育学院老师担任第十一届学术科技节之多媒体课件制作大赛决赛评委

11 月 15 日　物理与电子工程学院开展“宜学、宜居”统一行动日活动

11 月 15 日　生命科学学院举办第七届“绿馨阁”文明宿舍风采大赛

11 月 15 日　法学院举办雅室大赛

11 月 15 日　旅游学院举行 2016 年新生辩论赛

11 月 16 日　体育学院赴北京高校访学

11 月 16 日　机械与电气工程学院举办青春健康知识竞赛
11 月 17 日　人文学院举行男生节主题活动
11 月 17 日　“欣赏心理电影·促进心理健康”特色活动圆满结束
11 月 17 日　化学化工学院举办韩立鹏老师座谈会
11 月 19 日　机械与电气工程学院、法学院共同举办 2016 年联合运动会
11 月 19 日　生命科学学院举办第二校园访学分享会
11 月 19 日　化学化工学院组织观鸟比赛志愿者活动
11 月 20 日　化学化工学院在“五室一站”举办心情驿站团体辅导活动
11 月 20 日　物理与电子工程学院举办广州大学科技辅导团物电分团培训大会
11 月 20 日　机械与电气工程学院举行 2016 级班徽班服设计大赛
11 月 20 日　数学与信息科学学院和环境科学与工程学院举行“言辩杯”辩论赛总决赛
11 月 21 日　生命科学学院举办“走近科学之探寻未知的研究生生活”生科讲坛
11 月 21 日　机械与电气工程学院举办 2016 年雅室大赛
11 月 21 日　旅游学院与工商管理学院运动会圆满结束
11 月 22 日　生命科学学院举办易班培训大会
11 月 22 日　旅游学院开展“设你所想”PPT、海报理论干培活动
11 月 22 日　化学化工学院举办第十一届化学游园节
11 月 22 日　物理与电子工程学院举办“文明宿舍”“文明标兵宿舍”楼栋互评活动
11 月 22 日　化学化工学院化工系学生党支部开展“讲奉献，有作为”主题学习生活会
11 月 22 日　物理与电子工程学院举行物理电子节之天象馆天文观测活动
11 月 22 日　法学院开展师生交流会联络师生情
11 月 22 日　机械与电气工程学院青协开展“志愿者知识竞赛”活动
11 月 22 日　优秀校友分享就业经验交流会心得
11 月 22 日　广州大学举办社科论文选题写作与编辑规范论坛
11 月 23 日　音乐舞蹈学院罗洪院长举行“美声、流行声乐训练与演唱”教学公开课
11 月 24 日　物理与电子工程学院举办“五室一站”2016 年度工作汇报
11 月 25 日　广州大学举办“中国青春梦·2016 南粤大学生语言艺术节”颁

奖典礼暨汇报演出

11月26日　化学化工学院举办“追红色基地缅怀，参观中共三大会址纪念馆”党日活动

11月26日　数学与信息科学学院参观广州辛亥革命纪念馆活动

11月27日　旅游学院与华南师范大学旅管团委学生会举办联谊交流活动

11月27日　物理与电子工程学院举办物理电子节之狂欢物电游园活动

11月27日　教育学院和物理与电子工程学院联合举办新生辩论赛冠军赛

11月27日　化学化工学院举办“义心为你”化学走进生活义工活动

11月27日　王静思、张振威均获日本语辩论大赛奖项

11月28日　物理与电子工程学院举办雅舍大赛

11月29日　广州大学开展第十二届科技节之“奥妙数学·人文地理”知识竞赛

11月29日　机械与电气工程学院举办考研交流会

11月29日　化学化工学院举办第七届化学实验技能大赛暨第一届实验安全竞赛

11月29日　生命科学学院教工党支部举行学习党章知识竞赛

11月30日　环境科学与工程学院开展“国家助学，伴我成长”主题征文系列活动

12月

12月1日　人文学院举行第九届“十佳学生”评选大赛决赛

12月1日　地理科学学院进行土壤与植物地理实习

12月2日　召开第十三届大学生电影节青年电影新势力主题论

12月4日　人文学院开展第十三届“不闷团课”暨第六届党团知识竞赛

12月4日　经济与统计学院举行“感恩遇见，感谢有你”艺术团会演

12月5日　贵州师范学院辅导员来我校调研交流

12月6日　人文学院举办2015—2016年度学生表彰大会暨大洋公司捐赠签约仪式

12月6日　广州大学举办新生辩论

12月6日　物理与电子工程学院举办党团知识竞赛

12月6日　化学化工学院开展“学习党的十八届六中全会精神”主题生活会

12月6日　法学院开展2016年司考经验学习交流会

12月7日　物理与电子工程学院举行“文明宿舍”“文明标兵宿舍”颁奖仪式
12月7日　机械与电气工程学院举办青年志愿者文化节
12月9日　外国语学院举行成才之路讲坛
12月9日　化学化工学院举办“志愿在身边，红棉把爱延”志愿节活动
12月10日　环境科学与工程学院到南京大学进行“第二校园访学团”访学活动
12月11日　化学化工学院举办OM大赛裁判员志愿者活动
12月12日　卫斯理安学院孔子学院倾情助阵卫斯理安学院期末文化活动
12月13日　交通科技创意大赛成功落幕
12月13日　广州大学举办考研读研分享会
12月13日　人文学院举办中华经典系列活动之“寻古记”人文节完美落幕
12月15日　物理与电子工程学院举办“小sing运”歌唱比赛
12月18日　地理科学学院举办首届国际中青年学者论坛
12月18日　物理与电子工程学院举办“最受学生欢迎活动”大赛
12月20日　环境科学与工程学院举行“千千”工程启动仪式暨学风建设暨表彰大会
12月20日　生命科学学院举办2016年学风建设座谈会暨优良学风班创建工作布置会
12月21日　化学化工学院举办2016年表彰大会
12月21日　体育学院举办冬至主题活动
12月22日　体育学院召开考风考纪教育主题会暨期末总结大会
12月26日　学科教学教育硕士与人文学院本科生学习交流会圆满结束
12月27日　生命科学学院举行全国高校思政工作会议精神学习暨班主任工作研讨会
12月28日　教育学院召开“深入推进‘两学一做’学习教育”全体学生党员大会